Magdalena Köster · Susanne Härtel (Hrsg.)
»Sei mutig und hab Spaß dabei«

Magdalena Köster · Susanne Härtel (Hrsg.)

»Sei mutig und hab Spaß dabei«

Acht Künstlerinnen und ihre Lebensgeschichte

BELTZ
& Gelberg

Magdalena Köster hat die Deutsche Journalistenschule in München absolviert, lebt dort mit ihrer Familie und ist als freie Journalistin für Zeitschriften, Zeitungen und Hörfunk tätig. Außerdem arbeitet sie als Autorin und Herausgeberin für verschiedene Verlage. Ihre Schwerpunkte sind Kultur, Frauen, Politik. Sie ist eine überzeugte Netzwerkerin und engagiert sich im Journalistinnenbund.

Susanne Härtel verbrachte mehrere Jahre in den USA, in Algerien und England, bevor sie sich in München niederließ. Dort arbeitet sie als Übersetzerin, Herausgeberin und freie Lektorin für verschiedene Verlage.

Ebenfalls von Susanne Härtel und Magdalena Köster herausgegeben erschien im Programm Beltz & Gelberg bereits die Anthologie *Die Reisen der Frauen. Lebensgeschichten von Frauen aus drei Jahrhunderten* (Auswahlliste Deutscher Jugendliteraturpreis).

© 1998 Beltz Verlag, Weinheim und Basel
Programm Beltz & Gelberg, Weinheim
Alle Rechte vorbehalten
Einband von Dorothea Göbel
Bildnachweis im Anhang
Gesetzt nach der neuen Rechtschreibung
Gesamtherstellung
Druckhaus Beltz, 69494 Hemsbach
Printed in Germany
ISBN 3 407 80849 6

Inhalt

Die in diesem Buch vorgestellten Künstlerinnen scheinen ähnlich wie Virginia Woolf gedacht zu haben, die einmal sagte, sie wolle schreiben und ihren Unterhalt »nicht allein durch Charme« bestreiten. Schon auf alten Kinderfotos legen sie eine frappierend ähnliche Widerspenstigkeit an den Tag. Die Fotografin Gisèle Freund zog es als Mädchen ebenso wie die Architektin Margarete Schütte-Lihotzky vor, in burschikoser Haltung vor die Kamera zu treten. Selbstsicher schauen die beiden in die Linse, bemühen sich ebenso wenig um ein einnehmendes Lächeln wie das Schauspielerkind Eleonora Duse oder die spätere Schriftstellerin Irmgard Keun. Alle waren sich früh ihrer selbst bewusst, jede würde auf ihre Weise »ein Glanz werden«. Die Fotos haben festgehalten, was Gisèle Freund nach langjähriger Berufserfahrung einmal sagte: »Das Gesicht eines Kindes zeigt, wieviel es bereit ist, vom Leben anzunehmen.«

Der Name der Duse stand schon auf den Theaterplakaten, als sie gerade mal fünf war. Die Malerin Suzanne Valadon beließ es nicht dabei, den Malern vom Montmartre Modell zu stehen, und entschied schon früh, ihre eigene Kunst zu schaffen. Und wenn Mary Wigman verkündete, junge Frauen hätten den berechtigten Egoismus, sich auszutoben, dann meinte sie zuallererst sich selbst damit. Gegen den Widerstand der

Eltern hat sie schon Anfang dieses Jahrhunderts ihr Tanzstudium durchgesetzt. Auch die Modeschöpferin Elsa Schiaparelli ließ sich durch keinerlei Manöver ihrer aristokratischen Familie auf höhere Tochter trimmen. Sie war »hungrig nach Abenteuern« und setzte ihre Wünsche mit einem gezielten Hungerstreik durch. Als »shocking Elsa« es beruflich geschafft hatte, gab sie ihre Lebensmaxime bevorzugt an andere Frauen weiter: »Sei mutig und hab vor allem Spaß dabei.« Da war sie sich mit Marlene Dietrich einig, die nicht wie ihre Mutter leben wollte, die zwei Männer früh verloren hatte und ihre Töchter mit wenig Geld alleine aufziehen musste. Marlene machte es anders: Das Geld verdiente sie, die Tochter lief irgendwie mit, und Männer waren die Garnitur, die das Leben spannender gestalteten.

Margarete Schütte-Lihotzky und Gisèle Freund setzten andere Schwerpunkte. Beide besaßen einen starken Gerechtigkeitssinn und rebellierten früh gegen gesellschaftliche Konventionen.

Schütte-Lihotzky wollte die Welt verändern und fing gleich mit einer ungewöhnlichen Berufswahl an: 1916 konnte sie sich die erste Architektin Österreichs nennen. Gisèle Freund erstritt sich von ihren reichen Eltern das Recht, an einer bürgerlichen Schule Berlins Abitur zu machen. Als Jüdin wurde die politisch aktive Studentin 1934 zur Emigration gezwungen und erklärte Paris und Frankreich zu ihrer neuen Heimat.

Was beim Lesen der Lebensgeschichten dieser Frauen auffällt, ist ihre große, innere Kraft, mit der sie sich für ihren Beruf eingesetzt haben. Keiner ist der Erfolg in den Schoß gefallen, weder der harten Arbeiterin Eleonora Duse noch ihrer späteren Kollegin Marlene Dietrich, die im Job ein Ausbund an Disziplin war. »Ich habe mich gefunden, mich gemacht«, schrieb die Malerin Valadon und hielt unbeirrt an ihrer expressiven Malweise fest, während Mary Wigman gleich mehrmals von vorn beginnen musste, um ihre Tanzschule fortführen zu können. Hart hat es Margarete Schütte-Lihotzky getroffen. Die Architektin und Widerstandskämpferin wurde nach dem Krieg als Kommunistin von allen öffentlichen Aufträgen fern gehalten, unterlag einem Berufsverbot wie zuvor Irmgard Keun, deren Bücher von den Nazis verbrannt wurden. Die Schriftstellerin hat sich von diesem massiven Eingriff in ihr Schaffen nie wieder erholt. Ihre späten Romane erreichten nicht mehr die lockere Brillanz wie etwa ihr Buch »Das kunstseidene Mädchen«.

Virginia Woolf verriet einmal, wie sehr sie am Anfang ihrer Karriere unter ihrem »Engel im Haus« zu leiden hatte – einem Phantom, das sie bedrängte, selbstloser zu sein und ihre Talente in die Familie zu investieren. Die Künstlerinnen dieses Buches waren sicher keine »Engel im Haus«, sie leisteten sich eher welche. Die meisten haben versucht, ihre verschiedenen Männer und ihr jeweils einziges Kind in ihr oft wildes

Arbeitsleben zu integrieren. Die Rolle der Hausfrau war da schon Erholung. Aus purer Lust am Essen und dem Spaß, den eine Runde voller Leute um einen Küchentisch haben kann, kochte Marlene Dietrich die besten Eintöpfe von Hollywood. Auch die unermüdliche Mary Wigman lud gerne Gäste in ihr Dresdener Haus mit den farbig gestrichenen Räumen ein, und der Mythos Duse entfloh seinen Verehrern am liebsten in ein kleines Häuschen auf dem Land. »Gesunde Kost, kein Klavier«, das war für sie das Paradies auf Erden. So einfach können die Wünsche eines großen Stars sein.

»Wie viele Sonnenuntergänge habe ich versäumt,
weil ich ins Theater mußte«

Eleonora Duse (1858–1924), Schauspielerin

Von Sabine Zurmühl

»Dies bleiche, leidenschaftliche Gesicht, diesen durstigen und beredten Mund, diese Stirn, schön wie nur eine schöne Männerstirn, diese Augen, die sich in den Wimpern verlängerten, wie verschleiert von einer Träne«[1] – so dramatisch und schwärmerisch sprach der Dichter Gabriele D'Annunzio von seiner Geliebten Eleonora Duse. Sie war etwas Besonderes, sie war »die Duse«, eine um die Jahrhundertwende weltbekannte Schauspielerin. Viele Bewunderer, Kritiker und auch Liebhaber meinten, sie zu kennen, und doch wusste sie die eigene Person vor anderen sehr gut zu verbergen.

Als Eleonora Duse auf dem Höhepunkt ihrer Laufbahn war, gab es kein Kino, keine Tonaufzeichnung, gerade mal die Fotografie. Was den Reiz ihres Spiels ausmachte, erfuhr das Publikum im Moment des Zuschauens, dann war es vorbei. Warum die Menschen ihr atemlos zuhörten, warum sie ihr Spiel so stark übertrug – es gibt Berichte darüber, nicht mehr. War es die Betonung der Worte, das Zittern ihrer Stimme oder ihre Bewegungen? Ob wir heute Gefallen daran fänden, ob es uns altmodisch vorkäme oder gekünstelt, wird nicht mehr zu klären sein.

Eleonora Duse wird am 3. Oktober 1858 in einem Hotelzimmer des kleinen italienischen Orts Vigevano geboren. Der einzige Grund, warum sie hier in der Lombardei auf die Welt kommt, liegt im Beruf ihrer Eltern. Sie gehören zu einer Theatertruppe, die über Land zieht und in den Dorfschenken vor einem Publikum spielt, das meistens aus müden und manchmal wohl auch rüden Bauern besteht. Die Mutter Eleonoras, Angelica Cappellatto, von ihrer Herkunft eine Bauerntochter aus Vincenza, hatte den Schauspieler Alessandro Vincenzo Duse geheiratet und war schnell zu einem wichtigen Theatermitglied geworden. Weil sie eine schöne Frau ist, fällt ihr fast immer die Rolle der ersten Liebhaberin zu.

Als das Kind Eleonora drei Tage alt ist, wird es nach lombardischem Brauch in einem kleinen vergoldeten Schrein mit Glaswänden, einer Art Jesuswiege, zur Taufe getragen. Zwei Soldaten, vielleicht in dem Glauben, einer heiligen Reliquie zu begegnen, salutieren. Stolz berichtet der Vater immer wieder: »Unsere Kleine wird eines Tages jemand sein. Man hat schon vor ihr präsentiert!«[2]

Der Patron der wandernden Truppe war lange Großvater Luigi Duse gewesen, ein sehr bekannter venetianischer Dialekt-Schauspieler. Er hatte es sogar in Padua zu einem eigenen Theater gebracht und sich für die Erneuerung des italienischen Theaters, der »Commedia dell'arte« eingesetzt. Fünf Jahre vor der Geburt seiner Enkelin war er gestorben.

Immer schon wurde in der Großfamilie Duse das schauspielerische Repertoire von Generation zu Generation weitergegeben, und auch jetzt sind unter der Leitung von Eleonoras Vater die verwandtschaftlichen Bindungen zahlreich: Da gibt es Onkel Luigi Duse, den Charakterspieler, Onkel Giorgio, Komiker, Onkel Enrico, erster jugendlicher Liebhaber, Tante Cecilia, Liebhaberin, Tante Vittorina, erste Liebhaberin, Tante Alceste, Charakterdarstellerin. Bei ihnen lernt Eleonora das Spiel auf der Bühne wie andere Kinder ihrer Zeit das Gänsehüten oder Taueflicken. Das ständige Umherreisen wird sie in ihrem weiteren Leben als das Normale empfinden. Sie wird nie eine geregelte Schulausbildung bekommen. Und sie wird bei allem Glanz und aller Bestätigung ihr Leben lang das Gefühl der Armut, des Herumgestoßenwerdens und die Furcht vor blamablen Wissenslücken nicht verlieren.

Als Eleonora zum ersten Mal auf der Familienbühne steht, ist sie ganze vier Jahre alt. Sie spielt ein Kind in dem französischen Drama »Die Elenden« von Victor Hugo. Schon jetzt ist es für sie völlig normal, dass sie vor Publikum spielt. Die Leute da unten sind diejenigen, die ihren Lebensunterhalt bezahlen – sie muss ihnen gefallen, sonst kommen sie nicht wieder. Sie macht ihre Sache gut, schon im nächsten Jahr steht ihr Name mit auf dem Theaterzettel.

Eleonora ist ein fügsames und leises Kind. Es ist schon alles schwierig genug, da wird sie nicht noch mit Extrawünschen oder Unzufriedenheiten den Eltern das Herz schwer machen.

Eines der wenigen Fotos aus ihrer Kindheit zeigt Eleonora als etwa Sechsjährige mit ernstem, fast abweisendem Blick neben ihrer Mutter. Kein Lächeln wirbt, eher scheint sie misstrauisch die Arbeit des Fotografen zu verfolgen. Die junge Mutter hat theatralisch den Arm um sie gelegt und schaut triumphierend, fast ein wenig herrisch, in die Kamera. Die Kleider der beiden sind aufeinander abgestimmt: Was bei der einen weiß abgesetzt ist, ist bei der anderen schwarz. Eleonora wirkt vereinnahmt und nicht einverstanden. Vielleicht aber verbirgt sich hinter der kindlichen Strenge Eleonoras auch die Gewissheit, die Prinzessin zu sein, eine wichtige und begabte Person.

Woche für Woche ist die Großfamilie auf der Landstraße unterwegs, die zusammengerollten Leinwand-Kulissen im Gepäck, die zahlreichen Kostüme in Dutzende von Kisten und Kasten verpackt, um sie so gut wie möglich vor Wind und Wetter zu schützen. Nach jeder Vorstellung muss über die Bezahlung verhandelt werden. Nur selten gibt es Geld, meist wird die Leistung durch »Naturalien« im Wirtshaus abgegolten. Dann sitzen Theaterleute und Besucher im Schein der Petroleumlampen an langen Tischen beim Essen. Später soll

Eleonora Duse in Erinnerung an diese Zeit erzählt haben: »Ich und meine Mutter, wir traten … nach der Vorstellung ein, setzten uns auf eine Bank an einen Tisch. Ich hatte auf der Bühne geweint, gebrüllt, gerast und war an Gift oder durch den Dolch gestorben. In meinen Ohren tönte noch der Rhythmus der Verse, wie von einer Stimme, die nicht die meine war … Das Essen auf dem Teller erschien mir grob, schwer wie Kieselsteine, unmöglich hinunterzuschlucken. Dieser Widerwille entsprang aus etwas unsagbar Zartem und Feinen, das ich im Innersten meiner Müdigkeit empfand, einer unbestimmten Vornehmheit, die ich trotz der Erniedrigung fühlte, … das Gefühl des Auserwähltseins und des Andersseins, mit dem die Natur mich gezeichnet hatte.«[3] In einer anderen Anekdote heißt es, dass das Kind Eleonora von den Gastleuten einmal eine Puppe geschenkt bekam, die sie, als es an die Abreise geht, in deren Wohnstube zurückträgt, »damit wenigstens sie es gut hat und nicht weiterziehen muß.«[4]

Insgesamt liegen aus der Kindheit und Jugend Eleonora Duses nur wenig gesicherte Zeugnisse vor. Die Umstände machen aber deutlich, dass die junge Schauspielerin von Anfang an hart herangenommen wurde. Wie alle anderen muss sie zwanzig, dreißig Stücke einigermaßen beherrschen, um jederzeit einspringen zu können oder den Wünschen des Publikums nach einer leichten Komödie zu entsprechen.

Irgendwann aber ist sie wohl mit ihrem Talent aufgefallen, denn 1873, als sie fünfzehn Jahre alt ist, spielt Eleonora bereits im Amphitheater von Verona die Julia in Shakespeares »Romeo und Julia«. Zum ersten Mal beginnt sie da eine Art des Spiels, die sie beibehalten und für die sie berühmt werden wird. Sie bewegt sich selbst körperlich sehr wenig, benutzt aber häufig ein Requisit, irgendein Ding, als theatralische Unterstützung. Hier in »Romeo und Julia« sind es weiße Rosen, die sie im Arm hält, die sie einzeln fallen lässt, offenbar mit großer Intensität, Grandezza und auch Ruhe. Die Zeitung »Revue de Paris« schreibt über diesen Abend: »Und da kommt sie: Julia! Sie hat alle ihre kleinen Ersparnisse ausgegeben, um Rosen zu kaufen, blasse Rosen, in zarten Schattierungen ... Sie sind ihr Talisman, ihr Zauberstab: sie geben ihr eine gewisse Haltung.«[5]

Spätestens hier ist wohl die Duse eine auf ihre Wirkung bedachte Schauspielerin geworden, eine in ihren theatralischen Mitteln mutige Frau.

Der spätere Freund Gabriele D'Annunzio hat ihre Erinnerung an Verona in seinen Worten niedergeschrieben: »Als ich auf Romeos Leiche niedersank, brach die Menge in der Dunkelheit in so gewaltiges Beifallsbrüllen aus, daß ich erschrak ... Man beleuchtete mit der Fackel mein tränenüberströmtes Gesicht: sie knisterte laut und roch nach Harz.«[6]

1875 stirbt Eleonoras Mutter. Sie hatte schon lange gekränkelt. Die Siebzehnjährige ist gerade auf Tournee, als man ihr die Nachricht überbringt und kann nicht zur Beerdigung kommen. Als Trauerkleidung muss der Tochter ein Streifen schwarzer Kreppstoff ausreichen, für mehr fehlt das Geld. Später erzählt man sich, dass Eleonora Duse seit dieser Zeit immer ein kleines Porträt der Mutter mit sich herumgetragen habe.

Jetzt steht die junge Schauspielerin noch mehr unter Druck, selbständig und erwachsen zu werden. Sie muss Geld verdienen und bemüht sich ständig um seriöse Auftrittsmöglichkeiten. Im Jahre 1879 wird sie Mitglied der Truppe Emanuel-Pezzana am Teatro Fiorentini in Neapel, und endlich lässt man sie in einem damals brandneuen Stoff zeigen, was sie kann. Sie spielt die »Thérèse Raquin« nach dem Roman von Emile Zola – eine Ehebrecherin, die ihren Geliebten zum Mord an ihrem Mann anstiftet und schließlich aus Schuldgefühl Selbstmord begeht. Die Art, wie Zola seine Texte schrieb und seine Personen wie in einem wissenschaftlichen, sozialen Experiment beobachtete, war literarisch revolutionär. Er erzählte seine Geschichte ohne Wertung von Gut und Böse, mit Beteiligung aller sozialen Stände und einem klaren Blick für das Elend seiner Zeit.

Oft wird Eleonora Duse naturalistische Frauengestalten wie diese spielen. Über ihre Thérèse schreibt ein Kritiker: »Den Triumph dieses Abends kann man nicht leicht vergessen. Ich sehe sie vor mir in dem kurzen schwarzen Kleid an das niedrige Fenster gelehnt, mit zerstreuter Miene, abwesend, in der Lüge, in der Schuld, im Verbrechen, in Angst und Schrecken, im Widerwillen und Haß lebend … da ging es wie ein Schauer durch das Publikum, und die Seele völlig im Bann dieser wunderbaren Leistung, wagte man nicht einmal zu applaudieren.«[7] Es ist die Zeit der Virtuosen. Bekannte Pianisten reihen an einem Konzertabend ein kunstfertiges Stück an das nächste, um ihre Geschicklichkeit zu zeigen. Und auch Schauspieler und Schauspielerinnen bieten nicht nur eine Hauptrolle dar, sondern tragen »Paradestücke« aus unterschiedlichsten Dramen vor. Für Eleonora Duse kann das bedeuten, nacheinander eine eifersüchtige Wirtin, eine sehnsüchtige Verliebte, die keifende Mutter, die antike Heldin darzustellen, temperamentvoll und laut, zögernd und flüsternd, vulgär, verzweifelt, zum Lachen und zum Weinen, in fünf verschiedenen Kostümen.

In diesem ereignisreichen Jahr verliebt sich Eleonora Duse in einen Journalisten in Neapel, Martino Cafiero, den achtunddreißigjährigen Herausgeber des »Corriere del Mattino«. Cafiero gilt als Frauenheld und Charmeur, und er ist ein wohlhabender, gebildeter Mensch. Er zeigt der Einundzwanzigjährigen die Kirchen und Kunstwerke der Region und stellt sie wichtigen Leuten der Stadt vor. Der Neapolitaner gehört zu einer ande-

18

ren Klasse als Eleonora. Seine Bildung fasziniert sie und macht sie gleichzeitig unsicher.

Eleonora wird schwanger und Martino beendet abrupt die Beziehung. Sie hätte ein »uneheliches« Kind sicher nicht verwerflich gefunden und wäre auch so mit ihm zusammen geblieben, wahrscheinlich aber wollte er sich seine Position nicht »verderben« lassen. Solange sie gesundheitlich kann, spielt sie weiter. Schließlich bringt sie in dem Dorf Marina di Pisa an der toskanischen Küste einen Jungen zur Welt, der sehr schwach ist. Das Kind stirbt nach einigen Tagen. Sie geht hinter dem kleinen Sarg zum Friedhof und begräbt ihr Kind mit dem traditionellen »Gloria«. Eleonoras Vater schreibt dazu an seinen Bruder: »Mit dem neapolitanischen Schurken ist es aus … Meine Tochter ist fast gestorben, sie muß ihrem Schutzengel dankbar sein. Sie ist dabei, sich zu erholen, und ich hoffe, daß sie sich – obwohl sie sehr mitgenommen ist – ihre Gesundheit erhalten kann.«[8]

Wie ein roter Faden ziehen sich Erschöpfungszustände und die Sehnsucht nach Ruhe durch Eleonora Duses Leben. Wenn es ihr schlecht geht, wenn sie einmal für sich sein will oder krank ist, zieht sie sich zurück, macht ihre Traurigkeiten mit sich allein aus. Aber sobald es ihr besser zu gehen scheint, reist sie den anderen nach, taucht wieder ein in die Arbeit, hat Erfolg, findet Bestätigung und Liebe.

1881 wird Eleonora Duse zunächst für »zweite Rollen« von Cesare Rossi, dem Leiter einer sehr angesehenen Theatergruppe, engagiert. Es zeigt sich, dass sie als gänzlich neuer Typ empfunden wird, der eine Befreiung von der traditionellen Art des Spielens vorführt. Ein Freund schreibt: »Ich weiß nur, daß in jedem ihrer Blicke, in einem Lächeln, in einem oh, einem ah, in einer überstürzten Rede und in einem langen Schweigen ... ein unwiderstehlicher Reiz lag ... Die Veränderung, der Fortschritt ... lag in der neuen Generation, die das natürliche Bedürfnis nach einer ihr eigenen Künstlerin empfand ... die imstande wäre, die Kämpfe, die Schmerzen, die Sehnsüchte, die Freuden, die Träume, die Enttäuschungen, kurz alle die krankhaften Zustände, die das Leben der heutigen dekadenten, nervösen, hastenden, sich überstürzenden Generation beunruhigen, von der Bühne herab auszulösen. Und diese Künstlerin war die Duse.«[9]

Eleonora, von nun an respektvoll »die Duse« genannt und jetzt auch »prima donna« der Truppe Rossi, freundet sich mit einem ihrer Kollegen an. Tebaldo Marchetti, der den Künstlernamen Tebaldo Checchi führt, strahlt für sie eine große Ruhe aus. Eleonora wird wieder schwanger, und die beiden heiraten im September 1881. Der Siebenunddreißigjährige gilt als solider, zuverlässiger Mann und ist Eleonora treu und anhänglich ergeben. Als Kollege weiß er um die Tücken und Geschenke ihrer Arbeit. In einem Brief an ihren Vater schreibt sie: »Ich habe schöne Erfolge. Es erübrigt sich wohl zu sagen, daß Tebaldo das mehr genießt als ich.«[10] Vielleicht ist es ihr hier zum ersten Mal, wenn auch nicht für lange Zeit, gut gegangen – mit dem Mann an ihrer Seite und der Geborgenheit einer verlässlichen Liebe.

Wieder spielt sie, obwohl sie »guter Hoffnung« ist, solange es irgendwie geht. Der Beruf ist das Wichtige und Führende in ihrem Leben. Tochter Enrichetta wird am 7. Januar 1882 geboren. Dass das Baby eine ebensolche Kindheit des Umherziehens und der fehlenden Geborgenheit erlebt wie sie selbst, möchte Eleonora auf keinen Fall. Sie gibt das Mädchen, so klein es ist, zu Pflegeeltern aufs Land. Später wird sie Enrichetta in den seltenen, spielfreien Wochen besuchen, und wenn sie sich dringend ein wenig erholen muss, trifft sie sich mit ihrer Tochter an einem schönen Plätzchen – und genießt: »Welch ein Schweigen! Ein paar Grillen – eine herrliche Weinrebe an meinem Fenster – ein paar nicht ganz heile Puppen – Pferdchen ohne Sattel und Zaumzeug … gesunde Kost – kein Klavier – keine irdische Musik – keine Zeitung … Meine Gesundheit macht Fortschritte, und die Brust schmerzt nicht – ich spüre das trockene Brennen nicht mehr, das mir beim Spiel auf der Bühne Stimme und Wort abschnitt.«[11]

Während Enrichetta abgeschirmt vom Trubel des Theaterlebens aufwächst, baut Eleonora an ihrer Karriere. Ihr Erfolg beruht auf einer dem Theaterpublikum gänzlich ungewohnten Spielweise. Sie schminkt sich nicht, ihr wandelbares Gesicht mit den etwas herunterweisenden Augenbrauen kann erstaunt und fragend, triumphierend und verzweifelt aussehen, sie gestaltet ihre häufig vom Inhalt her eher belanglosen Rollen mit einer inneren Aufrichtigkeit, die jedes aufgesetzte Bühnengehabe vermeidet und die Menschen anrührt: »Nach den Regeln muß man in bestimmten Situationen die Stimme erheben, sich übertrieben benehmen. Doch, wenn ich heftige Leidenschaft ausdrücken muß, wenn ich von Freude und Leid ganz ergriffen bin, werde ich oft stumm, und auf der Bühne spreche ich leise, flüstere kaum.«[12]

Der Unterschied zu anderen Starschauspielerinnen ihrer Zeit ist groß. Als mondän und dem Selbstverständnis einer Diva viel näher, gilt die vierzehn Jahre ältere Französin Sarah Bernhardt. Im Teatro Carignano in Turin begegnen sich die beiden zum ersten Mal. Eleonora ist inzwischen Erste Schauspielerin, »prima donna assoluta«. Sie hat mit Tebaldo und der Truppe Rossi gerade ein Gastspiel gegeben und nutzt die Pause, um ein wenig zur Ruhe zu kommen. Und ausgerechnet hier, in »ihrem Haus«, wird das Theater für einige Abende an die Bernhardt vermietet – die extravagante und elegante Berühmtheit, die jede Vorstellung vor ausverkauftem Haus spielt. Sie gilt als »Salondame« zwischen Verruchtheit und dramatischer Trauer in ihren Rollen. Über die ebenso bewunderte wie gefürchtete Konkurrentin schreibt die Freundin und Biographin der Duse, Olga Resnevic-Signorelli: »Von hochtönender Reklame angekündigt, trifft die berühmte Künstlerin ein, mit einem Berg von Koffern und Käfigen mit Katzen, Hunden, wilden, kleinen Bestien und Affen … Eleonora Duse folgt hingerissen jedem Wort, jeder Bewegung, jedem Wimpernzucken. Sie klatscht heftig Beifall und ist außer sich vor Freude. ›Endlich jemand, der unser Handwerk liebt, der der Menge Respekt vor der Schönheit einflößt und sie zwingt, sich vor der Kunst zu verneigen.‹«[13]

Das Gastspiel von Sarah Bernhardt fordert die Duse heraus. Sie ist von deren Spiel beeindruckt und fühlt sich gleichzeitig angestachelt. Merkwürdig oder auch verständlich, dass beide die Begegnung miteinander nicht suchen. Sie ertragen oder bewundern sich auf der Bühne – aber sie treffen sich nicht privat.

Der Theaterbesuch Eleonoras bei der Konkurrentin hat wichtige Folgen: Sie entdeckt die französischen Salonstücke und deren berühmtestes: »Die Kameliendame« von Alexandre Dumas. Die Geschichte der kranken Hure, der sich aufopfernden Liebenden, hat später in der Verfilmung mit Greta Garbo noch weltweiten Ruhm erlangt. Das Bühnenstück vereinigt beliebte literarische Motive des späten 19. Jahrhunderts: eine schöne Frau, die sich verkauft, der Adelige, der sie benutzt und schließlich liebt, die Intrige, die die

Entdeckung der Wahrheit verhindert – die Heldin nimmt es auf sich, von ihrem Liebhaber für untreu gehalten zu werden –, und schließlich der Tod der Frau durch Schwindsucht. Qualvolles Sterben in Schönheit und Blässe, der Mann bleibt weinend zurück. Die Kamelien übrigens, diese weißen Blumen, die in diesem Stück so wichtig sind, zeigt die Heldin ihrem Liebhaber immer dann, wenn sie »unpässlich« ist und ihre Periode hat, wenn sie nicht mit ihm schlafen will. Welches Tabu und welcher für das letzte Jahrhundert »unaussprechliche« Bezug, der gleichzeitig peinlich und erregend ist.

Mit ihrer Entscheidung, die »Kameliendame« zu spielen, die doch zu den Paradestücken der Sarah Bernhardt gehört, zieht Eleonora Duse eine nie gekannte Aufmerksamkeit der Theaterkritik auf sich. Gleich die erste Vorstellung am 10. Januar 1883 in Turin wird ein Triumph – das italienische Publikum akzeptiert sie als gleichwertig. In der Zeitung steht: »Ihre Kameliendame ist ein Kind des Volkes, harmlos, treuherzig und voll Heimweh, ohne eine Spur von Frechheit … Als der Geliebte sie beschuldigt, antwortet sie mit jenem dreimaligen, nie wieder gehörten ›Armando!‹, das alle Parkette der Alten und der Neuen Welt erschütterte.«[14] Und etwas respektloser schreibt später der Berliner Kritiker Alfred Kerr: »Bei der Duse hört man die Ewigkeit rauschen, bei der Bernhardt die Kulissen wackeln.«[15]

Eleonora Duse als Marguerite in »Die Kameliendame«, 1883

Eleonora Duse geht beruflich den Weg, den sie von ihren Eltern kennt: Sie gründet 1886 eine eigene Theatertruppe, zusammen mit ihrem Kollegen und Liebhaber Flavio Andò. Sie hatte Andò auf einer Tournee in Südamerika kennen gelernt, und seinetwegen trennt sie sich auch offiziell von ihrem Ehemann Tebaldo Checchi. Wie der Großvater und der Vater steht sie als Chefin, Planerin, finanziell Verantwortliche und Hauptschauspielerin einem Ensemble vor. Nebenbei macht sie die Mietverträge, überwacht die Tageseinnahmen. Es ist ihr Name, der das Publikum anlockt, sie besorgt die Kostüme, bearbeitet die Stücktexte. Die Gage an ihre Schauspieler muss sie auch dann auszahlen, wenn die Vorstellung ihrer stets angeschlagenen Gesundheit wegen ausfällt. Manches Mal verlangt sie dann einfach am folgenden Tag das Doppelte an Eintritt und bekommt es auch.

Lange überlegt sie einen passenden Namen für ihre Truppe. Das Übliche, sie nach ihrem Namen zu nennen, empfindet sie »wie eine Büchse Liebig's Fleischextrakt«.[16] Sie möchte ein seriöses Unternehmen leiten und entscheidet sich für »Compagnia della Città di Roma – Gesellschaft der Stadt Rom«, obwohl doch allein sie den Aufführungen den Ruhm bringt.

Was heute unter dem Begriff Theaterregie längst ein eigener Beruf geworden ist, lief damals gewissermaßen unter der Hand mit. Wer von wo auftrat und abging, wann welche Liedeinlage fällig war, die Ausstattung mit Requisiten und Bühnenmobiliar – all dies bestimmte der Leiter der Truppe, in diesem Falle die Leiterin. Die Spielorte wechselten nach zwei, drei Vorstellungen, die Größenordnungen der Bühnen waren unterschiedlich, mal war es ein richtiges Theater, mal ein Vortragssaal ohne Garderoben und Vorhang.

Am Vorabend einer Vorstellung empfängt die Duse niemanden mehr außerhalb des Theaters, sie öffnet keine Telegramme oder Briefe und schreibt höchstens kleine Nachrichten an ihre Truppe: »Ich bitte zu bedenken, daß Goldoni Strümpfe aus Seide verlangt, Spitzen an den Ärmeln, Reverenzen und Lorgnetten – daß dies alles darum einen Einfluß haben sollte auf die allgemeine Stimme … zu beachten ist das feste Gefüge der gesamten Szene … und Eleganz im Ton und in Gesten!«[17]

Die Duse wird zu einer versierten Theaterunternehmerin. Und obwohl auch heute immer noch berichtet wird, dass in ihrer Garderobe »der Kleiderständer von Holzwürmern zerfressen« gewesen sei, die »drei Stühle nur siebeneinhalb Beine« besessen hätten und die »Tapete zerschlissen in schmalen Streifen und schwungvollen Fetzen«[18] von der Wand gehangen habe, so kann das nur heißen, dass solche Dinge keine Wichtigkeit für sie besaßen. Geld genug hat sie jedenfalls über die Jahre verdient, und sie selbst verstand es, sich sehr unauffällig, aber kostbar zu kleiden.

1888 trifft sie in Mailand nach einer Vorstellung Arrigo
Boito wieder, den sie vier Jahre zuvor kennen gelernt
hatte. Boito gehört zur Mailänder Prominenz. Er ist
Opernkomponist und Schriftsteller und arbeitet auch
als Theaterkritiker. Eine neue Liebe beginnt. Die beiden schreiben sich nach jeder Trennung glühende Liebesbriefe, beschwören sich gegenseitig, beruflich noch
besser und härter zu arbeiten. Mit ihm wird sie bis zu
dessen Tod im Jahre 1918 immer verbunden bleiben,
auch wenn andere Liebhaber auftauchen. Arrigo Boito
hat Geld und ist jederzeit bereit, Eleonoras Wunsch
nach bürgerlicher Bildung zu unterstützen. Sie besich-
tigen Galerien und Kirchen, lesen gemeinsam neue
Stücke. Eleonora beschäftigt sich mit fremden Sprachen, zwingt sich wenigstens zwei bis drei Stunden am
Tag neben ihrem Spiel zum Lernen.

Mit diesem Mann träumt die häufig erschöpfte
Schauspielerin auch zum ersten Mal von einem ver-
schwiegenen Palazzo in Venedig, in den sie sich mit
ihm und der Tochter zurückziehen möchte. Diese
Sehnsucht nach einem beschaulichen Landleben oder
eben nach Venedig, dieses Bedürfnis nach Ruhe, wird
Eleonora immer begleiten. Später kann sie sich man-
chen dieser Träume erfüllen, wird ein Leben in der
Idylle jedoch oft frustriert und enttäuscht abbrechen.

Mit einunddreißig Jahren unterschreibt die Theater-
chefin und Hauptdarstellerin die Verträge für eine gro-

ße Auslandstournee und tritt 1889 in Alexandria und Kairo, Barcelona und Madrid auf. Sie hat einen neuen Autor gewählt, Henrik Ibsen. Der norwegische Dichter schreibt in seinen Dramen von den Lebenslügen bürgerlicher Familien, dem Eingesperrtsein der Frauen in ihren schönen Wohnungen und dem tyrannischen Überlegenheitsanspruch der Männer. Ibsen verändert Eleonora Duses Blick. Sie ist begeistert von seinen Texten und weiß, dass sie die französischen Salonstücke nicht mehr gern spielen wird – sie erscheinen ihr nicht tiefgründig genug, überflüssig und hohl.

Von November 1891 bis Februar 1892 ist sie dann noch in Russland auf Tournee. Der Dichter Anton Tschechow, zu dieser Zeit noch ein junger Mann, sitzt in Sankt Petersburg im Parkett und ist fasziniert: »Ich verstehe kein Italienisch, aber sie hat so gut gespielt, daß es mir vorkam, als verstünde ich jedes Wort! Ich habe nie zuvor etwas Gleichartiges gesehen. Als ich die Duse beobachtete, wurde mir klar, warum wir uns im russischen Theater langweilen.«[19]

In Russland erfährt die Italienerin vom Tod ihres Vaters, der schon lange nicht mehr aufgetreten war und sich in Venedig niedergelassen hatte. Seitdem sie gut verdiente, hatte sie ihm regelmäßig Geld geschickt. Er war sehr stolz auf sie gewesen. Wieder ist sie nicht bei dem Begräbnis dabei, kann nur innerlich Abschied nehmen.

Im Frühjahr 1892 reist sie weiter nach Österreich.

Während der Zollformalitäten am Grenzübergang begegnet eine Wiener Theatertruppe mit den damaligen Stars Joseph Kainz und Jenny Groß der kleinen, versunken dasitzenden Kollegin: »Der armen Person war in der Nacht schlecht. Es ist eine gewisse Duse!«, flüstert man sich zu. An diesem Tag gehörte sie für die Österreicher noch zu den »Katzelmachern«, dem umherfahrenden, armseligen Unterhaltungsvolk.

Doch nur wenige Tage später liegt das theaterinteressierte Wien ihr zu Füßen. Sie tritt im Carltheater auf, einem schönen, alten Biedermeier-Gebäude, an dem hauptsächlich Wiener Volksstücke gespielt werden. Die Duse gibt wieder einmal »Die Kameliendame«. Am ersten Abend noch ist das Parkett fast leer – die nächsten Vorstellungen sind bis auf den letzten Platz ausverkauft. Der Erfolg spricht sich in Windeseile herum, die Tageseinnahmen steigen von achthundert Kronen auf neuntausend.

So viele Tage, Abende, Jahre des Lebens an fremden Orten. Eleonora Duse spielt die dramatischsten Lebenssituationen, mit Mord und Totschlag, mit Eifersucht, Leidenschaft, Krieg der Geschlechter und Generationen. Sie erfährt die Städte, in denen sie sich aufhält und deren Sprache sie ja häufig gar nicht beherrscht, über intensive Spaziergänge. Außerhalb des Theaters ist sie viel mit sich allein, hat immer wieder mit großer Erschöpfung und gesundheitlichen Problemen zu kämpfen, ähnlich wie früher ihre Mutter. Jeden Tag schreibt sie von unterwegs Briefe, vor allem an die Tochter, die inzwischen in Turin auf einem Internat für Offizierstöchter ausgebildet wird.

Sie kann die überragenden Kritiken, diese Begeisterungsausbrüche über ihre Kunst, in den fremdsprachigen Zeitungen nicht selbst lesen und ahnt nur, was es bedeutet, von Kritikern wie Alfred Kerr und Herrmann Bahr in Berliner und Wiener Feuilletons gefeiert zu werden. Sie muss sich auf den jeweiligen Abend vorbereiten, bei sich bleiben, ihre Energien sammeln. Das Publikum lässt sich durch ihre Figuren gern verführen, aber der Kontakt muss von ihr immer wieder mit großer Kraftanstrengung hergestellt werden.

Alfred Kerr schwelgt in seinem späteren Buch »Die Welt im Drama« in seinen Erinnerungen an Eleonora Duse: »In Jahrhunderten einmal erscheint ein Mensch ihrer Gattung. Ohne Nachbarschaft leuchtet sie und verglüht.«[21] Und Herrmann Bahr beschreibt sie nach einem Gastspiel in Berlin Ende 1892: »Die Nase ist klein und stumpf, wie von einem verwunderten Pierrot. Die Wangen hängen schlaff herab, ohne einen persönlichen Zug … Nur um diesen süßen, wunden Mund ist in seltsamen Strichen ein unsäglicher Gram verbreitet, der von stürmischen Begierden, von mutigen Hoffnungen und schmerzlichem Erlebnis erzählt … Sie ist da auch hässlich – sie ist groß und sie ist klein, sie ist jung und sie ist alt.«[22]

Eleonora Duse ist bei all ihrem Erfolg keine auftrumpfende, selbstsichere Frauenerscheinung. Die Emanzipationsdebatte des 19. Jahrhunderts fällt niemandem ein, der sie sieht. Sie spielt die von Ängsten und Liebe bewegte Frau – und passt damit, obwohl sie doch »emanzipiert« lebt, alle Freiheit des Reisens, der freien Liebe und des öffentlichen Lebens nutzt, letztlich ins alte Bild. Ihre Bühnenfiguren bangen, leiden und sterben. Das Leiden als Frauentugend, das den Männern Mit-Leiden ermöglicht, ohne sie zu entthronen.

Endlich, mit sechsunddreißig Jahren, erfüllt sie sich ihren lang gehegten Traum: »Ich habe jahrelang gearbeitet – während meiner ganzen Jugend – und jetzt will ich eine große Ruhe genießen. Mit dem, was ich verdient habe, kann ich leben: es genügt mir … Der Herbst ist ruhig, die Luft ist rein, und ich trage viel Frieden in meiner Seele.«[23] Sie hat sich an prominentester und dennoch verzauberter Stelle des Canale Grande in Venedig eine Wohnung gemietet. Der russische Maler Alexander Wolkoff, dem sie auch Modell sitzt, hat dort einen Palazzo gekauft. Unterm Dach, mit Sicht durch hohe spitzbogige Fenster, liegt Eleonoras Wohnung. »Wie viele Sonnenuntergänge habe ich versäumt, weil ich ins Theater mußte«[24], schreibt sie in einem Brief an Arrigo Boito.

Ein Foto zeigt sie schlafend im Liegestuhl, zugedeckt mit einer Wolldecke. Außer einem Gemälde der Mutter Gottes an der Wand und zwei Teppichen auf dem Boden herrscht Bescheidenheit in dem weiß gestrichenen Wohnraum. Das große Haus selbst ist ein venezianisches Schmuckstück. Zur Kanalseite hin reiht sich ein weiß umrandetes Fenster an das nächste, selbstverständlich besitzt man einen eigenen Bootsanlegeplatz vor der Haustür.

Die Geräusche sind andere in dieser Stadt, in der man sich auf dem Wasser bewegt, in der die alten Häuser gleichzeitig verfallen und schützende Zuflucht versprechen. Gern lässt sich die Duse hinüber auf die Friedhofsinsel fahren, wo es noch stiller ist, wo man umgeben ist vom zarten, blauen Himmel über den Zypressen, unbehelligt, in Gedanken bei den Toten, die man liebt.

Eleonora Duse wusste viel vom Leben am Theater, wohl auch einiges vom Leben voller Verwirrung, Liebe, Sehnsucht und Verbitterung, sicher aber wusste sie wenig über das normale bürgerliche oder Handwerkerleben ihrer Zeit. Gerade darum fasziniert es sie. Immer wieder bleibt sie vor einer alten Seilfabrik in ihrer Nachbarschaft stehen und schaut den Menschen bei der Arbeit zu. »Der erstickende Duft des Hanfes drang durch die Eisenstäbe, die ein grauer Flaum, wirren Spinnweben gleich, bedeckte. Und hier am Ende des Campiello della Comare, der wie ein ländlicher Pfarrhof mit Gras bewachsen war, öffnete sich das Gitter des Gartens zwischen zwei viereckigen Pfeilern. Man hörte das Pfeifen des Zuges, der über die Lagunenbrücke fuhr, das Lied des Seilers, das Brausen der Orgel.«[25]

Eleonora Duse liebt Venedig. Und vielleicht auch deshalb beginnt hier die große und komplizierte und von vielen Freunden misstrauisch beobachtete Liebe zu dem Dandy und Dichter Gabriele D'Annunzio.

D'Annunzio lebt mit der Prinzessin Maria Gravina Cruyllas di Ramacca und ihrer gemeinsamen Tochter in Venedig. Der auch als Journalist auftretende Dichter setzt sich gern ins rechte öffentliche Licht. Er kann Eindruck machen, ist elegant und beredsam.

Eleonora Duse soll einer Freundin den Beginn der Affaire so geschildert haben: »Ich irrte herum, nach einer schlaflosen Nacht. Plötzlich sah ich ihn vor mir, aus einer Gondel steigend. Wir sprachen über die Kunst, von der Misere der Kunst im heutigen Theater! Wir sprachen nicht über gemeinsame Aufgaben – aber aus dem Schweigen zwischen uns war ein Bündnis entstanden.«[26]

D'Annunzio strahlt ein unglaubliches Selbstbewusstsein, um nicht zu sagen eine Selbstüberschätzung aus. Vielleicht hat dies der Duse gerade gefallen, die immer noch mit ihren Minderwertigkeitsgefühlen kämpft, die auf der materiell so ungesicherten Herkunft und fehlenden Bildung basieren. Er ist wie sie ein

Paradiesvogel, aber einer voller Snobismus, mit Geld und einer großen Überzeugungskraft. Er stilisiert sie als die »vagabundierende Schauspielerin, die in ihrem Bette, wie auf der Bühne, allen gehört und niemandem«[27], eine Beschreibung, wie sie ähnlicher für eine Prostituierte oder Kurtisane nicht lauten könnte. Hinzu kommt, dass sie bei dieser Begegnung achtunddreißig Jahre alt ist und er dreiunddreißig. Diesen für heutige Verhältnisse völlig unwichtigen Altersunterschied spielt D'Annunzio auf geradezu abstoßende Weise aus. Immer wieder schreibt und spricht er von der »alternden Geliebten«, den »verblühten Gliedern«, von ihrer »Verzweiflung, auch die letzte Spur ihrer Jugend verloren zu haben«.[28] Eine Demütigung, die er versüßt mit seiner Verehrung ihres schauspielerischen Talents, seinem Lob für sie als Kassandra, Medea, Lady Macbeth und Iphigenie.

Die Beziehung der Duse zu D'Annunzio ist die einer Abhängigkeit und Unterordnung: Sie wird für die nächsten Jahre – bis zur endgültigen Trennung der beiden im Jahre 1904 – ganz überwiegend seine Stücke spielen und ihn dafür bezahlen, sie wird ihm Geld schicken, auch wenn die Theatersäle leer bleiben, sie wird eigens die kostbarsten Kostüme anfertigen lassen und echte antike Ruinenteile als Dekoration kaufen. Sie ist verrückt nach ihm.

Auf diese Weise tritt Eleonora Duse als Hauptdarstellerin in Stücken auf, die inhaltlich eine geradezu sadistische Seite haben. In seinem Stück »La Gioconda« von 1899 stellt sie die Frau eines Bildhauers dar, die durch eine herabstürzende Statue ihre Hände verloren hat. Ausgerechnet die Schauspielerin Duse, deren entscheidendes Ausdrucksmittel ihre berühmten, schönen Hände sind, muss sie in ihrem Kostüm verstecken, nur mit der Stimme spielen, dem Gesicht. Viele im Publikum sind empört, fürchten um »ihre« Duse.

Sie übernimmt auch die Hauptrolle der blinden Anna in dem Stück »Die tote Stadt«, das D'Annunzio zur Uraufführung zunächst sogar hinter ihrem Rücken der Konkurrentin Sarah Bernhardt in Paris angeboten hatte. Anna ist das Opfer einer Inzest-Geschichte, das am Ende des Stückes ertränkt wird.

Eleonora Duse will ihren Dichter fördern, ihre Fähigkeiten in seinen Dienst stellen. Vielleicht hat sie zum ersten Mal das Gefühl, ihre künstlerische Begabung auf einem hohen Niveau mit ihrer Liebe verbinden zu können.

Von 1894 bis 1904 leben die zwei miteinander und doch getrennt. Sie haben sich in der Nähe von Florenz zwei gegenüberliegende Häuser gekauft, einfach und schlicht eingerichtet das ihre, protzig und aufwendig das seine. Sie sind ein öffentliches Liebespaar, ein demonstratives Paar, das sich in seiner Arbeit beflügelt. Er schreibt für sie, sie spielt für ihn.

Zur Jahrhundertwende veröffentlicht D'Annunzio ein Skandalbuch, »Das Feuer«. Es ist der Roman seiner

»Die Duse«, um 1900

Liebesbeziehung mit Eleonora Duse. In für damalige Zeiten sehr intimen Details über ihren Körper und ihre Gewohnheiten schildert er seine Geliebte. Allgemein wird dieser Text als demütigend für die Duse empfunden.

Freunde und die Familie raten ihr zum Bruch. Doch sie schreibt: »Ich kenne den Roman, und ich habe seine Veröffentlichung bewilligt, weil mein Leiden, worin immer es auch besteht, nicht zählt, wenn es sich darum handelt, der italienischen Literatur ein Meisterwerk zu geben. Und außerdem bin ich vierzig Jahre alt ... und ich liebe!«[29]

Aber in einem Interview mit der »Freien Presse« in Wien kommt doch ihre Kränkung zum Vorschein: »Die beste Lösung aller Lebensrätsel ist ein früher Tod. Die beste. Eine Frau sollte nicht alt werden, und eine Schauspielerin ihren Abgang nicht versäumen.«[30]

Dennoch spielt sie weiter seine pathetischen Stücke, schickt ihm nach wie vor Geld, obwohl sie jetzt häufig vor halb leeren Häusern spielt. Selbst noch im Frühjahr 1903, als Eleonora Duse krank in einem römischen Hotel liegt und die Vorstellungen wochenlang ausfallen, zahlt sie weiterhin Tantiemen an D'Annunzio. In Wirklichkeit aber erstickt sie langsam in Schulden. »Die Angst packt mich wieder. Ich verstehe es nicht, mir helfen zu lassen.«[31]

Ein Jahr später schließlich kommt in Mailand zum ersten Mal ein Stück D'Annunzios zur Aufführung, das auf Anhieb ein Erfolg ist, »Jorios Tochter«. Der Dichter aber hat die Hauptrolle einer anderen gegeben. An dem literarischen Durchbruch, für den sie so viel gearbeitet hat, für den sie ihre Glaubwürdigkeit als Schauspielerin aufs Spiel gesetzt hat, ist Eleonora Duse nicht mehr beteiligt. Jetzt ist es genug. Endlich kann sie sich von ihm lösen.

Eleonora Duse sucht nach anderen Stücken, braucht eine neue Herausforderung, ist aber auch gezwungen, ständig zu arbeiten, um ihre Schulden zu begleichen. Sie spielt die Hauptrolle in Ibsens »Nora oder Ein Puppenheim«, tritt 1904 in Wien und Budapest auf, ist in Deutschland unterwegs und unterschreibt einen Vertrag für Norwegen. Ein neuer Start, aber auch eine Rückkehr zu ihren alten Erfolgen. Das »Berliner Tageblatt« nennt ihren Namen in einer Umfrage[32] als vierte unter den bedeutendsten Frauen der Gegenwart, gerade hinter der Kollegin und Konkurrentin Sarah Bernhardt. Sie ist gefragt, sie hat Kraft, sie setzt sich allein durch.

Ihre Tochter Enrichetta ist inzwischen erwachsen und studiert in Dresden Mathematik. Streng hat Eleonora Duse darauf geachtet, dass niemand Enrichetta als die Tochter dieser berühmten Mutter öffentlich behelligt. Eine Anekdote erzählt, dass Enrichetta von einer Freundin bestürmt wird, doch ein Gastspiel der Duse zu besuchen. »Enrichetta weigert sich hartnäckig und gesteht schließlich, ihre Mutter erlaube ihr nicht, ein Theater zu besuchen. ›Wer ist denn deine Mutter, daß sie dir nicht erlaubt, zu Eleonora Duse zu gehen und sie zu sehen?‹ ›Eleonora Duse‹, erwidert Enrichetta.«[33]

Nach Abschluss ihres Studiums heiratet Enrichetta in London einen englischen Wissenschaftler und lebt in streng katholischem Glauben. In Briefen tauscht sie sich darüber mit ihrer Mutter aus. Ihre Kinder Robert und Eleonora treten später dem Dominikanerorden bei und dienen der Kirche als Nonne und Mönch im geistlichen Stand.

Auch in den nächsten Jahren ist Eleonora Duse fast ständig auf Tournee, häufig mit ihren geliebten Ibsen-Stücken wie »Die Frau vom Meere«. Darin spielt sie die Fischersfrau, die ein Leben lang – vergeblich – auf den Liebsten und Retter wartet.

1907 geht die Duse auf eine große Gastspielreise durch Südamerika und gleich anschließend nach Russland. Nun verdient sie wieder so viel Geld, dass sie in den nächsten Jahren davon leben kann.

Immer wieder hat sie mit dem Rückzug gespielt und 1909, auf dem Höhepunkt ihrer Karriere, erklärt die inzwischen Fünfzigjährige in Wien überraschend ihren Rücktritt von der Bühne. Sie wird diesen Entschluss nicht kategorisch durchhalten, aber immerhin legt sie zwölf Jahre Ruhepause ein, in denen sie ihre Tochter und die Enkelkinder besucht, Freundschaften pflegt und sich ganz ihren eigenen Interessen widmet.

Junge Frauen wie Lina Poletti, die zwanzigjährige Schriftstellerin und Geliebte der italienischen Dichterin Sibilla Aleramo, schwärmen für sie. Die erfolgreiche Schauspielerin ist ihnen ein großes Vorbild. Die Duse zeigt sich als mütterlich-fürsorgliche Freundin mit Lina und wird von ihr heftig umworben: »Eleor, ich liebe dich. Eleor, ich vertraue auf dich … meine Seele.«[34] Und überhaupt wird sie jetzt, da sie nicht mehr spielt, von der politischen Frauendebatte eingeholt, wie sie auch in Italien längst heftig geführt wird. Für einen Frauenkongress 1912 lässt sie eine Grußbotschaft verlesen, in der sie vom »Adel der Arbeit«[35] spricht, von der so wichtigen Berufstätigkeit, die den Frauen offen stehen sollte. Dabei ist sie in ihren Ansichten von den italienischen Feministinnen weit entfernt. Sie kritisiert die traditionelle Frauenrolle nicht. Sie selbst hat sich zwar durch ihre eigene Arbeit ernährt, kein »übliches« Frauenleben geführt, sieht sich aber als Künstlerin nur als Ausnahme von der konventionellen, »richtigen« Regel.

Die leidenschaftlichen und »öffentlichen« Liebesverhältnisse mit Männern lebt Eleonora Duse nicht mehr. Aber ein junger und hartnäckiger Verehrer hat sich eingestellt: Rainer Maria Rilke. Der spätromantische Dichter aus Deutschland mit Vorliebe zu Italien hatte seit Jahren von einer Begegnung mit ihr geträumt.

1912, in Venedig, lernen sie sich endlich kennen und beginnen eine platonische und herzliche Freundschaft. In einem Gedicht beschreibt er sie:

> Daß von dem verzichtenden Gesichte
> keiner ihrer großen Schmerzen fiele,
> trägt sie langsam durch die Trauerspiele
> ihrer Züge schönen welken Strauß …[36]

Eleonora Duse ist erfüllt von dem Wunsch, ihre Erfahrungen weiterzugeben. Sie kauft in Rom ein Haus, das sie zu einer Bibliothek für junge Schauspielerinnen umbauen lässt. Sie selbst hat nie in Ruhe lesen können und glaubt, dass die jungen Frauen sich bilden möchten, wie sie es sich stets gewünscht hat. »Die Arbeiter haben bereits ihr Haus. Warum sollten unsere ruhelosen Künstler keines besitzen, die so häufig und gewohnheitsmäßig gezwungen sind, an bescheidenen, ärmlichen Stätten zu weilen?«[37] Vom Mai 1914 bis zum Januar 1915 steht das hübsche Häuschen offen und wartet vergeblich auf Besucherinnen. Die Schauspielerinnen haben anderes vor, sie wollen eine Rolle, Auftritte. Die Mäzenin muss das Haus wieder schließen.

Eine wichtige Freundschaft verbindet die Duse mit der Tänzerin Isadora Duncan. Sie tröstet die junge Frau, als deren zwei kleine Kinder bei einem Autounfall ums Leben kommen. Immer wieder lässt sich die Italienerin von den Kindern erzählen. Isadora Duncan schreibt später in ihren Memoiren: »Niemals riet sie mir, meinen Schmerz zu betäuben, nein, sie litt mit mir.«[38]

Es sind Jahre der Muße, der Erinnerungen und Naturerlebnisse. Die Schauspielerin in selbst gewählter Ruhe schreibt Briefe, verwaltet ihr Vermögen und hat ein neues Hobby entdeckt: Sie wird Stammgast im Kino. Die Stummfilme zeigen Ausdruckskünstler, bei denen sich alles im Gesicht spiegeln soll, das Entsetzen, die Wut, die Nachdenklichkeit, die Liebe. Der Sinn der Handlung muss sich ohne Worte mitteilen, auch wenn zwischendurch kurze Schrifteinblendungen zu sehen sind. Die Duse, die sich so oft in einer für das Publikum fremden Sprache beweisen musste, sieht die Möglichkeiten dieses neuen Mediums für ein internationales Publikum. Stummfilme sind in jeder Sprache verständlich.

Als sie 1916 gebeten wird, selbst in einem Film mitzuspielen, sagt sie begeistert zu. »Cenere« (Asche) heißt der Film, in dem sie eine ehemalige Prostituierte spielt, die ihr Kind für eine gute Erziehung weggab und nun den erwachsenen Sohn wieder trifft. Der weiß nichts von seiner Herkunft und verachtet selbstverständlich »solche Frauen«. Um ihm, der jetzt bürgerlich heiraten will, die Schande zu ersparen, bringt sie sich um.

Die Duse genießt das neue Medium, sie wünscht sich bei den Dreharbeiten Cellomusik im Hintergrund, damit sie in die rechte Stimmung kommt, und steht mit

43

Begeisterung schon in der Morgendämmerung auf, um das richtige Licht beim Drehen auszunutzen. Auch an der Montage des Films nimmt sie wissbegierig teil. Ein Arbeitsfoto zeigt sie mit kurzem, grauweißem Haar und dunklem Umhang zu Füßen ihres Film-Sohnes sitzend. Sie strahlt ihn an.

Natürlich plant sie sofort weitere Projekte mit der neuen Kinokunst. Sie möchte gern das von ihr so geliebte Ibsen-Stück »Die Frau vom Meere« produzieren, aber die Kosten sind zu hoch. So muss sie die Filmpläne begraben. »Harlekin ist zu Boden gefallen, da hängen die Fäden, und ich kann nicht mehr sagen: Da bin ich«[39], schreibt sie traurig.

Seit Mai 1915 ist Italien ein Krieg führendes Land im Ersten Weltkrieg. Die Duse versucht zu helfen, wo sie kann, mit Geld, Kleidung und Essen. Sie empfindet es als eine patriotische und menschliche Selbstverständlichkeit, an wildfremde Soldaten tröstende Briefe zu schreiben, Päckchen zu packen, jungen Frauen Geld zu geben, die ihre Männer verloren haben: »Was für eine Kälte! Mein Gott! Wie beschämend, ein Bett zu haben und abends nach Hause zu kommen … Sagen Sie mir bitte, an welche Adresse ich mit Sicherheit eine gute Decke oder sonst noch etwas schicken kann …«[40]

Mit ihrem Filmauftritt ist die Lust am Spiel wieder aufgetaucht. Eleonora Duse will es beruflich, auf der Bühne, noch einmal wissen. Außerdem sind ihre Ersparnisse inzwischen aufgebraucht. In einem Interview sagt sie: »Wenn sie mich wollen, wird es mich stolz und glücklich machen. Wenn nicht, werde ich in das Schweigen zurückgehen. Aber nur keine Vortäuschung, keine Neulackierung, keine Lüge.«[41]

Im Mai 1921 beginnt sie im Alter von zweiundsechzig Jahren den letzten Teil ihrer großen Karriere. Der erneute Erfolg ist unglaublich. Wo immer sie auftritt, wird sie mit Blumen überhäuft, junge Leute spannen die Pferde ihrer Kutsche aus, um in Turin »ihre Duse« selbst zum Hotel zurückzuziehen.

Noch einmal nimmt sie im Herbst 1923 die lange Schiffsreise auf sich, um in Chicago, Philadelphia, Havanna und San Francisco aufzutreten. Es ist eine Zeit der Ernte. »Die Duse« ist ein lebendiger Mythos: »Man glaubte der grauhaarigen, bleichen, stets ungeschminkten Schauspielerin alle Rollen – auch die, für die sie eigentlich zu alt war.«[42] Und ihr treuer Freund und glühender Anhänger, der sarkastische Kritiker Alfred Kerr beschwört: »Das war nicht und kommt nie wieder. Nehmt wenigstens einen Kinematographen, rettet euch das Gröbste. Das ist ein Gipfel. Das Wunder der letzten Schönheit des Südens.«[43]

Ihre ständige Frage, ob denn ihr Spiel ausreiche, ob sie sich mitteilen könne, ob sie gut genug sei – dies alles bekommt sie in diesen letzten anstrengenden Reisejahren von ihrem Publikum noch einmal überschwänglich und dankbar beantwortet. An die Tochter schreibt sie: »Deine Mutter arbeitet und tut alles, was in ihren Kräften steht, um das Schiff in Gang zu halten – ja, der Erfolg ist riesig. Vielleicht erlaubt mir Gott, Dir eines Tages davon zu erzählen.«[44]

Aber sie werden sich nicht mehr wieder sehen. Anfang April 1924 holt sie sich im strömenden Regen zunächst eine ihrer häufigen Erkältungen, die sich diesmal aber zu einer schweren Lungenentzündung ausweitet. Von ihrer italienischen Zofe betreut, liegt sie zwei Wochen im »Schenley-Hotel« in Pittsburgh. Die Zeitungen berichten jeden Tag über ihren Gesundheitszustand. Eleonora Duse hat hohes Fieber, spricht immer wieder von ihrer Heimreise, dämmert dahin.

Am 21. April stirbt sie in ihrem Hotelzimmer – unterwegs, auf Tournee. Geboren wurde sie in einem italienischen Dorfgasthof auf der Durchreise. Der Kreis schließt sich.

In Pittsburgh und New York stehen die Menschen Schlange, um an einer der Duse-Totenmessen teilnehmen zu können. Ein italienisches Schiff bringt ihren Leichnam zurück nach Europa. Auch in der Heimat feiert man zu Ehren der großen Schauspielerin überall Gottesdienste. Am 13. Mai 1924 wird Eleonora Duse nach ihrem Wunsch auf einem kleinen Friedhof in Asolo begraben.

*»Man muß dem Modell ins Gesicht sehen,
wenn man die Seele erreichen will«*

Suzanne Valadon (1865–1938), Malerin

Von Christine von dem Knesebeck

Sie hatte leuchtend blaue Augen, honigblonde Haare,
einen sinnlichen Mund und einen verführerischen
Körper. Im Montmartre der Jahrhundertwende war sie
ein begehrtes Modell. Noch heute kennt sie jeder, der
sich für Kunst interessiert. Sie ist die Frau mit dem
Zopf, die bäuerliche Tänzerin mit den rosigen Wangen,
die elegante Tänzerin mit den langen Handschuhen
und die üppige Badende auf den Bildern von Auguste
Renoir[1]. Sie ist die Kunstreiterin im Zirkus, die Wäscherin und die Trinkerin, die Henri de Toulouse-
Lautrec malte.[2]

Sie führte ein freies Leben in der Boheme von Paris.
Zahlreiche Liebhaber umwarben sie, und sie betörte
die Männer, ob sie vierzig Jahre älter oder zwanzig Jahre jünger waren. Schon mit achtzehn wurde sie Mutter
eines unehelichen Sohns, des späteren Malers Maurice
Utrillo.

Sie war eine hoch begabte Künstlerin, berühmt für
ihren klaren Strich und ihre kräftigen Farben. Porträts, Stillleben und Landschaften waren ihre bevor-
zugten Motive. Sie brach mit den Konventionen, malte Akte von üppigen, selbstbewussten Frauen und

wagte als erste Künstlerin, einen nackten Mann darzustellen.

Sie hieß Suzanne Valadon.

Will man diese Künstlerin kennen lernen, sollte man
die vielen Selbstporträts betrachten, die sie im Laufe
ihres Lebens malte. Suzanne Valadon zeigte sich in jeder Phase ihres Lebens ungeschönt, so wie sie sich im
Spiegel sah. »Man muß den Mut haben, dem Modell
ins Gesicht zu sehen, wenn man die Seele erreichen
will«[3], ist ein charakteristischer Satz von ihr, der über
ihre Malerei so viel aussagt wie über sie selbst.

Ihr erstes Selbstporträt aus dem Jahr 1883[4] – sie war
damals achtzehn Jahre alt – ist nicht das eines attrakti-
ven, reizvollen Mädchens. Es zeigt ein stolzes, fast wildes Gesicht, das den Betrachter herausfordernd an-
blickt. Ihre Sensibilität und Sinnlichkeit erschließen
sich erst auf den zweiten Blick. So sah sie sich, und so
wollte sie auch von anderen gesehen werden. Als sie
das Bild malte, war sie hochschwanger. Sie hatte bisher
kein leichtes Leben gehabt.

Suzanne Valadon wurde am 23. September 1865 in
Bessines, einem kleinen Ort im französischen Limou-
sin, geboren. Ihr Taufname war Marie-Clémentine Valadon, erst später als Malerin nannte sie sich Suzanne.
Ihre Mutter, Madeleine Valadon, arbeitete in Bessines
als Wäscherin, ihr Vater war unbekannt. Zwei Kinder
aus einer früheren Ehe hatte Madeleine, wahrscheinlich aus Geldnot, bei Verwandten untergebracht. Ihr

Mann, ein kleiner Betrüger, war schon 1851 im Gefängnis gestorben. Nun, mit dem späten unehelichen Kind, hielt sie dem Gerede ihrer dörflichen Umgebung nicht stand und beschloss, in der Großstadt Paris ein Auskommen zu finden.

Diese triste und prosaische Geschichte ihrer Herkunft erzählte Suzanne Valadon meistens anders. Sie machte sich einfach zwei Jahre jünger und behauptete, das uneheliche Kind eines reichen Adligen zu sein. Ihre Mutter habe sie auf den Stufen der Kathedrale von Limoges gefunden. Sie liebte es, Legenden um ihr Leben zu spinnen und es mit amüsanten Episoden auszuschmücken. Vieles in ihrer Geschichte bleibt daher ungeklärt oder muss mit einem Fragezeichen versehen werden, zumal es nur wenig schriftliche Dokumente gibt.[5]

In Paris wuchs Suzanne in einfachsten Verhältnissen auf. Ihre Mutter, die täglich zehn bis zwölf Stunden für einen Hungerlohn putzte, konnte sich und die kleine Tochter nur mit Mühen durchbringen, und ihre Unterkunft am Boulevard de Rochechouart in Montmartre war mehr als bescheiden.

Es war die Welt Emile Zolas und Guy de Maupassants, die in ihren Romanen die Armut und die Trivialität dieses Milieus schilderten. Der industrielle Aufschwung ging einher mit sozialem Elend. Der Kampf um die Kolonien führte zum Krieg mit Deutschland. 1870 wurde die Dritte Republik ausgerufen, ein Jahr später ging die Pariser Kommune auf die Barrikaden und forderte Gerechtigkeit vom immer reicher werdenden Großbürgertum.

Montmartre war damals noch ein ebenso armer wie malerischer Vorort von Paris. Hier wohnten die Arbeiter und kleinen Angestellten, aber auch die Künstler, die sich teure bürgerliche Wohnviertel nicht leisten konnten. Auf der pittoresken »Butte«, dem Hügel von Montmartre, fühlten sie sich zu Hause. Unter freiem Himmel saßen sie vor ihren Staffeleien und fingen die dörfliche Atmosphäre mit Schafen und Kühen, Mühlen und Obstgärten in ihren Bildern ein. In den Bistros tranken sie billigen Rotwein und redeten sich über die Kunst und das Leben die Köpfe heiß. Die Sitten waren locker, mit der Moral nahm man es nicht allzu genau. Diese Welt hat Suzanne Valadon geprägt.

Häufig sich selbst überlassen, trieb Suzanne sich auf den Straßen herum und machte ihre frühreifen Erfahrungen. Ihre Mutter konnte sich wenig um sie kümmern, legte aber doch Wert darauf, dass ihre Tochter etwas lernte. Sie selbst war Analphabetin, wie mehr als die Hälfte der Frauen der damaligen Zeit, und so schickte sie ihre Tochter in die Klosterschule der Schwestern von Saint Vincent de Paul, wo das widerspenstige Mädchen es allerdings nicht lange aushielt und kaum mehr als Lesen und Schreiben lernte. Nur eines blieb Suzanne für den Rest des Lebens: eine starke Abneigung gegen die Kirche. Schon mit elf Jahren verließ sie die Schule, um Geld zu verdienen, nicht ungewöhnlich, denn Kinderarbeit war damals gang und gäbe. Lustlos arbeitete sie einige Jahre als Serviererin, Kindermädchen, Stallbursche und Gemüseverkäuferin.

Aber ein bürgerlicher Beruf war nicht ihre Sache, das Leben der Boheme hatte es ihr weit mehr angetan. Schon früh ging sie im »Moulin de la Galette« tanzen und traf sich mit ihren Freunden im Café »Le Lapin Agile« und im »Chat Noir«. Damals gab es in Paris mehrere berühmte Zirkusunternehmen, wie den »Cirque Fernando«, den »Cirque Monier« oder das »Hippodrome«. Fasziniert von der Welt der Manege, versuchte sich Suzanne als Akrobatin und Schlangenfrau, trat aber wohl eher auf Jahrmärkten auf. Sie trainierte hart, aber schon nach einem halben Jahr fand der Traum von einer Karriere ein jähes Ende, als Suzanne bei einem Sprung vom Trapez stürzte. Mehrere Monate musste sie mit Rückenbeschwerden im Bett liegen, behielt aber zum Glück keinen gesundheitlichen Schaden zurück.

Sie war jetzt fünfzehn Jahre alt, ein kapriziöses junges Mädchen, klein, kaum mehr als einen Meter fünfzig groß, mit kräftigen, runden Formen. Selbstbewusst und freizügig lenkte sie die Blicke der Künstler auf sich, und so blieb es nicht aus, dass sie als Modell entdeckt wurde. Ob sie auf dem sonntäglichen Modellmarkt an der Place Pigalle oder beim Wäscheaustragen dem Maler Pierre Puvis de Chavannes begegnete, ist ungewiss. Er jedenfalls war der erste der zahlreichen und berühmten Künstler, die sie als Modell engagierten. In den Ateliers der Maler traf sie auf eine Welt, die sie in ihren Bann zog. »Ich erinnere mich noch an die erste Sitzung. Ich erinnere mich, daß ich mir immer wieder sagte: ›Das ist das Richtige! Das ist das Richtige!‹ Immer wieder sagte ich mir das, den ganzen Tag. Ich wußte nicht, weshalb. Aber ich wußte, daß ich endlich irgend wohingekommen war und nie damit aufhören würde.«[6]

Sie hatte nun die Welt gefunden, in die sie gehörte. Vom ersten Moment an liebte sie den Geruch der Farben und das Durcheinander von Bildern, Skizzenblöcken, Farbtuben und Pinseltöpfen. Die kreative Atmosphäre und die konzentrierte Anspannung während der Arbeit zogen sie in ihren Bann. Begierig nahm sie alles in sich auf. Sie beobachtete, wie die Farben ausgewählt und die Formen gegeneinander gesetzt wurden, und verfolgte, wie eine Komposition entstand. So wach und angeregt hatte sie sich noch nie zuvor in ihrem Leben gefühlt.

Puvis de Chavannes, für den allein sie drei Jahre lang Modell für sein großrahmiges Bild »Der heilige Hain«[7] stand, hatte entscheidenden Einfluss auf sie. Er war aus reichem Hause, gebildet, mit sicheren Umgangsformen, ein unermüdlicher Redner, dem die junge Frau bewundernd zuhörte und von dem sie sehr viel lernte. Einundvierzig Jahre älter war er als sie, und Suzanne sah in ihm den Vater, den sie nie gehabt hatte. Sie verehrte ihn und schwieg sich darüber aus, ob sie seine Geliebte war. Anzunehmen ist es, denn die Beziehung zwischen Maler und Modell war in Montmartre meist auch eine erotische.

Die lebenslustige Suzanne, die sich als Modell »Maria« nannte, hatte in diesen Jahren viele Liebhaber, und als 1883 ihr Sohn Maurice geboren wurde, wusste sie nicht zu sagen, wer der Vater war. Vieles sprach für den spanischen Journalisten und Maler Miguel de Utrillo, den ersten Mann, in den sie wirklich verliebt war. Die Zeit mit ihm schilderte sie später als die glücklichste ihres Lebens, obwohl die Beziehung zu ihm, wie alle folgenden auch, stürmisch und von Höhen und Tiefen geprägt war. Miguel de Utrillo blieb ihr als Freund erhalten und schenkte ihr später mit liebevoller Ironie ein Bild mit der Widmung: »Für sieben Jahre Krieg«. Miguel hatte tatsächlich verblüffende Ähnlichkeit mit Maurice und erkannte ihn 1891 als seinen Sohn an. Für seine Vaterschaft spricht auch, dass er Suzanne Valadon in den Monaten vor und nach der Geburt finanziell unterstützte.

Obwohl »Maria« ein begehrtes Modell war, steckte sie in ständigen Geldnöten. Mit gerade achtzehn Jahren hatte sie nicht nur sich, sondern auch ihren kleinen Sohn und ihre Mutter zu ernähren. Modellstehen war harte Arbeit. Stundenlang mussten die Mädchen unbeweglich in einer Pose verharren. Die Honorare waren sehr unterschiedlich, für die Stunde gab es von zwei

Francs aufwärts, ein Aktmodell erhielt sogar bis zu vierzig Francs.[8] Madeleine Valadon konnte als Putzfrau kaum zwei Francs am Tag verdienen, und so war es sinnvoll, dass Suzanne arbeitete und sie den kleinen Maurice versorgte.

Suzanne nahm sich nur wenig Zeit für ihren Sohn, denn nach der ermüdenden Arbeit hatte sie kaum Lust, bei der Mutter und Maurice zu sitzen. Lieber ging sie aus und amüsierte sich. War sie aber zu Hause, zeichnete sie stundenlang Skizzen und Studien von Maurice oder seiner Großmutter. Aus dem Jahr, in dem Maurice geboren wurde, stammen die ersten, von ihr erhalten gebliebenen Blätter. Alles, was sie vor 1883 gezeichnet hatte, vernichtete sie in späteren Jahren, fand es nicht wert, aufbewahrt zu werden. Wie sie gerne erzählte, hatte sie schon von klein auf jedes Papier bekritzelt, das ihr in die Hände fiel, und Häuserwände und Straßen mit Kreide und Kohle bemalt. Ernsthaft und konsequent aber beschäftigte sie sich mit dem Zeichnen erst, seit sie in engeren Kontakt mit Künstlern gekommen war.

Es war kein nahe liegender und leichter Schritt, dass ein Modell die Rolle wechselte und selbst zu malen anfing. Eine große innere Unabhängigkeit gehörte dazu, denn traditionell war die Frau die inspirierende Muse und der Mann der Schöpferische. So begabt und besessen Suzanne Valadon als Künstlerin auch war, hatte sie doch schwer zu kämpfen, bis sie – das Modell – als Malerin anerkannt wurde.

54

Nur sehr wenige Frauen der Zeit waren professionelle Malerinnen, in Deutschland etwa Paula Modersohn-Becker, in Frankreich Berthe Morisot. Auf den Kunstakademien waren Frauen nicht zugelassen, sie mussten Privatunterricht nehmen. Eine Ausstellung oder eine Galerie zu finden war schwierig, denn auch hier gab es Vorurteile gegen die Kunstwerke von Frauen.

Die wenigen Künstlerinnen, die sich öffentlich als solche darstellten, stammten aus gutbürgerlichen Kreisen. Sie bekamen eine Ausbildung von zu Hause finanziert und brauchten sich um ihren Lebensunterhalt wenig Gedanken zu machen. Suzanne Valadon, das uneheliche, ungebildete Arbeiterkind mit unehelichem Sohn, musste sich ihr Leben und ihre Ausbildung selbst erarbeiten. Doch ihre soziale Situation hatte auch Vorteile. Eine Frau aus ihrem Milieu konnte sich frei in Künstlerkreisen bewegen, was für eine Tochter aus gutem Hause undenkbar gewesen wäre.

Suzanne Valadon war sich der Vorurteile, die gegenüber einer malenden Frau aus ihren Kreisen bestanden, durchaus bewusst, und so scheute sie sich zunächst, ihre Zeichnungen den Künstlerfreunden zu zeigen. Sie arbeitete mit Leidenschaft und Ausdauer, wagte jedoch nicht, mit den Malern, die sie ja täglich traf, darüber zu reden oder gar ihren Rat einzuholen. Es gab niemanden, der ihr half oder sie korrigierte. Sie selbst war ihre strengste Kritikerin.

Seit 1883 war sie das bevorzugte Modell Auguste

Renoirs. Er hatte für seine Tanzbilder ein Modell gesucht, und Suzanne Valadon mit ihrer sinnlichen Ausstrahlung war genau die Frau, die er sich vorgestellt hatte. Er liebte ihren schimmernden Teint, ihre Anmut und Lebendigkeit. Das Verhältnis zwischen ihm und seinem Modell wurde so eng, dass Renoirs spätere Ehefrau eifersüchtig auf einer Trennung von Suzanne bestand.

Auch Renoir nahm lange Zeit nicht wahr, dass er in seinem Modell eine Künstlerin vor sich hatte. Als er eines Tages durch einen Zufall ihre Zeichnungen zu sehen bekam, äußerte er sich zwar erstaunt über ihr Talent, aber es ist nicht bekannt, dass er sie in irgendeiner Weise unterstützt oder ermutigt hätte.

Suzanne Valadon wohnte damals in der Rue Tourlaque Nr. 7, wo verschiedene Künstler ihre Ateliers hatten. 1886 bezogen dort der Maler François Gauzi und sein Freund Henri de Toulouse-Lautrec eine Wohnung, in der bald die Boheme ein und aus ging. Dieser Kreis war nun offen genug, sie als Künstlerin wahrzunehmen, obwohl auch Toulouse-Lautrec in ihr zunächst nur ein aufregendes Modell sah. Als er sie auf den Bildern Renoirs als Badende erkannte, soll er ihr angeblich den klingenden Namen »Suzanne« gegeben haben. Vielleicht eine Anspielung auf die biblische Susanna im Bade. Jedenfalls wurde Suzanne, wie sie sich von nun an nannte, seine Geliebte.

Zum ersten Mal war sie mit einem gleichaltrigen

Mann zusammen. Der kleinwüchsige und verwachsene, reiche, exzentrische Aristokrat und das schöne Modell aus proletarischen Verhältnissen waren ein ungleiches Paar, hatten aber die gleiche Einstellung zum Leben. Sie kümmerten sich nicht um Konventionen und führten ein freies Leben in den Cafés und Cabarets von Montmartre. Es war eine heftige Beziehung, die die beiden eigenwilligen Charaktere verband. Beide waren scharfe Beobachter ihrer Umgebung. Für Toulouse-Lautrec war es das schillernde Leben in den Bars und Bordellen, für Suzanne Valadon das schlichte, häusliche Milieu, das Leben der einfachen Menschen, das sie anzog. »Malen ist für mich untrennbar vom Leben«[9], sagte sie.

Toulouse-Lautrec, jenseits von bürgerlichen Vorurteilen, erkannte ihr überragendes Talent und setzte sich für sie ein. Er zeigte Suzannes Zeichnungen seinen Freunden Gauzi und dem Bildhauer Paul-Albert Bartholomé, und alle drei waren von der ausdrucksvollen Linienführung und der sensiblen Intensität beeindruckt. Bartholomé war es dann, der darauf drängte, die Zeichnungen Edgar Degas vorzulegen.

Der sechzigjährige Degas galt als anerkannte Größe unter den Malern seiner Zeit. Er war ein schwieriger Mann, kein Freund der Frauen, dazu ein unerbittlicher, aber ehrlicher Kritiker. Versehen mit einem Schreiben von Bartholomé betrat Suzanne mit ängstlicher Erwartung sein Atelier. Degas betrachtete eingehend ihre

Skizzen und sagte: »Ja, es ist wahr. Sie sind eine von uns.« Diesen Augenblick vergaß Suzanne Valadon nie in ihrem Leben. »Er überhäufte mich mit Lob«, erinnerte sie sich. »Von diesem Tag an gehörte ich zu seinem Haus.«[10]

Degas, nicht nur Maler, sondern auch Sammler, kaufte sogleich eine ihrer Rötelzeichnungen. Jahre später schrieb er ihr in einem Brief: »Von Zeit zu Zeit sehe ich mir im Speisezimmer die Rotstiftzeichnung von Ihnen an, die noch immer dort hängt. Und ich sage mir: Diese teuflische Maria war ein Zeichengenie.«[11] Degas nahm sie als Malerin sofort ernst. Fasziniert von ihrem Talent und ihrer Persönlichkeit, nannte er sie liebevoll seine »schreckliche Maria«.

Wie sie immer wieder betonte, hatte Suzanne für Degas nie Modell gesessen. Es war eine Begegnung zwischen Gleichen. Endlich, mit neunundzwanzig Jahren, war sie für einen anderen Maler nicht mehr ein Modell, sondern eine Künstlerin. Degas ermutigte sie, ihr Talent weiter auszubauen. Er unterwies sie in Radiertechnik, die einzige Ausbildung, die sie je genossen hatte, später aber wenig ausübte. Zwischen beiden Künstlern entstand eine lebenslange Freundschaft.

Im Laufe der Zeit hatte Suzanne Valadon einen ausgeprägten Stil entwickelt, der ihr Werk unverkennbar machte. Nach zehn Jahren war sie 1894 endlich selbstbewusst genug, sich für den »Salon de la Société Nationale des Beaux-Arts« zu bewerben. Sie bat Puvis de Chavannes um eine Empfehlung für die Jury dieser größten französischen Kunstausstellung. Obwohl ihre Zeichnungen bemerkenswert waren, wie die Jury später bezeugte, reagierte er ablehnend und arrogant: »Das ist unmöglich. Wessen Schülerin sind Sie denn? Was wird man sagen?«[12] Eine Frau ohne Ausbildung und ohne Namen als Malerin anzuerkennen war undenkbar für ihn.

Wieder einmal half ihr der Bildhauer Bartholomé. Er schrieb einen Brief an Paul Helleu, den Präsidenten des »Salon«, der viel über Suzanne Valadons Zeichnungen, aber auch über ihre Person aussagt: »Mein lieber Helleu. Vor vier oder fünf Tagen stellte sich bei mir, von einem Freund geschickt, eine arme Frau vor, mit einem großen Packen Zeichnungen. Sie wollte auf dem Champs-de-Mars ausstellen und benötigte Unterstützung. Ich empfehle sie Ihnen nicht; ich bitte Sie nur, sich die mit Valadon signierten Zeichnungen anzusehen, wenn sie vor die Jury kommen. Sie werden gravierende Fehler entdecken, aber, wie ich meine, auch so auffallende Qualitäten, daß Sie zweifellos den Wunsch haben werden, sie anzunehmen.«[13]

Die Bilder der Valadon, der »armen Frau«, überzeugten tatsächlich auch die Jury des Pariser »Salon«. Fünf ihrer Zeichnungen, typische Motive aus dieser frühen Periode, wurden angenommen: »Großmutter mit Enkel«, »Enkel bei der Toilette« und drei Kinderstudien. Auch den Kritikern und Sammlern fielen sie auf. Degas kaufte drei Zeichnungen und machte befreundete Kunsthändler auf Suzanne Valadon aufmerksam. Unter ihnen war Ambroise Vollard, der sich zu diesem Zeitpunkt für sie zu interessieren begann und 1897 ihre erste Einzelausstellung ausrichtete.

Den Erfolg im »Salon« verdankte sie ihrem ganz persönlichen Stil und ihrer außergewöhnlichen Wahrnehmung. Ihre Zeichnungen sind private, intime Momentaufnahmen, die sie mit entschlossenem und klarem Strich festhielt. Ihre Kunst charakterisiert sie selbst folgendermaßen: »Ausbildung: Frei – angeborenes Talent, außergewöhnlich begabt. Wichtige Stationen des künstlerischen Lebens: Zeichnet seit 1883, am Anfang wie eine Rasende, nicht um schöne Zeichnungen für einen entsprechenden Rahmen zu machen, sondern gute Zeichnungen anzufertigen, um einen Augenblick des Lebens in seiner ganzen Bewegtheit und Intensität zu überraschen.«[14]

Von ihrem heranwachsenden Sohn Maurice hatte Suzanne Valadon unzählige Aktbilder gezeichnet, von klein auf bis zum Alter von dreizehn Jahren. Diese Kinderakte haben einen zarten, fast zärtlichen Ausdruck. Sie zeigen das Zerbrechliche, Ungelenke des schmalen Jungenkörpers, die Empfindsamkeit und Einsamkeit des Kindes wird spürbar. Eine ganz und gar unübliche Art, Kinder darzustellen, eine Sichtweise, die mit der herrschenden Norm brach. Bisher waren rosige, behütete Bürgerkinder dargestellt worden, und Arbeiter- und Bauernkinder hatten kräftig und gesund zu sein, niemals hart arbeitend und müde, wie es der Wirklichkeit entsprach.

Auch Valadons Akte von jungen Mädchen und Frauen betonen das Individuelle. Suzanne zeichnete die Frauen in ihrer alltäglichen Umgebung, im Interieur eines Zimmers, beim Bad mit Waschtisch, Kanne und Schüssel oder auf einem Kanapee. Sie sind mit persönlichen Dingen umgeben, die nicht der Dekoration dienen, sondern die Frauen charakterisieren. Kräftige Umrisse betonen die Körperformen. Die jungen Mädchen sind noch unfertig und schmal, mit verhaltener Grazie, die Frauen derb und massig, mit schweren Brüsten und breiten Schenkeln. Ihre Darstellungen haben einen intimen Realismus, der nicht auf Schönheit und Verführung angelegt ist. Es geht Suzanne Valadon um die Persönlichkeit, die sie mit dem schwesterlichen Blick einer Frau sieht und wiedergibt.

Weitere Ausstellungen in den Jahren 1894 bis 1897 brachten den Durchbruch. Jetzt konnte sie sich als professionelle Künstlerin fühlen. Auf einem Selbstporträt[15], dem ersten in Öl auf Leinwand, stellt sie sich selbstsicher und voll weiblicher Ausstrahlung dar. Sie hat warme Rot- und Brauntöne und weiche, runde Formen gewählt, ihr Gesicht ist voll, die Lippen sind rot und sinnlich. Nun, mit Ende zwanzig, nahm ihr Leben allmählich feste Konturen an.

Seit ein paar Jahren war sie mit dem reichen Prokuristen Paul Mousis befreundet, einem Kunstfreund, der in den Boheme-Kreisen von Montmartre verkehrte und die faszinierende junge Frau bewunderte. Die Beziehung zu ihm hinderte Suzanne Valadon nicht daran, eine kurze, heftige Affäre mit dem Komponisten Erik Satie zu haben, der hingerissen von ihr war. Von ihm malte sie eines der ersten Porträts in Öl[16], das ihn als den etwas verschrobenen Künstler zeigt, der er auch war.

Paul Mousis war für Suzanne Valadon der Mann, der bürgerliche Solidität und die erstrebte finanzielle Sicherheit versprach. So unkonventionell die Künstlerin auch dachte und lebte, war dies wichtig für sie, hatte sie sich doch ihr Leben lang allein durchschlagen müssen. So hätte sie auch den wohlhabenden Toulouse-Lautrec gerne geheiratet, und sie soll sogar versucht haben, ihn mit einem vorgetäuschten Selbstmordversuch zur Heirat zu erpressen. Der Betrug war jedoch aufgeflogen, worauf Toulouse-Lautrec wütend und verzweifelt reagierte und ihr den Verrat niemals verzieh.

Paul Mousis nun erfüllte ihre Sehnsucht nach einer sicheren Existenz. 1896 heiratete sie ihn, und dreizehn Jahre lang trat damit äußere Ruhe in ihr Leben ein. Herrschaftlich wohnte sie, weiterhin mit Mutter und Sohn, auf dem Land bei Paris im Dorf Pierrefitte. Mousis hatte ihr ein Atelier in der Rue Cortot in

Suzanne Valadon zusammen mit André Utter und Maurice Utrillo,
um 1924

Montmartre gekauft, und so pendelte sie mit einer Mauleselkutsche, begleitet von ihren Hunden, zwischen Landsitz und Montmartre hin und her. Zum ersten Mal war Suzanne ihre Alltagssorgen los und hätte sich mit ganzer Kraft ihrer Malerei widmen können. Aber abgesehen davon, dass sie ihre eigenen Möbel entwarf, schuf sie in den Jahren an der Seite von Paul Mousis wenig Neues. Der goldene Käfig förderte ihre Kreativität nicht.

Auf dem bürgerlichen Leben lag freilich ein Schatten. Ihr Sohn Maurice, ein hochsensibler Junge, wurde immer schwieriger. Von der wortkargen Großmutter aufgezogen, fehlte ihm die Liebe und Aufmerksamkeit, die er gebraucht hätte. Mit überschwänglichen Gefühlen hing er an seiner Mutter, und jetzt, da er sie mit einem anderen Mann teilen musste, fühlte er sich erst recht allein gelassen und abgeschoben. In der Obhut der alten Frau, die selbst Alkoholikerin war, begann er schon in der frühen Pubertät zu trinken. Mit achtzehn Jahren machte Maurice Utrillo seine erste Entziehungskur, wie alle weiteren ohne Erfolg. Seine Krankheit wurde zu einem Problem, das Suzanne Valadon nicht bewältigen konnte. Das Verhältnis zwischen Mutter und Sohn war von gegenseitiger Abhängigkeit geprägt und unlösbar verstrickt. Eine Vernachlässigung einerseits und eine zu enge Bindung andererseits lasteten auf dem jungen Maurice, dessen Alkoholismus hierdurch möglicherweise mitverursacht wurde.

1901 wurde eine Form der Schizophrenie bei dem Achtzehnjährigen diagnostiziert. Einer seiner Ärzte hatte die Idee, ihn zum Malen anzuregen, um seinem Leben einen kreativen und erfüllenden Inhalt zu geben. Suzanne widmete sich intensiv dieser Aufgabe und brachte ihm alles bei, was sie selbst inzwischen über Farben und Formen gelernt hatte. Maurice war erst wenig begeistert und malte nur seiner Mutter zuliebe, doch bald ließ ihn die Malerei nicht mehr los. Im Laufe der Zeit wurde er sogar weit erfolgreicher als sie und ging als der wesentlich berühmtere Maler in die Kunstgeschichte ein. Ein einziges Thema bestimmte sein Werk: Montmartre, seine Gassen, seine Häuser, seine Gärten. Er war ein leidenschaftlicher Künstler, doch seine Krankheit konnte er damit nicht besiegen.

Die alkoholischen Exzesse und emotionalen Krisen von Maurice belasteten Suzannes Ehe mehr und mehr. Dazu begann das bürgerliche Leben mit Paul Mousis Suzanne allmählich zu langweilen, und so verwundert es nicht, dass sie sich in einen anderen Mann verliebte.

André Utter war ein Freund von Maurice, ebenfalls Maler, einundzwanzig Jahre jünger als Suzanne und gut aussehend. Sie lernte ihn 1909 kennen, als er Maurice von einer nächtlichen Tour nach Hause brachte. Schon am nächsten Tag traf sie ihn angeblich auf dem Montmartre vor seiner Staffelei sitzend wieder. »Den Himmel kann man nicht auf die gleiche Art malen wie die Erde!«, soll sie ihm zugerufen haben. Utter war von ihr ebenso beeindruckt wie sie von ihm. »Sie hatte erstaunlich klare Augen«, erzählte er später, »ihre schwarzen Haare trug sie hochgesteckt, und sie schien eher zu tanzen als zu gehen. Sie hatte zugleich etwas von einer Amazone und einer Fee.«[17] Auch mit Anfang vierzig war Suzanne Valadon noch eine Frau, die eine starke Ausstrahlung auf Männer hatte.

1909 trennte sie sich von Paul Mousis, ließ sich ein Jahr später scheiden und zog mit ihrem Sohn und André Utter in die kleine Impasse de Guelma. Mit der Beziehung zu André Utter und der Rückkehr ins Künstlermilieu von Montmartre fand sie ihre Schaffensfreude wieder.

Utter, Autodidakt wie Suzanne Valadon, bewunderte ihre Malerei. Er war ein engagierter und kompetenter Kritiker ihrer Kunst und ermutigte sie, mehr in Öl zu malen. Durch ihn angeregt, erweiterte sie ihre Palette und ihre Technik, verwendete immer häufiger kräftige und flächige Farben, die an Paul Gauguin erinnern, dessen Ausstellungen sie 1903 besuchten.

Es war eine Zeit des Aufbruchs in Paris, in der verschiedene Künstlergruppen die Welt der Kunst revolutionierten. 1904 war Picasso auf den Montmartre gezogen. Angeregt von Paul Cézanne entwickelte er zusammen mit Braque den Kubismus, der die Dinge in einer geometrischen Struktur wiedergibt und später die Collagetechnik hervorbrachte. Auch Piet Mondrian und Paul Klee, die diese Richtung mitbestimmten, ließen sich damals in Paris nieder. Die »Fauves«, die so genannten »Wilden«, stellten 1907 zum ersten Mal gemeinsam aus. Zu ihnen gehörten Henri Matisse und André Derain sowie Suzanne Valadons spätere Ateliernachbarn Raoul Dufy und Georges Braque, die ihre Ölmalerei ebenfalls beeinflussten.

Suzannes ausdrucksvolle lineare Formgebung und ihre stilistische Strenge wurden noch ausgeprägter. Zugehörig fühlte sie sich aber eher den »Indépendants«, einer Gruppe unabhängiger Künstler, unter ihnen Van Gogh, Odilon Redon, Paul Signac und Georges Seurat, von denen jeder auf seine Weise den Impressionismus weiterentwickelt hatte. Suzanne Valadons Werke waren mit ihnen zusammen im »Salon d'Automne«, der Pariser Herbstausstellung zeitgenössischer Kunst, und im »Salon des Indépendants«[18] zu sehen.

Ihren Themen blieb Suzanne Valadon treu: Sie schuf vor allem weibliche Akte, außerdem Porträts und Familienszenen. Wieder hielt sie auf einem Selbstbildnis ihr Lebensgefühl in dieser Zeit fest. Sie sah sich nun als Künstlerin und malte sich 1911 zum ersten Mal mit einem Pinsel in der Hand vor einer Palette. Ihr Leben war erfüllt von der Malerei, von der anstrengenden Liebe zu André Utter und der Sorge um ihren Sohn.

Ihre Nachbarn Dufy und Braque erlebten heftige Szenen zwischen den drei Künstlern. Suzanne und André stritten so leidenschaftlich, wie sie sich wieder versöhnten. Auch später, als sie in der Rue Cortot

Nr. 12 ein großes Atelier mieteten, in dem sie alle drei mehr Platz zum Arbeiten hatten, hielten die lauten Auseinandersetzungen weiter an. Man nannte sie die »Trinité Maudite«, die verfluchte Dreieinigkeit, ein Name, der deutlich macht, welch unerhörten Ruf sie in ihrer Umgebung besaßen.

Es war ein höchst enges und höchst explosives Verhältnis: die reife und dominante Suzanne Valadon, ihr schöner blonder, aber nur mittelmäßig talentierter junger Geliebter und ihr von Stimmungen und Sucht gepeinigter, hoch begabter Sohn. Doch es war eine reiche und kreative Zeit im Leben der drei Maler. Sie inspirierten sich gegenseitig, unternahmen zusammen Reisen in die Bretagne und nach Korsika und kehrten mit neuen Eindrücken und Werken nach Paris zurück.

Suzanne Valadon folgte selbstbewusst ihrem Weg als Künstlerin und überschritt weiter die Grenze der Konventionen. Sie, eine Frau, wagte sich an den männlichen Akt. War es schon ungewöhnlich, dass sie weibliche Akte malte, durchbrach sie jetzt ein Tabu, das bis dahin unangetastet geblieben war. Sie hatte das Glück, dass Utter genauso unabhängig dachte wie sie, und so konnten sich die beiden gegenseitig Modell stehen. Dass ein Künstler ein weibliches Modell malte, war seit Jahrhunderten selbstverständlich, aber dass eine Malerin ihren Geliebten zum Aktmodell nahm, war revolutionär.[19]

Suzanne stellte André Utter nicht, wie es für Frauenakte üblich war, in einer privaten Umgebung dar. Sie war sich bewusst, dass ein männlicher Akt nur als biblisches oder allegorisches Thema toleriert werden konnte. So malte sie – wenn auch verschlüsselt – sich und Utter als »Adam und Eva«. Es war das erste Bild einer Malerin, das einen Mann und eine Frau nackt zusammen zeigt.

Auch den Sündenfall interpretierte sie neu. Die Schlange fehlt ganz, Adam und Eva pflücken den Apfel zusammen. Wenn überhaupt, so wird hier eine gemeinsame »Sünde« angedeutet. Adam und Eva sind ein Liebespaar, das zu schweben scheint und sich zärtlich umfasst hält. Bemerkenswert ist, dass in der ersten Fassung dieses Bildes Adam völlig nackt zu sehen ist, während in der zweiten Fassung die Schamgegend mit einer Weinranke bedeckt ist. Ein Zugeständnis, denn sonst wäre ihr Werk nicht ausgestellt worden. Auch auf Suzanne Valadons anderen Bildern, auf denen männliche Akte dargestellt sind – »Das Auswerfen des Netzes« und die »Lebensfreude«[20] –, wenden sich die männlichen Figuren stets vom Betrachter ab, so dass die Genitalien nicht zu sehen sind. Die Frauen hingegen sind immer unverhüllt und von vorn abgebildet.

Der Erste Weltkrieg beendete diese reiche und kreative Periode. André Utter wurde 1914 zum Kriegsdienst eingezogen, ebenso Maurice Utrillo, der jedoch wegen Kriegsuntauglichkeit bald wieder ausgemustert wurde.

Um ihre Verbindung zu festigen, hatten Suzanne Valadon und André Utter geheiratet, bevor er an die Front ging.

Der Krieg war eine Zeit der Entbehrungen und Verluste. 1915 starb Suzannes Mutter, die bis dahin immer an der Seite ihrer Tochter gelebt und für sie und ihren Enkel den Haushalt geführt hatte. Auf den Porträts von der alten Frau wird deutlich, was für eine enge Verbundenheit Suzanne mit dem harten Leben ihrer Mutter empfand. Sie hatte sie in ihren letzten Jahren mehrfach gemalt, verhärmt und abgearbeitet, die knochigen Hände im Schoß, den Blick nach innen gerichtet.[21] 1917 verlor Suzanne noch ihren Freund Edgar Degas, der ihr bis zum Schluss sehr viel bedeutet und einen so wesentlichen Einfluss auf ihre Entwicklung genommen hatte.

Suzanne Valadon fühlte sich unglücklich und einsam. Die Suchtprobleme ihres Sohnes bedrückten sie schwer. Der Krieg setzte Frankreich zu, und auch Suzanne Valadon litt unter den Belastungen, aber zum Thema ihrer künstlerischen Arbeit machte sie Tod und Zerstörung nicht. Ihre Schaffenskraft jedoch war gebrochen. Das Geld wurde knapp, und zum ersten Mal nahm sie wahr, dass sie alt wurde. Sie porträtierte sich in dunklen Farben, den Kopf merkwürdig vorgeschoben, mit leidendem Blick und dem für sie so typischen, schiefen Zug um den Mund.[22] Vielleicht zweifelte die Fünfzigjährige in dieser Zeit an der Beziehung zu dem

»Das blaue Zimmer«, 1923

gerade erst dreißigjährigen André Utter. Jedenfalls machte sie sich auf die Reise und besuchte ihn, als er verletzt in einem Lazarett an der Saône lag.

Gestärkt und voller Energie kehrte sie nach Paris zurück, wie auf einem ausdrucksstarken Selbstporträt, einem Halbakt aus dem Jahr 1917[23], zu erkennen ist. Sie sah dem Leben wieder mit Zuversicht entgegen und malte sich mit weiblichen Formen, wenn auch ihre Gesichtszüge und die hängenden Brüste ihr Alter nicht verbergen. Es gehörte Mut dazu, sich als Frau entblößt zu zeigen. Nur Paula Modersohn-Becker hatte es gewagt, sich so darzustellen.[24]

Nach der Heimkehr Utters begann ein neuer Aufschwung für die »Trinité Maudite«, der sie auf den Gipfel ihres Erfolgs führte. Zum ersten Mal stellten die drei Autodidakten zusammen in Paris aus. Suzanne Valadon hatte Maurice Utrillo porträtiert, wie er versunken vor seiner Palette sitzt.[25] Es ist zu spüren, wie sehr sie ihn liebte und wie seine intuitive Ausdruckskraft sie begeisterte. »Dieser Himmel: er macht mich krank …«, sagte sie. »Krank vor Freude, vor Eifersucht, ihn so rein zu spüren, so leicht, so fließend …«[26]

Valadon und Utrillo hatten nun beide einen Namen in der wieder aufblühenden Kunstszene. Es war eine anregende Zeit in Paris, immer noch Zentrum der Avantgarde, deren Vorreiter die Maler Picasso, Joan Miró und Braque sowie der Schriftsteller André Breton[27] waren. Auf den Kubismus folgten der Surrealismus und Dadaismus, die auch die Literatur erfassten. Die Welt wurde neu gedeutet, neue Sichtweisen eröffnet. Die Bilder stammten aus dem Unbewussten, aus Träumen und Mythen, aus Visionen und Assoziationen. 1925 fand in Paris die große Kunstausstellung der Surrealisten statt.

Suzanne Valadon lebte und arbeitet in dieser kreativen Atmosphäre, gehörte aber nicht zu dem engeren Kreis dieser rebellischen Künstler. Auf ihre Kunst hatte die Avantgarde der Zwanziger Jahre wenig direkten Einfluss. Sie blieb ihrem Stil und ihren Themen treu – mit großem Erfolg. Ihre Bilder, ebenso wie die von Maurice, waren in den berühmten Pariser Galerien von

Berthe Weill und Bernheim-Jeune zu sehen und erregten die Aufmerksamkeit der internationalen Kunstkritik. Als Mitglied der »Indépendants« galt Suzanne Valadon als eine der größten Vertreterinnen der französischen Malerei. Ein Pastell von ihr wurde im Jahr 1926 für 4720 Francs verkauft, ein Stillleben 1928 für 10000 Francs. Utrillos Werke erzielten noch weit höhere Preise.[28]

1924 nahm der Kunsthändler Bernheim-Jeune die beiden Künstler unter festen Vertrag, der ihnen eine Million Francs im Jahr garantierte.[29] Zur Feier dieses Ereignisses organisierte der bekannte Kunstkritiker André Tabarant ein feierliches Diner für sie im Restaurant »La Maison Rose«. Eine Woche lang begossen sie ihren Triumph mit allen ihren Freunden. Suzanne Valadon hatte zum ersten Mal in ihrem Leben Geld im Überfluss. Maßlos und verschwenderisch warf sie damit um sich, verschenkte großzügig Geldscheine an Straßenkinder und Bettler, kaufte Kleider, Hüte und Pelze. Das Trio besuchte luxuriöse Restaurants, dinierte mit Champagner und gab üppige Trinkgelder. Sie leisteten sich eine Panhard-Limousine mit Chauffeur und eine englische Haushälterin.

Zu dieser exaltierten Lebensweise passt das Selbstbildnis von Suzanne aus dem Jahr 1924[30], wieder ein Halbakt. Kraftvoll sind die Farben mit dicken, chaotischen Pinselstrichen auf die Leinwand geworfen. Das Bild hat keine weichen Züge. Hinter der betonten Vitalität wird die Angst spürbar, das Leben könnte ihr entgleiten.

Betrachtet man Suzanne Valadons Werke aus dieser Zeit, hält man diese Furcht für unbegründet. Einige ihrer bedeutendsten Gemälde schuf sie damals, so »Das blaue Zimmer«[31] mit der üppigen Frau in leichtem Hemdchen und orientalischen Hosen, die sich Zigarette rauchend auf einem Kanapee ausstreckt. Wie auch auf den Bildern der exotischen Mulattin[32] und anderen weiblichen Akten dieser Phase ist hier eine lebensvolle und selbstsichere Frau zu sehen, die ihre Sinnlichkeit genießt. Jedoch sind diese Akte frei von jener lasziv verführerischen Haltung, die darauf aus ist, den Männern zu gefallen.

Ausdrucksstark sind die Porträts, die sie in dieser Zeit schuf. Intuitiv erfasste sie das Wesentliche und stellte ihr Gegenüber mit Eindringlichkeit und Aufrichtigkeit dar. Auch ihre Stillleben haben eine ganz eigene Intensität, sind voll Wärme und voll praller Formen. Suzanne Valadon wollte nicht irgendeinen Apfel oder irgendeine Blume malen, sondern das Leben dieses einen saftigen Apfels und dieser einen wunderbaren Blume entdecken und festhalten.

1923 hatte Utter von ihrem gemeinsamen Geld eine verfallene Burg bei Villefranche im Beaujolais erworben, von der nur noch der Turm bewohnbar war. Von nun an teilten die Künstler ihr Leben zwischen dem Landsitz und dem Atelier in der Rue Cortot. Die beschauliche Atmosphäre der Provinz tat ihnen gut. Und vielleicht würde Maurice, für den Paris eine ständige Versuchung war, hier zur Ruhe kommen. 1920 hatte er wieder einmal eine Heilanstalt aufsuchen müssen, aus der er nur gegen das Versprechen seiner Mutter, ihn ständig im Haus zu überwachen, entlassen wurde. Wie ein Gefangener saß er jetzt in seinem Zimmer und malte nach Postkarten seine Ansichten von Montmartre, was die Qualität seiner Bilder zunächst nicht berührte.

Hinter dem äußeren Erfolg dieser Jahre verbarg sich eine immer größer werdende Spannung zwischen den drei Malern. Das Dreieck geriet aus den Fugen. Suzanne Valadon war zweifellos noch immer der kreative Mittelpunkt der ungewöhnlichen Familie, Utrillo trotz seiner Krankheit der künstlerisch Erfolgreichste, Utter, der die professionelle Malerei aufgegeben hatte und Agent der beiden geworden war, der Erhalter und Versorger. Dieses die Normen umkehrende Verhältnis konnte nicht von Dauer sein. Viele Frauen dieser Zeit in Paris – wie etwa die Schriftstellerinnen Gertrude Stein und Anaïs Nin oder die Modeschöpferin Coco Chanel – lebten unabhängig und emanzipiert, doch Suzanne Valadons Lebensweise war eine besondere Herausforderung der Konventionen. Üblich wäre es gewesen, dass die Frau ihr Talent zurückstellte und sich ganz der Karriere ihres Sohnes und Mannes widmete.

Aber Suzanne Valadon, die das Genie ihres Sohnes neidlos bewunderte und in André Utter die große Leidenschaft ihres Lebens gefunden hatte, kam nicht einmal der Gedanke, die Rolle der Muse zu übernehmen oder gar ihre Kunst aufzugeben.

Unzufrieden bezeichnete Utter Mutter und Sohn als »unpraktische Kinder«[33], für die er sorgen müsse, und wandte sich anderen Frauen zu. Suzanne, rasend vor Eifersucht, inszenierte schreckliche Szenen. Utrillo trank immer haltloser. Das Geld zerrann ihnen zwischen den Fingern, die Auseinandersetzungen wurden von Mal zu Mal verletzender. 1926 war die Trennung nicht mehr aufzuhalten. Utter behielt das Atelier in der Rue Cortot, Suzanne Valadon und Utrillo zogen in die Avenue Junot Nr. 12, wo ihnen der fürsorgliche Kunsthändler Bernheim-Jeune ein Atelier gekauft hatte. Die Beziehung der drei untereinander war jedoch viel zu eng, um je wirklich gelöst zu werden. Sie verbrachten weiter viel Zeit zusammen auf dem Land, und noch 1932 malte Suzanne ein Bild von Utter mit seinen Hunden.[34]

Suzanne Valadons Schaffenskraft nahm ab. Ihre Bilder wurden seltener ausgestellt, verkauften sich schlechter und brachten nicht mehr die Preise ihrer großen Zeit. Sie willigte ein, im »Salon des Femmes Artistes Modernes« auszustellen, einer Vereinigung von Künstlerinnen, bei denen sie ab 1933 bis zu ihrem Tod regelmäßig vertreten war. Hätte sie es nicht finanziell nötig gehabt, hätte sie diesen Schritt sicherlich nicht getan. Bisher hatte sie diesen Kreis immer abgelehnt, sich nur über ihre Kunst definiert und nicht auch darüber, eine Frau zu sein.

Sie war jetzt einundsechzig Jahre alt. Über ihrem Porträt aus dieser Zeit[35] liegt melancholische Resignation, die Augen sind umschattet, der Mund verzieht sich bitter, das Gesicht erscheint müde. Doch nach wie vor geht eine innere Kraft von ihr aus, und noch immer zeigt sie sich mit schonungsloser Ehrlichkeit. Es war die Bilanz ihres Lebens, die sie im Spiegel vor sich sah und der sie sich in ihrem Porträt stellte. Mit Stolz konnte sie auf ihr Werk blicken: »Ich hatte große Meister. Ich habe das Beste für mich herausgezogen, aus ihrem Unterricht und ihrem Beispiel. Ich habe mich gefunden, mich gemacht und ich habe, glaube ich, gesagt, was ich zu sagen hatte.«[36]

Ihre Bilder waren inzwischen anerkannte Kunstwerke, die in vielen staatlichen und privaten Sammlungen hingen. Über zweihundertfünfzig Gemälde und ebenso viele Zeichnungen sind heute in den berühmtesten Museen Frankreichs, wie dem »Musée National d'Art Moderne« in Paris, in den USA und in Deutschland im Kölner Museum Ludwig zu sehen. In zahlreichen Ausstellungen französischer Kunst, ob in Europa, den USA oder Japan, war sie in den letzten Jahren mit ihren Werken vertreten, viele Einzelausstellungen, oft zusammen mit ihrem Sohn Maurice Utrillo, waren ihr gewidmet. Trotzdem ist sie auch heute noch selbst in Kunstkreisen als Malerin nicht so bekannt wie vergleichbare männliche Kollegen. Eher zufällig wird man in Museen auf ihre Bilder aufmerksam, die doch in der Klassischen Moderne einen einzigartigen Rang besitzen. Die letzte große Ausstellung über Suzanne Valadon im deutschsprachigen Raum hat 1996 die Fondation Giannada in Martigny in der Schweiz präsentiert, »um ihr einen gebührenden Platz zuzuweisen«[37], wie es im Katalog heißt.

Zurückgezogen in ihr Atelier malte sie nun fast nur noch Stillleben, vor allem Blumen. »Vive la jeunesse«, schrieb sie auf einen Krug mit Blütenzweigen, der auf einem ihrer letzten Gemälde dargestellt ist.[38] Ein trauererfüllter Rückblick oder eine Verbeugung vor der Fülle des Lebens, das hinter ihr lag? Es fehlten jetzt die Bilder von Menschen, die vorher Hauptthema ihres Schaffens gewesen waren.

Maurice Utrillo verfiel einer mystischen Religiosität, die seiner Mutter unverständlich und fremd erscheinen musste. Voller Angst um sein weiteres Schicksal, wenn sie einmal nicht mehr für ihn da sein könnte, suchte sie eine Frau für ihn. Eine Verbindung fand sich 1935 mit Lucie Valore, der Witwe eines belgischen Kunstsammlers. Die nahm nun sein Leben in die Hand und lenkte Utrillos Erfolg als Maler, nicht zuletzt zu ihren eigenen Gunsten. Suzanne Valadon, die diese Ehe gewünscht und herbeigeführt hatte, fühlte sich verlassen und einsam. Über fünfzig Jahre lang hatte sie für ihren Sohn gesorgt, nun blieb sie allein zurück.

Noch einmal fand sie einen Gefährten, den jungen Maler Gazi, ihren »tatarischen Prinzen«. Liebevoll kümmerte er sich um sie und verehrte sie als sein »Mütterchen«. Bis zu ihrem Tod war Gazi an ihrer Seite und gab ihren letzten Jahren noch etwas Wärme. Doch gemalt hat sie kaum noch, nachdem sie 1935 an Diabetes und einem akuten Nierenleiden erkrankt war.

Ein alter Freund, der sie in ihrem letzten Lebensjahr besuchte, war erschüttert über ihren Anblick. »Ihre ausgetretenen Pantoffeln und der dubiose Morgenmantel, die weißen Strähnen, die ihr ins Gesicht fielen, die Veränderung ihres leuchtenden, runzligen Gesichts machten aus ihr eine alte Frau, deren Körper zu schrumpfen schien.«[39] Sie war des Kämpfens müde geworden, ihr Leben war gelebt.

Am 7. April 1938 starb sie im Alter von dreiundsiebzig Jahren an einem Schlaganfall. Ihre Freunde, Kunstsammler, Kritiker und viele Künstler begleiteten sie auf ihrem letzten Weg. Sie nahmen Abschied von Suzanne Valadon – dem selbstbewussten Straßenkind, dem bezaubernden Modell, der unabhängigen Frau und großen Künstlerin. Auf dem Friedhof Saint-Ouen von Montmartre, dem Viertel, das sie ihr Leben lang nicht verlassen hatte, wurde sie begraben.

»Sagen Sie das einmal mit Ihrem Körper«
Mary Wigman (1886–1973), Tänzerin

Von Hedwig Müller

Das Schlimmste an einem Tanzabend ist das Lampenfieber, diese unbezähmbare Angst, auf die Bühne zu treten, in der Weite des Raumes sich ganz allein und verlassen dem gleißenden Scheinwerferlicht auszusetzen. Der Kopf ist leer, als hätte nie ein anderer Gedanke als der an Versagen darin Platz gehabt. Der Magen krampft sich zusammen, die Glieder wirken schwer wie Blei, jede Nervenfaser scheint vor innerer Erregung dem Zerreißen nah. Die Muskeln zittern, während kalter Schweiß die Haut hinunterrinnt. Dann öffnet sich der Vorhang, die Anspannung erreicht ihren Höhepunkt. Aber statt an der Angst zu zerbrechen, wiederholt sich jedes Mal dasselbe Wunder – mit der ersten Bewegung des Tanzes ist die Aufregung weg.

Die Panik vor dem Auftritt, vor diesem Moment zwischen Leben und Sterben, begleitete Mary Wigman von der ersten bis zur letzten Vorstellung ihres Bühnenlebens, immerhin fünfzig Jahre lang. »Tanzend leiden zu dürfen, ward mir grenzenloses Glück.«[1] Als sie diese Zeilen in ihr Tagebuch schrieb, war sie gerade dabei, die berühmteste deutsche Tänzerin unseres Jahrhunderts zu werden, die große Pionierin des Ausdruckstanzes.

Niemand hätte ihr diesen Lebensweg vorausgesagt, als sie am 13. November 1886 in Hannover zur Welt kam. Getauft wurde sie auf den Namen Marie Amalie Karoline Sofie Wiegmann, aber schon als Kind wurde ihr Vorname zum englischen »Mary« abgewandelt, und später, am Anfang ihrer Bühnenlaufbahn, verkürzte sie den Familiennamen zum ebenfalls englisch klingenden »Wigman«.

Die Wiegmanns waren das, was man eine gutbürgerliche Familie nennt. Aus einfachem Handwerkermilieu hatten sich Marys Vater und seine beiden Brüder zu wohlhabenden Kaufleuten emporgearbeitet. Gemeinsam führten sie ein Geschäft für Nähmaschinen und Fahrräder, in dem auch Marys Mutter gelegentlich aushalf. Ein Kindermädchen passte auf Mary, ihren drei Jahre jüngeren Bruder Heinrich und das achtjährige Nesthäkchen Elisabeth auf. Geschäft und Wohnung lagen im selben Haus, und so waren die Kinder viel mit den Eltern zusammen. Den Laden mit seinen verschiedenen Lagerräumen und die Werkstatt im Hinterhof, in denen die Fahrräder repariert wurden, betrachteten sie als großen Spielplatz. Mary dachte sich ständig neue Spiele aus, erfand Geschichten über fremde Erdteile und deren Bewohner und übertraf ihre Geschwister bei weitem an Einfallsreichtum und Originalität. Auch eine deutliche Abenteuerlust war bei ihr zu spüren.

Als Mary neun Jahre alt war, starb der geliebte Vater. Den schmerzlichen Einbruch in die bis dahin ungetrübte Kindheit verkrafteten Mary und ihre Geschwister ganz gut, weil ihre Mutter bereits nach einem halben Jahr den Zwillingsbruder des Vaters heiratete. Er hatte schon zuvor mit im Haushalt gewohnt, und so setzte sich das behütete Familienleben für die Kinder weitgehend sorglos fort.

Mary besuchte die »Höhere Töchterschule«, lernte Handarbeiten und erhielt Gesangs- und Klavierunterricht, um standesgemäß auf ihre zukünftigen Aufgaben als Ehefrau vorbereitet zu werden. Das Singen machte ihr Spaß, die Klavierübungen weniger. Lieber hätte sie sich aufs Fahrrad gesetzt und wäre ihrem unbändigen Wissensdurst auf das Leben außerhalb der häuslichen Grenzen gefolgt. Sie beneidete ihren Bruder um seine Freiheit. Er durfte alles, was ihr nicht erlaubt war, er durfte sogar im nahen Fluss baden oder mit Freunden Wanderungen unternehmen. Für ein Mädchen ein unvorstellbarer Gedanke. Ihr blieben die Sonntagsausflüge und -spaziergänge mit den Eltern und in den Ferien die Urlaubsreisen an die Ostsee oder in den Harz.

Als sie fünfzehn war, durfte sie zum ersten Mal allein verreisen, in eine Sprachenschule nach England. Das war ein Vergnügen ganz nach ihrem Geschmack. Englisch zu lernen machte ihr großen Spaß. Außerdem war die Schule in einem alten Landhaus untergebracht. Sofort vermutete Mary, dass es Gespenster oder Skelette in vergessenen Verliesen geben musste, und machte sich auf die – allerdings erfolglose – Suche. Im nächsten

Jahr durfte sie nach Lausanne am Genfer See, um Französisch zu lernen. Dort ging alles etwas nüchterner und strenger zu als in England, und Marys Phantasie wurde weniger beflügelt.

Marys Bruder sollte Abitur machen und studieren. Auch Mary hätte gerne das Mädchengymnasium besucht, aber der Stiefvater erlaubte es nicht. »Ein Blaustrumpf kommt mir nicht in die Familie«, meinte er streng und verbat sich kategorisch weitere Diskussionen.[2] Es war für ihn nicht vorstellbar, dass ein Mädchen eine andere Lebensperspektive entwickeln könnte, als die, einen anständigen Mann zu heiraten und Kinder großzuziehen. Fotos aus dieser Zeit zeigen eine selbstbewusste Heranwachsende, die mit ihrer robust wirkenden Statur, dem breiten Gesicht und großen Mund nicht unbedingt dem Zeitgeschmack entsprach, aber mit ihren lockigen, rotbraunen Haare und den großen, strahlend blauen Augen sehr wohl die Blicke auf sich zog. Die Vorstellung, eines Tages das Leben ihrer Mutter zu führen und Tag und Nacht für eine Familie sorgen zu müssen, erfüllte Mary mit Entsetzen. Sie wollte etwas anderes, aber was, wusste sie selbst nicht. Eine reguläre Berufstätigkeit kam für eine Frau aus ihren Kreisen nicht in Betracht. Mary sehnte sich nach Unabhängigkeit und Selbständigkeit, aber das waren für ein junges Mädchen zur Jahrhundertwende große Worte.

An ihrem achtzehnten Geburtstag hielt ein entfernter Verwandter um ihre Hand an. Mary fügte sich in das scheinbar Unvermeidliche, aber prompt geriet sie in eine so tiefe psychische Krise, dass ihre Mutter einer Auflösung der Verlobung zustimmte. Dasselbe wiederholte sich ein paar Jahre später. Wieder erhielt sie einen Heiratsantrag und wieder stürzte sie so sehr in Verzweiflung, dass die Verlobung gelöst wurde. Nach diesem zweiten gescheiterten Versuch, sich den gesellschaftlichen Konventionen und der traditionellen Frauenrolle zu unterwerfen, begriff Mary Wigman, dass sie ihre Zukunft in die eigenen Hände nehmen musste.

In den Zeiten ihrer Unentschiedenheit machte sie des Öfteren eine Erfahrung, die ihr Leben grundlegend verändern sollte: Manchmal, wenn sie sich in ihrem Zimmer einschloss und hemmungslos weinte, bewegte sie sich dabei durch den Raum, drehte sich im Kreis, ließ die Arme auf und nieder sinken, wiegte ihren Körper hin und her – aus ihrer Traurigkeit entstand Tanz. Diese Empfindungen ließen sie nicht mehr los: »Ich möchte so etwas, ich möchte um Gottes Willen nur etwas tun, was den Körper in Bewegung hält, den Körper in Bewegung bringt. Ich habe geweint, ich habe … meinen Schöpfer angebettelt, mir Klarheit zu geben: ich wußte nicht, was ich machen sollte, ich mußte ausbrechen … ich konnte nicht mehr.«[3]

Entgegen aller Bedenken der Eltern wollte sie ihrem

Bedürfnis nach Freiheit folgen. Sie wusste, dass der erste Schritt dahin die finanzielle Selbständigkeit war, die sie nur mit einer Berufsausbildung würde erreichen können. Sie ließ sich ihr väterliches Erbteil auszahlen und ging im Sommer 1910, im Alter von dreiundzwanzig Jahren, nach Hellerau bei Dresden, um dort eine Ausbildung zur Gymnastiklehrerin zu beginnen.

Hellerau war kein normales Bauerndorf wie so viele um die Residenzstadt der sächsischen Könige, sondern ein auf dem Reißbrett entworfener Ort nach dem Vorbild englischer Gartenstädte. Diese waren entstanden als Reaktion auf die elenden Arbeiterwohnviertel in den englischen Industriestädten, wo vielköpfige Familien auf engstem Raum zusammengepfercht unter miserablen Lebensbedingungen hausten. Die Gartenstadt-Architekten wollten den Arbeitern im Umfeld ihrer Fabriken menschenwürdige Wohnungen mit genügend Raum, viel Licht und Natur direkt vor der Haustür bieten. In Hellerau gehörte sogar die künstlerische Freizeitgestaltung mit zum Konzept.

Im Herbst 1910 eröffnete dort der Schweizer Musikpädagoge Emile Jaques-Dalcroze seine »Bildungsanstalt für Rhythmische Gymnastik«, und Mary Wigman zählte zu seinen ersten Schülerinnen. Dalcroze hatte als Musiklehrer festgestellt, dass jemand, der ein Instrument spielt, es leichter hat, den rhythmischen Gehalt eines Musikwerkes wiederzugeben, wenn er lernt, sich rhythmisch zu bewegen. So entwickelte er ein System, in dem einzelnen Notenwerten bestimmte Körperbewegungen zugeordnet waren. Führte jemand diese Körperbewegungen in der Abfolge der Noten aus, so lernte er, sich den musikalischen Rhythmus buchstäblich einzuverleiben.

Das Wichtigste aber in Hellerau und der Rhythmischen Bildungsanstalt war die gesamte Atmosphäre des Ortes und der Schule, die zum Zentrum für künstlerisch interessierte Menschen aus ganz Europa wurde. Dalcroze war davon überzeugt, dass Menschen, die in ihrem Körper rhythmische Harmonie spüren und sich mit der Schönheit der Kunst beschäftigen, sich auch im Alltag ausgeglichen verhalten und nach dem antiken griechischen Vorbild in der Einheit von Körper, Seele und Geist leben wollen.

Mary Wigman stürzte sich begeistert in die Arbeit, nahm an den Gesangs- und Klavierklassen teil, wurde in Gehörbildung, Rhythmik und Melodik, in Musiktheorie, Kultur- und Kunstgeschichte und einer Vielzahl anderer Fächer unterrichtet. In ihrer Freizeit besuchte sie die Museen in Dresden mit den Meisterwerken alter Kunst und ging voll Neugier in die Ausstellungen der modernen Maler, die wild und ungestüm ihre Gegenwart darstellten und sich als »Expressionisten« bezeichneten.

Schon bald merkte sie, dass ihr bei Dalcroze nur der gymnastische Teil der Ausbildung Spaß machte: »Alles was mit der Musikalität und mit der musikalischrhythmischen Erziehung … zu tun hatte, interessierte mich auch einen Dreck! Was mich interessierte, war nur die Tatsache, daß einem gesagt wurde: Nun sagen Sie das einmal mit Ihrem Körper. Das war wunderbar.«[4]

Je länger sie in der Ausbildung steckte, desto mehr widerstrebte es ihr, ihren Bewegungsdrang durch ein musikalisches Notensystem zu disziplinieren. Sie wollte sich so bewegen, wie sie es innerlich spürte. Aber ihre tänzerischen Wünsche konnte sie nur in ihrer gemieteten, kleinen Dachkammer ausleben. Dort ließ sie ihren Körper einfach fließen, wiegte sich sanft oder sprang und tobte ekstatisch herum, ganz so, wie ihr gerade zumute war. Den Rhythmus bestimmte nur ihr Körper und nichts sonst. Am liebsten hätte sie den Unterricht bei Dalcroze aufgegeben, aber sie wollte eine Berufsausbildung haben und biss die Zähne zusammen.

Im Sommer 1912 schließlich hielt sie das begehrte Lehrerinnen-Diplom in Händen. Inzwischen war ihr aber ganz klar geworden, dass ihre Neugier ausschließlich dem Tanz galt. Dabei dachte sie keineswegs an klassisches Ballett, wie es in den Theatern zu sehen war, nicht an Ballerinen in kurzen Tüllröckchen, die auf Zehenspitzen als Prinzessinnen oder Märchenfeen über die Bühne schwebten. Das interessierte sie nicht. Auch nicht der »moderne Tanz«, mit dem die amerikanische Tänzerin Isadora Duncan seit 1903 für Aufsehen sorgte. Die hatte dem klassischen Ballett den Kampf angesagt und trat in griechisch anmutenden Kostümen auf und tanzte mit nackten Füßen – allein das erschien dem Publikum der Jahrhundertwende schon skandalös. Isadora Duncan verkündete einen nur an den natürlichen Körperbewegungen orientierten Tanz, doch selbst dieser Stil war Mary Wigman noch viel zu stark von der Musik dominiert. Nein, sie wollte etwas ganz anderes, aber welchen Weg sollte sie einschlagen?

Rat wusste der Maler Emil Nolde, der zu den Expressionisten in Dresden gehörte und für den sie manchmal Modell stand, um sich ein bisschen Geld zu verdienen. Er machte sie auf einen Rudolf von Laban aufmerksam, der in München eine Schule für Bewegungskunst unterhielt. In den Sommermonaten residierte Laban mit seiner Münchner Schule im schweizerischen Tessin, in der berühmten Kolonie des Monte Verità oberhalb des kleinen Fischerdorfs Ascona am Lago Maggiore. Dort hatten sich Menschen ganz unterschiedlicher Herkunft und Lebensziele zusammengefunden, um völlig frei von den Zwängen der Gesellschaft und fernab von den Großstädten ein naturgemäßes Leben zu führen. Sie nannten sich »Lebensreformer«, bauten ihr eigenes Gemüse und Getreide an, nähten sich ihre Kleider aus selbst gesponnener Wolle und widmeten sich künstlerischen, philosophischen und politischen Ideen zur Verbesserung der Menschheit. Künstler wie die Schriftsteller Hermann Hesse und Erich Mühsam, der Maler Alexej von Jawlensky und die Romanautorin Franziska von Revent-low kamen im Sommer hierher, um die besondere Atmosphäre des Monte Verità kennen zu lernen und am Leben der Kolonie teilzunehmen.

Gymnastik, Tanz und vor allem viel Bewegung in frischer Luft gab es täglich bei Rudolf von Laban. Ihn traf Mary Wigman, als sie eines Tages, im Sommer 1913, auf dem Berg über Ascona eintraf: »Am anderen Ende der Wiese stand also ein Mann mit kurzen Hosen und einem weißen Hemd, eine Trommel in der Hand, und ein paar Mädchen und ein kleiner Zwerg, die sich da bewegten. Ich war fasziniert, stand und starrte, und Laban guckte mal um die Ecke und sagte: ›Was woll'n Sie denn da?‹ ›Ich möchte mitmachen.‹ ›Na ja, da zieh'n Sie sich da hinterm Busch aus und kommen Sie her!‹ Tat ich. Und es war, als käme ich nach Hause!«[5]

Nach langen Jahren der Suche ist Mary Wigman am Ziel ihrer Wünsche angelangt: Sie lernt tanzen. Eine kleine Holzhütte richtet sie sich als Unterkunft ein. Auf einer Wiese steht die Gemeinschaftsdusche – ein zwischen Bäumen aufgehängter, mit Regenwasser gefüllter Behälter, unter den man sich stellt und mit einer Schnur den Verschluss öffnet. »Naturnah« ist das Leben auf dem Monte Verità.

Rudolf von Labans Schule hat kein System und keine Ordnung. Sein Unterricht findet auf den Bergwiesen oder am Strand des Lago Maggiore statt. In weite, wallende Gewänder gehüllt oder auch ganz nackt folgen die Schülerinnen und Schüler seinen Anregungen. Laban will, dass sie sich ganz von ihren natürlichen Bewegungsmöglichkeiten und ihrem inneren Rhythmus leiten lassen. Zum ersten Mal erlebt Mary Wigman die Freiheit ihres Körpers. Der Tanz wird ihr Instrument, um äußerlich zum Ausdruck zu bringen, was sie innerlich bewegt.

Es sind keine sanften, ausgeglichenen Formen, die sie für ihre Gefühle in dieser Zeit findet. Sie sind heftig, fast gewaltsam, verdreht und verzerrt. Ihre erste eigene Choreographie, die sie bei einer Vorstellung der Labanschule im Februar 1914 aufführt, heißt »Hexentanz«. Fotos zeigen sie in einem bauschigen Kostümüberwurf zu kurzer Pluderhose, die langen Haare wirr unter einer Kappe hervorstehend. So springt sie barfuß, mit nackten Beinen und weit auseinander gerissenen Armen durch den Raum. Ihre Bewegungen drücken den Kampf aus, den sie mit sich selbst führt.

Sie ist zwar auf dem richtigen Weg, aber sie ist nicht glücklich. Sie fühlt sich so sehr als blutige Anfängerin, dass ihr oft der Mut vergeht. Und sie ist unglücklich verliebt – ausgerechnet in Rudolf von Laban. Aber der hat schon ein Verhältnis mit zwei anderen Frauen und interessiert sich nicht für Mary Wigman. Er will sie als Partnerin für seine künstlerischen, nicht seine sexuellen Ambitionen, denn sie ist eine Tänzerin von höchster Begabung und ihm an Intelligenz und Kreativität ebenbürtig – wenn nicht überlegen. Einerseits ist Mary Wigman stolz auf die berufliche Anerkennung, andererseits will sie auch als Frau für ihn attraktiv sein. Im Stil expressionistischer Gedichte schreibt sie ihre Sehnsucht nach Zärtlichkeit und Liebe ins Tagebuch:

> Und gerade in diesem Augenblick bebt jede Fiber
> meines Wesens nach Dir. – …
> Qualengepeitscht schreite ich hin und her
> Warum kommst Du nicht? –
> Zu Boden gerissen von der Wildheit meiner Begierden
> Schreie ich nach Dir.
> Warum kommst du nicht? …
> Nicht umsonst sollst Du entzündet sein in meinen
> Gliedern,
> lodernde Fackel!
> Ich zwinge Dich zum Dienst,
> den ich mir selber
> zum Gebot erhob: Ich tanze –.[6]

Im Tanz überwindet sie ihre seelische Qual. Ihre sexuellen Bedürfnisse lebt sie mit anderen aus, so wie es sich ergibt, ohne Bindungen, ohne Verpflichtungen. Ihr Wunsch nach der Geborgenheit einer Beziehung bleibt unerfüllt, aber ihr Wille, als Künstlerin zu überzeugen, wird umso stärker. Intensiv arbeitet sie mit Laban an der Entwicklung des »Freien Tanzes«, wie er seine Bewegungslehre nennt. Was sie tanzt, zeichnet Laban auf und erstellt daraus ein System tänzerischer Bewegungsmöglichkeiten auf der Basis der natürlichen Proportionen des menschlichen Körpers. So entwickeln sich die Schwerpunkte ihrer zukünftigen Arbeit: Rudolf von Laban wird der Theoretiker des neuen Tanzes, Mary Wigman die Tänzerin.

Als im Sommer 1914 der Erste Weltkrieg ausbricht, sind die beiden gerade auf dem Monte Verità. Laban schließt seine Schule in München und bleibt mit Mary Wigman in der Schweiz. Die Sommer verbringen sie fortan auf ihrem Berg, die Winter in Zürich. Er mietet dort ein Atelier und eröffnet wieder seine Schule. Sie übernimmt die Organisation und rührt eifrig die Werbetrommel, auf dass genügend zahlende Schülerinnen und Schüler kommen. Damit ist der Lebensunterhalt gesichert.

Zürich ist während der Kriegsjahre ein Zentrum der künstlerischen Avantgarde. Hier haben sich zahlreiche Maler, Bildhauer, Schriftsteller, Schauspieler und Musiker zu einer Gruppe zusammengefunden, darunter Tristan Tzara, Hugo Ball, Emmy Hennings, Hans Arp und viele andere. Zu ihnen gesellen sich Laban und seine Tänzerinnen, wie Sophie Taeuber, die später selbst Malerin wurde, und natürlich Mary Wigman. DADA nennt sich diese Bewegung. Was das Wort eigentlich bedeutet, weiß niemand. DADA will die bürgerliche

Ordnung stören und Neues, Unbekanntes wagen. DADA lehnt jede Hierarchie ab, und althergebrachten Traditionen wird der Kampf angesagt. Die Schriftsteller bauen neue Wörter und Sätze und scheren sich wenig um Grammatik oder Logik, die Maler kleben zum Entsetzen der Kunstkritiker Zeitungs- oder Stofffetzen auf ihre Bilder, weil alle Materialien, auch die der profanen Alltagswelt, von ihnen als kunstwürdig angesehen werden. Mit diesen radikalen Ansätzen kann sich Laban gut anfreunden, sieht er doch auch den »Freien Tanz« nicht an alte Regeln gebunden.

Auch Mary Wigman ist schnell in den DADA-Kreis integriert und tritt bei den Treffen der Künstler mit eigenen Darbietungen auf. Einmal tanzt sie, während sie gleichzeitig Sprüche aus dem Buch »Also sprach Zarathustra« des Philosophen Friedrich Nietzsche zitiert. »Man muß noch Chaos in sich haben, um einen tanzenden Stern gebären zu können«, heißt es bei Nietzsche, und Mary Wigman spürt sehr lebendig dieses Chaos in sich.

Sie setzt sich in diesen Schweizer Jahren viel mit lebensphilosophischen Fragen auseinander. Besonders die Vorstellung von der Wiedergeburt spricht sie an. Sie sieht das Leben als einen immer währenden Zyklus, in den der Mensch eingebunden ist und auf den er keinen Einfluss hat. Sie glaubt nicht an einen allmächtigen Gott nach christlichem Vorbild, ist aber überzeugt, dass es irgendeine Macht geben müsse, die das Leben bestimmt. »Schicksal« scheint ihr das angemessene Wort dafür zu sein. Sie sieht ihr persönliches Schicksal im Tanz und will ihm dienen wie eine Priesterin einem Gott.

Dieser Dienst ist nicht leicht. Im Tanzsaal zu stehen und spontan den eigenen Körperrhythmus in Bewegung umzusetzen ist eine Sache, aber diese Bewegungen dann auf ihre künstlerische Qualität hin zu überprüfen und so auszufeilen, dass sie vor einem Publikum präsentiert werden können, ist eine ganz andere Angelegenheit. Einen Tanz zu schaffen ist harte Arbeit und bedeutet eine ständige Auseinandersetzung mit der eigenen Kreativität. Aber ein Kunstwerk zu vollbringen lohnt alle Mühe. »Man zweifelt und verzweifelt an allem, nicht zuletzt an sich selbst, und schafft es am Ende doch. Denn da ist eine Kraft, die nicht aufhört zu drängen, und eine Stimme ist da, die keine Ruhe gibt: ›Du mußt – Du mußt. Und willst Du denn nicht auch? Ist dieses Drängen und Treiben, dieses Ringen und Kämpfen denn nicht Deine größte Herrlichkeit. Deine höchste Lust?«[7]

Mehr und mehr macht sich Mary Wigman nach den ersten Jahren in Zürich von Laban unabhängig. Ihre Leidenschaft für ihn ist abgekühlt. Zwar arbeitet sie noch in seiner Schule mit, aber inzwischen hat sie bereits selbst Schülerinnen und mietet sich ein kleines Atelier. 1916, mit dreißig Jahren, gibt sie erstmals einen Tanzabend unter ihrem eigenen Namen und nicht mehr unter dem Titel der Labanschule. Die Kritiker finden lobende Worte, und die DADA-Freunde sind begeistert. Das bestärkt Mary Wigman darin, ihre Kunst der ganzen Welt zeigen zu wollen.

Der Erste Weltkrieg hat die alte politische und gesellschaftliche Ordnung Europas zusammenbrechen lassen. Im November 1918 wird in Deutschland die Republik ausgerufen, aber um die politische Macht wird noch lange in erbitterten Straßenkämpfen gerungen. Im Herbst 1919 begibt sich Mary Wigman auf Gastspielreise nach Deutschland. Sie hat inzwischen das missionarische Selbstbewusstsein entwickelt, die Verkünderin des neuen Tanzes zu sein. Die ersten Vorstellungen sind eine einzige Enttäuschung. Die Zuschauer reagieren mit Verständnislosigkeit auf ihre Darbietungen. Unter »Tanzabend« hatten sie sich wohl doch eher Ballett vorgestellt. Stattdessen stehen »Ekstatische Tänze«, »Götzendienst«, »Schatten«, »Tempeltanz« auf dem Programm. Mary Wigman bietet keine leichte Unterhaltung und nichts anmutig Elegantes, bei ihr gibt es Aufruhr, Kampf, Leid und Tod, so wie die Zeit ist, in der sie lebt. Der Misserfolg lässt sie fast verzweifeln, sie wollte Deutschland den neuen Tanz bringen, aber niemand versteht ihn. Aber sie gibt nicht auf. Mit eisernem Willen kämpft sie weiter – und gewinnt. In Dresden erlebt sie den Durchbruch. Überschwänglicher Applaus begleitet ihre Vorstellungen.

Ein Jahr später muss sie Zürich ganz verlassen, weil die Polizei ihr Visum nicht mehr verlängert, und sie siedelt nach Dresden über. Mit ihr kommt eine Freundin, Berthe Trümpy, die vermögend genug ist, ein Haus zu kaufen. Voll Begeisterung machen sich die beiden an den Aufbau einer Tanzschule: »Als erstes mußte dort alles gestrichen werden. Und da wir damals in der expressionistischen Zeit lebten, war es selbstverständlich, daß mein Farbbedürfnis befriedigt wurde. Also, der Übungssaal, der in dem Haus war: knallrot! Wände, Decke, Türen, nur Fußboden nicht, alles: knallrot! Die Leute prallten zurück. Der Übungssaal war rot, mein Schlafzimmer Gold … Schwarz mit Gold.«[8] Das Treppenhaus wird blau gestrichen – oben, unten, alles blau. Berthe Trümpys Zimmer erstrahlt rundum grasgrün. Ein Schuppen im Hof wird als Trainingsraum umfunktioniert. Im Winter von einem bullernden Ofen beheizt, erinnert er Mary Wigman immer an das Atelier der Labanschule, wo sie einmal im Tanzrausch über den Kohlenkasten gestürzt war und sich dabei drei Vorderzähne ausgebrochen hatte.

Die ersten Schülerinnen finden sich ein. Sie sind hochwillkommen, nicht nur, weil Mary Wigman begierig darauf ist, ihre Tanzart an andere weiterzugeben, sondern weil das Schulgeld einen wichtigen Beitrag zum Lebensunterhalt darstellt. Die Schule wächst schnell und erfordert eine gute Organisation. Mary Wigman verbringt mehr Zeit am Schreibtisch als im

Tanzsaal. Da kommt es ihr gerade recht, dass sich ihre Schwester Elisabeth um den Haushalt kümmern will.

Das Verhältnis zur Familie in Hannover war nach Mary Wigmans Flucht aus dem bürgerlichen Leben freundlich geblieben. Die Mutter hatte nach anfänglichem Grollen Verständnis für die künstlerischen Bedürfnisse ihrer Ältesten gezeigt, und auch die Geschwister waren inzwischen stolz auf sie. Der jüngere Bruder Heinrich, den sie in der Jugendzeit um seine Freiheit so beneidet hatte, war als Invalide aus dem Krieg zurückgekommen und musste nun sein Leben neu planen. Elisabeth hatte die ganze Zeit zu Hause gewohnt, auch sie hatte nicht heiraten wollen.

Mit der Haushaltsführung bei Mary klappt es nur kurze Zeit. Bald schon nimmt Elisabeth stattdessen am Tanzunterricht teil. Zwar besitzt sie keine besondere Begabung zur Tänzerin, aber sie erweist sich als ausgezeichnete Lehrerin für Kinder und Amateure. Mary Wigman muss eine neue Haushälterin suchen und findet sie 1923 in Anni Hess, die keinerlei Ambitionen zur Kunst hat und die von nun an fünfzig Jahre lang, bis zu Mary Wigmans Tod, den Alltag für sie regeln wird.

Mitten im politischen und wirtschaftlichen Chaos der ersten Nachkriegszeit arbeitet Mary Wigman mit ganzer Kraft am Aufbau der Schule. Aus den begabtesten Schülerinnen stellt sie 1921 eine kleine Kompanie zusammen, für die sie Gruppenwerke choreographiert

– »Die sieben Tänze des Lebens« (1921), »Szenen aus einem Tanzdrama« (1923), »Das Tanzmärchen« (1925), »Die Feier« (1928). Fast alle diese Tänzerinnen werden später selbst als Choreographinnen und Tanzpädagoginnen berühmt und eröffnen eigene Schulen, wie Gret Palucca in Dresden, Yvonne Georgi in Hannover, Corrie Hartong in Rotterdam oder Hanya Holm in New York.

Es waren vor allem Frauen, die sich von Mary Wigmans Tanzstil angesprochen fühlten. Zwar kamen auch männliche Schüler zu ihr, von denen einige, wie Harald Kreutzberg und Max Terpis, später erfolgreich waren, aber in ihre Tanzgruppe nahm sie nur Frauen auf. Der Grund war einfach: Sie choreographierte aus ihrem körperlichen Empfinden heraus, und das war weiblich. Dieser Ausdruck der Gefühle gab dem neuen Tanz seinen Titel – Ausdruckstanz.

Im Zentrum von Mary Wigmans Tanzkunst stand die Aufmerksamkeit für die eigene Persönlichkeit. Es ging ihr darum, wahrzunehmen, was einen Menschen innerlich bewegt, die eigenen Stärken und Schwächen, Bedürfnisse und Wünsche zu erkennen. Das war für sie die Voraussetzung jeglicher tänzerischer Äußerung. Damit traf sie das Bedürfnis vieler Frauen ihrer Zeit. Mary Wigman schrieb: »Ich glaube, daß in all den jungen weiblichen Menschen heute eine starke gesunde Freude am reinen Sich-Bewegen lebendig ist. Ich glaube auch, daß ein großer berechtigter Egoismus in all den jungen Frauen ist, der erst einmal sich selber sucht, ehe er sich mit Welt und Umwelt auseinandersetzt. Sich selber suchen, sich selber fühlen, sich selbst erleben!«[9] Das bedeutete, sich des eigenen Körpers bewusst zu werden, der bis dahin in Korsetts eingeschnürt und unter langen Kleidern verborgen war. Sich körperlich auszutoben – ob in Gymnastik, Turnen, Wandern, Sport oder Tanzen – wurde in den zwanziger Jahren zum beliebten Freizeitvergnügen.

Dazu trug auch Rudolf von Laban bei. Wie Mary Wigman war er 1920 aus der Schweiz nach Deutschland zurückgekehrt und hatte zunächst in Stuttgart, später in Hamburg, eine Schule eröffnet. Er widmete sich neben der Verfeinerung seiner Bewegungslehre besonders der tänzerischen Gruppenarbeit mit Laien in großen Bewegungschören. Darin war er sehr erfolgreich und fand viele Anhänger. So standen Mary Wigman und Rudolf von Laban gemeinsam an der Spitze des Tanzgeschehens in Deutschland. Das allerdings in so großer Konkurrenz, dass man sogar von zwei »Lagern« in der Tanzwelt sprach, den »Wigmännern« und den »Labanesen«. Privat hatten sie keinen Kontakt mehr miteinander.

An ihren Tanzprogrammen arbeitete Mary Wigman am liebsten abends, wenn es ruhig in ihrer Schule geworden war und sie sich ganz auf sich selbst konzentrieren konnte. Allein im Tanzsaal, spürte sie ihren Gefühlen nach. Und genauso, wie sie früher in Hannover unter Tränen begonnen hatte, sich zu bewegen, entwickelten sich auch jetzt die Bewegungen aus ihrem inneren Erleben. Es waren besonders die dunklen Seiten der Psyche, die Mary Wigman interessierten – Angst, Verzweiflung, Kampf und immer wieder das Unheimliche, wie im Thema der Hexe, das sie gleich viermal in ihrem Leben gestaltete. Die Entstehung des »Hexentanzes« Nr. 2 aus dem Jahre 1926, der zu ihrem berühmtesten Tanz wurde, beschrieb sie so: »Manchmal schlich ich mich nachts in den Übungsraum und steigerte mich in einen rhythmischen Taumel hinein … Als ich eines Nachts völlig aufgelöst in mein Zimmer zurückkam, traf mein Blick den Spiegel. Was er zurückwarf, war das Bild einer Besessenen, wild und wüst, abstoßend und faszinierend. Die Haare zerwühlt, die Augen tief in ihre Höhle gesunken, das Nachthemd verschoben und den Körper fast unförmig erscheinen lassend: da war sie – die Hexe – das erdverwurzelte Wesen, in hemmungsloser Triebhaftigkeit, in unersättlicher Lebensgier, Tier und Weib zugleich … Es graute mir vor mir selber, vor der Preisgabe dieser Seite meines Ichs, der ich mich in solch unverhüllter Nacktheit noch nie ausgeliefert hatte.«[10]

Solchen Tänzen, die sie »dämonisch« nannte, standen die leisen, in sich gekehrten Tänze gegenüber, die von Leid und Trauer sprachen und Titel wie »Feierliche Gestalt«, »Opfer«, »Klage« trugen. Zwischen den

Mary Wigman, 1922, Szene aus »Schwertlied«

beiden Polen des stillen In-sich-Versenkens und des heftigen Aufbegehrens gab es die leichten, unbekümmerten Tänze, die eher aus einer Augenblickslaune entstanden und oft musikalisch oder durch ein Naturerlebnis inspiriert waren. Mary Wigman tanzte das Leben mit all seinen Seiten, den traurigen, den wilden und den fröhlichen.

Mit diesem Repertoire geht sie zweimal im Jahr auf Tournee durch Deutschland und ins Ausland, – Schweiz, Österreich, Italien, Tschechoslowakei, Ungarn, Lettland, Estland, die Niederlande und Skandinavien. Unbestritten zählt Mary Wigman zu den bekanntesten Künstlerinnen in Europa. Manchmal gibt sie bis zu siebzig Vorstellungen in einer Saison. Das bedeutet, mehrere Monate unterwegs zu sein, Koffer zu schleppen und stundenlange Bahnfahrten, jede Nacht ein anderes Hotelzimmer und vor dem Schlafengehen noch schnell die Seidenstrümpfe im Waschbecken auszuwaschen, damit sie am nächsten Morgen wieder frisch sind. Das Essen in den Restaurants ist mal gut und mal schlecht, und auch die Bühnen sind unterschiedlich. Manchmal tritt sie sich Splitter aus den Holzböden in die nackten Füße, und ab und zu ist der Boden so kalt, dass die Beine blau anlaufen. Und immer wieder durchleidet sie das unsägliche Lampenfieber. Aber sobald der Applaus aufbrandet, ist alles vergessen. Dann weiß sie, wofür sie lebt – für den Tanz und für ihr Publikum, das sie mit Blumen überhäuft und mit Autogrammwünschen bedrängt. Den Ruhm genießt sie in vollen Zügen, und das Reisen bleibt bei allen Unbequemlichkeiten, die es mit sich bringt, ihre große Leidenschaft. Auch wenn der Zeitplan noch so eng ist, gelingt es ihr immer, sich die schönsten Sehenswürdigkeiten einer Stadt anzusehen. Besonders die Kirchen faszinieren sie.

Wenn sie von den Gastspielen zurück nach Dresden kommt, muss sie sich gleich wieder um die Verwaltung kümmern und Unterricht geben. 1927 ist die Schule zu einem kleinen Unternehmen mit vierzehn fest angestellten Mitarbeiterinnen und Mitarbeitern expandiert. Reich wird Mary Wigman trotzdem nicht. Das Geld, das sie mit ihren Tanzabenden verdient, fließt größtenteils wieder in den Unterhalt der Schule. Ein großer Umbau schafft Platz für drei neue Tanzsäle und einen Dachgarten für ihre Wohnung. Sie liebt ihr Zuhause und trotz der vielen Arbeit auch den Trubel, der täglich um sie herrscht. Die Zeit für Privatleben ist knapp bemessen, aber Tagebuch schreiben, einen Roman lesen oder mal ins Theater und Kino gehen, das gönnt sie sich. Vor allem liebt sie es, Freunde zu sich nach Hause einzuladen, mit ihnen bei gutem Essen – Anni Hess ist eine hervorragende Köchin – und einem Glas Wein über Gott und die Welt zu diskutieren und herzhaft mit ihnen zu lachen. Bei aller Dramatik, die sie in der tänzerischen Arbeit auslebt, ist sie im Alltag ein lebenslustiger, energiesprühender Mensch mit viel Sinn für Humor.

Für die Liebe ist nur wenig Platz. Seit einigen Jahren hat sie eine Beziehung zu einem jüngeren Arzt, der in der Schweiz lebt und den sie ab und zu am Wochenende trifft. Nur in den Ferien, an Ostern und im Sommer können sie länger zusammen sein. Dann unternehmen sie gemeinsame Autotouren durch die Schweiz und nach Italien oder wohnen bei seinen Eltern am Bodensee, gehen schwimmen und machen Ausflüge in die nahen Alpen, weil Mary Bergwanderungen liebt. Manchmal kommen ihr bei diesen Reisen Einfälle für neue Tänze, die sie dann in Dresden im Tanzsaal ausarbeitet.

Grandiose Glanzpunkte in der Karriere von Mary Wigman sind ihre USA-Tourneen. Am 28. Dezember 1930 steht sie zum ersten Mal auf einer amerikanischen Bühne. »Es war mir klar, daß ich zu kämpfen hatte, daß ich erobern mußte oder sofort und für immer von der Bildfläche verschwinden durfte … Das Gesicht, das der Spiegel reflektiert, scheint nicht mein eigenes, sondern eine verkrampfte Maske. Die Hand, die den Schminkstift führt, zittert, die Gegenstände flimmern vor den Augen, die Zähne schlagen wie im Schüttelfrost aufeinander … Und wie ein wahnsinniger Schmerz durchfährt mich das Bewußtsein: Jetzt gilt es.«[11]

Es ist ein Sieg auf der ganzen Linie. Amerika liegt ihr zu Füßen, in zweiundvierzig Vorstellungen wird sie von insgesamt 72 000 Zuschauern gefeiert. Von der

Gage gönnt sie sich einen nie gekannten Luxus – sie kauft sich einen Nerzmantel. Dieser ersten Tournee folgt eine zweite, noch größere im darauf folgenden Jahr. Fast sechs Monate ist Mary Wigman quer durch die USA unterwegs und tritt in beinahe allen Staaten zwischen Ost- und Westküste auf. Ihre Tanzabende sind ein gesellschaftliches Ereignis. Wer auf sich hält, lässt sich bei ihren Vorstellungen blicken. Marlene Dietrich, Clark Gable und Albert Einstein sitzen in den Logen, und Greta Garbo lädt sie zu einer Party nach Hollywood ein.

Das Soloprogramm, das Mary Wigman 1930 nach der Rückkehr von dieser Reise choreographiert, beendet den erfolgreichsten Abschnitt ihrer Karriere. Sie steht im Zenit ihrer Laufbahn und mit vierundvierzig Jahren auch in der Mitte ihres Lebens. Sie hat mehr erreicht, als sie je zu träumen gewagt hätte. Sie repräsentiert das Frauenideal der Zeit: beruflich eigenständig, ökonomisch unabhängig und – nicht zuletzt – sexuell selbstbestimmt.

Auch privat findet ein Einschnitt statt. Die jahrelange Liebesbeziehung zu dem jüngeren Mann bricht 1928 auseinander. Ein anderer Mann tritt in ihr Leben, den sie tief und innig liebt. Hans Benkert ist Direktor bei den Siemens-Werken zunächst in Dresden, dann in Berlin, ein tatkräftiger, begeisterungsfähiger und erfolgreicher Manager. Mary Wigman findet in ihm einen Partner, mit dem sie ihre Probleme besprechen und bei dem sie sich ausruhen kann. Sie fühlt sich erschöpft von den Anstrengungen der vergangenen Jahre, und Benkert bietet ihr die Schulter zum Anlehnen. Ihre Beziehung können sie nur am Wochenende leben, in den Ferien und wann immer sie sich neben der Arbeit Zeit füreinander verschaffen können.

Im Winter 1932/33 unternimmt Mary Wigman die dritte USA-Tournee, diesmal mit ihrer Tanztruppe. Als sie im März 1933 nach Dresden zurückkehrt, haben die Nationalsozialisten die Macht in Deutschland übernommen.

Für Politik hatte sich Mary Wigman nie interessiert. Welche Partei in Berlin gerade regierte, war ihr gleichgültig. Ihre politische Haltung war bürgerlich national geprägt, aber das hinderte sie nicht daran, auch Tanzabende für die Kommunistische Partei zu geben. Wie viele andere Künstlerinnen und Künstler ihrer Zeit sah sie sich als eine unpolitische Person. Sie verstand »Kunst« als etwas, das sich außerhalb des politischen Alltags abspielte. Das sahen die Nationalsozialisten anders, sie wollten auch die Künstler in ihre Propaganda einbinden.

Eine Mischung aus Opportunismus und Überzeugung kennzeichnet Mary Wigmans Haltung im »Dritten Reich«. Aus Sorge um die Existenz ihrer Schule arbeitet sie anfangs an der »Gleichschaltung« des Tanzwesens mit, tritt allerdings nicht der Partei bei.

106

Ihr Selbstbewusstsein spielt bei diesem Engagement eine nicht unwesentliche Rolle. Sie versteht sich – und ist es ja tatsächlich auch – als die bedeutendste Tänzerin der deutschen Tanzkultur. Diese Stellung will sie von den nationalsozialistischen Machthabern anerkannt sehen und den Einfluss, den sie in den vergangenen fünfzehn Jahren aufgebaut hat, nicht verlieren. Erst recht nicht, weil die Nazis ihren Rivalen Rudolf von Laban und nicht sie mit ehrenvollen Ämtern betrauen. Ins Tagebuch schreibt sie unglücklich: »Ich bin eine Frau, eine selbständig schaffende Frau – wir haben einen Männerstaat, der naturgemäß die Tendenz haben muß, die wenigen schöpferisch begabten Frauen zu überrennen.«[12]

Den Nazis ist Mary Wigman nicht ganz geheuer. Ihre »dämonischen« Tänze sind nicht gerade das, was sie sich unter einem sauberen, ordentlichen »deutschen Tanz« vorstellen. Sie wollen lieber Tänzerinnen, die jung, fröhlich und unbekümmert wirken und nicht in psychischen Abgründen forschen. Mary Wigman fragt sich in ihrem Tagebuch: »Heiter, unbeschwert, – schön, gefällig – sei deutsch? Tragisch, dramatisch, schwer und dunkel – sei es nicht? Ich finde mich in dem Wirrwarr nicht zurecht. Ich bin deutsch und weiß mich diesem Land verhaftet, liebe es, es ist die Heimat.«[13]

Obwohl die Nationalsozialisten volkstümlichen Tanz und Ballett bevorzugen, wollen sie Mary Wigman zunächst nicht einfach beiseite schieben, denn ihre Be-

Mary Wigman, 1936

liebtheit könnte für die Propaganda nützlich sein. Dies umso mehr, als nach der Machtergreifung viele bedeutende Künstlerinnen und Künstler aus Deutschland geflohen sind. Also wird Mary Wigman 1934 und 1935 eingeladen, mit ihrer Tanzgruppe an den »Deutschen Tanzfestspielen« teilzunehmen. Ein Jahr später erhält sie sogar den Auftrag für eine Choreographie im Rahmenprogramm der Olympischen Spiele. Die politische Dimension der Olympiade von 1936 entgeht Mary Wigman genauso wie den beteiligten Sportlern aus der ganzen Welt. Sie lässt sich blenden von der Machtentfaltung der Nationalsozialisten und sieht nur die Aufgabe, ihr Heimatland und die deutsche Tanzkunst würdig zu vertreten. Beim großen Festspiel im Olympiastadion am Abend nach der Eröffnungsfeier präsentiert sie mit achtzig Tänzerinnen eine »Totenklage«, nachdem eine Gruppe von sechzig Tänzern »Waffentänze« gezeigt hat.

Wie real diese Spiele von Krieg und Tod schon nach wenigen Jahren werden würden, ahnten nur die politisch aufmerksamen Beobachter. Mary Wigman zählte nicht dazu. Im Gegenteil, sie glaubte den Phrasen von einer glücklichen Zukunft für Deutschland. Vielleicht erlag sie der Propaganda auch deswegen so leicht, weil ihre große Liebe, Hans Benkert, sich zum begeisterten Anhänger nationalsozialistischer Ideen entwickelt hatte und sich die bedingungslose Zuneigung zu ihm mit ihrer politischen Ignoranz und ausgeprägten Eitelkeit fatal verband. Sie wurde zur »Mitläuferin«, wie viele Deutsche, die sich zwar nicht aktiv an den Verbrechen der Nazis beteiligten, die aber gerade durch ihr Stillschweigen dazu beitrugen, dass diese ihre Macht ausbauen und ein mörderisches Terrorregime errichten konnten. Dass sie in diesen entscheidenden ersten Jahren nicht protestierte gegen Ungerechtigkeit und Machtwillkür, als sie das ohne Gefahr für sich selbst noch hätte tun können, dass sie ihre Popularität nicht als Waffe gegen die Lüge, gegen Hass und Rassismus einsetzte, macht ihre Schuld vor der Geschichte aus.

Je mehr die Nationalsozialisten nach 1936 ihre Macht gefestigt haben, desto weniger brauchen sie Mary Wigman. Nach den Olympischen Spielen erhält sie keine Unterstützung mehr für ihre Schule und steht vor dem finanziellen Ruin. Erst jetzt merkt sie – wie auch Rudolf von Laban, der 1937 nach England flieht –, dass ihre tanzkünstlerischen Vorstellungen mit denen der Herrschenden nichts gemein haben. Sie denkt an Emigration: »Bon – Konsequenz ziehen! Doch ins Ausland? U.S.A.? Es kommt nicht mehr in Frage, es geht innerlich nicht, und äußerlich ja auch nicht. Ich liebe Deutschland, ich bin sehr deutsch … Mein Land, meine Sprache, mein Fühlen, mein Denken – mein Tanz!«[14]

Mary Wigman zieht sich ganz in ihre Domäne zurück. Sie erarbeitet ein neues Soloprogramm, mit dem sie im Winter 1937/38 auf Tournee geht und dem die Einundfünfzigjährige den programmatischen Titel »Herbstliche Tänze« gibt. Ihr geht auch der Tod ihrer Mutter im Jahr zuvor noch nach, und sie choreographiert einen Tanz mit dem Titel »Klage« in Erinnerung an sie.

Jahr für Jahr änderte sie ihr Repertoire und tanzt in den großen und auch entlegensten kleinen Städten im Reich. Unbeugsam glaubt sie daran, dass der Ausdruckstanz, der Tanz des selbstbestimmten Individuums, nicht untergehen darf. Aber manchmal hat sie auch Zweifel: »Ist der Moment da, wo es heißt: Abtreten von der Bildfläche? Zurücktreten und anderen Platz machen? Ich habe so oft vor mir geprahlt, die Kraft zu finden, um rechtzeitig die Konsequenz zu ziehen. Ist es soweit? … Das kann ich nicht, das will ich nicht, das darf ich nicht, das werde ich nicht tun.«[15] Dass sie es einige Jahre später dann doch tut, hat politische und persönliche Gründe.

1939 beginnt der Zweite Weltkrieg, und der Alltag bekommt eine neue, furchtbare Dimension. Eine Zeit lang noch bleibt der Tanz Zuflucht vor dem Schrecken ringsum, aber die Tourneen werden immer schwieriger und mit Beginn des Bombenkriegs immer gefährlicher. Außerdem beginnen einige linientreue Nazis unter den Lehrern ihrer Schule gegen sie zu intrigieren, und sie fühlt sich im eigenen Haus nicht mehr wohl. Das alles hätte Mary Wigman in ihrem starken Sendungsbewusstsein noch ausgehalten, aber 1941 geschieht etwas, an dem sie menschlich fast zerbricht: Als sie Hans Benkert besuchen will, nach dessen moralischer Unterstützung sie sich in dieser Zeit ganz besonders sehnt, teilt ihr seine Haushälterin mit, dass er sie nicht mehr sehen will, weil er in wenigen Wochen eine andere Frau heiraten wird.

Im Tagebuch schreibt sie ihre Verzweiflung nieder: »Es tut so maßlos weh. Die verdrängten Tränen brennen, überall, am ganzen Körper.«[16] Die Kränkung durch den geliebten Mann, zu dem sie blindes Vertrauen besaß, verwindet sie ihr ganzes Leben nicht. Nie wieder lässt sie einen anderen Menschen so nah an sich heran.

In dieser Zeit der Schwäche erhält sie die Warnung, dass die Nazis ihre Tanzkunst für »entartet« erklären wollen. Jetzt gibt Mary Wigman den Kampf auf. Sie verkauft ihre Schule und tanzt im April 1942 ihre Abschiedsvorstellung in Dresden. Aber sie hat Glück im Unglück. Durch Vermittlung eines Freundes erhält sie in der Tanzabteilung der Musikhochschule Leipzig einen Lehrauftrag, mit dem sie ihren Lebensunterhalt sichern kann.

Leipzig ist während der Kriegsjahre häufig Ziel schwerer Bombenangriffe. Wie viele andere verbringt Mary Wigman endlose Nächte im Luftschutzkeller, eingehüllt in den mittlerweile arg ramponierten, aber immer noch wärmenden Nerzmantel von der ersten

USA-Tournee. Das Haus, in dem sie lebt, wird durch Bombentreffer beschädigt, aber ihre Wohnung bleibt unversehrt. Jeden Tag geht sie durch die immer stärker zerstörte Stadt zum Unterricht in die Hochschule. Anfang 1944 fällt auch die einem nächtlichen Luftangriff zum Opfer. »Noch im Dunkel quäle ich mich durch den rauchgeschwärzten Schnee und stehe eine Weile vor dem vertrauten Haus – sehe es, unirdisch, unheimlich in großartiger Schönheit seinen Flammentod sterben. Im Keller der U.S.A.-Gruppenschrankkoffer, mit meinen Solokostümen von 1922–42. Wieder ein Stück gelebtes Leben weggebrochen.«[17]

Als im Herbst die Ausbildungsschulen geschlossen und die Schülerinnen zum »totalen Kriegseinsatz« in die Rüstungsfabriken geschickt werden – die letzten Schüler sind längst schon an der Front – setzt Mary Wigman den Unterricht zu Hause im leer geräumten Wohnzimmer fort. Dorthin kommen die Schülerinnen nach ihrem Arbeitseinsatz, um im Tanz die Schönheit zu suchen, die im Alltag dem Grauen gewichen ist.

Im Februar 1945 verbrennt im Bombenhagel Dresden, die Stadt, in der Mary Wigman ihren künstlerischen Anfang nahm und in der sie zweiundzwanzig Jahre lang gearbeitet hatte. Auch ihre frühere Schule wird stark beschädigt, der Tanzsaal völlig zerstört. Wieder verliert sie schmerzvoll einen Teil ihrer Vergangenheit.

Die letzten Kriegsmonate sitzt Mary Wigman fast

nur noch im Luftschutzkeller, gequält von Hunger, Kälte und Todesangst, bis amerikanische Soldaten in Leipzig einmarschieren und am 8. Mai das Kriegsende verkündet wird. Mary Wigmans Tagebuch aus dieser Zeit ist angefüllt mit bangen Fragen nach dem Verbleib von Freunden und vor allem den früheren Schülerinnen und Schülern. Immer vermerkt sie genau, wenn sie erfährt, dass jemand überlebt hat.

Schon im Juni ziehen die amerikanischen Truppen aus Leipzig ab, und die Rote Armee rückt nach. Mary Wigman beginnt Russisch zu lernen – ihr Lebens- und Kampfwille ist wieder erwacht. Ungeachtet ihrer fast sechzig Jahre steht für sie fest, dass sie die Tanzkultur in Deutschland wieder aufbauen muss, und sie beginnt in ihrem Wohnzimmer erneut mit dem Unterricht. Die ersten drei Nachkriegsjahre sind hart. Es gibt wenig zu essen und im Winter kein Brennmaterial, die Eiseskälte sitzt tief in den Gliedern. Mary Wigman ist abgemagert und leidet unter chronischer Bronchitis. Ständig ist die unermüdliche Anni Hess unterwegs, um Brot aufzutreiben oder auf dem Schwarzmarkt vielleicht ein Stückchen Speck zu ergattern. Als das erste CARE-Paket mit Butter, Zucker, Mehl und Schokolade aus den USA eintrifft, lädt Mary Wigman beglückt die Schülerinnen zum Festessen ein.[18]

1946 probt Mary Wigman für den ersten Tanzabend nach dem Krieg. »Aus der Not der Zeit«, nennt sie die

Szenen, die von Flucht, Trauer und Gefangenschaft handeln, von dem, was ihre Gegenwart ausmacht.

Als 1948 deutlich wird, dass die alliierten Siegermächte die Teilung Deutschlands planen, richtet Mary Wigman in einer Rundfunkrede einen leidenschaftlichen Appell an die Politiker: »Ich liebe mein Heimatland mehr, als ich mit Worten sagen kann … Fast 25 Jahre lang bin ich durch Deutschland gereist, wochen- und monatelang unterwegs auf Gastspielreisen im Norden und Süden, im Osten und Westen. Ich habe sie alle kennengelernt, die großen und die kleinen Städte – bin mit ihrem lebendig pulsierenden Rhythmus genau so vertraut geworden wie mit den charakteristischen Bildern ihrer Straßen und Plätze, ihrer Häuser und Denkmäler. Die deutschen Landschaften in ihrer Schwermut und Heiterkeit, in ihrer Fruchtbarkeit und Ärmlichkeit, ihrer Herbheit und Lieblichkeit sind mir so nahe, als wären sie Teil meines Wesens … Zerreißt es uns nicht, dieses über alles geliebte Land!«[19] Wenige Monate später besiegelt die Währungsreform die Teilung. Ein Jahr später werden die Bundesrepublik Deutschland und die DDR gegründet.

Als Mary Wigman erfährt, dass ihre private Schule ab Mai 1949 verstaatlicht werden soll, zieht sie mit Anni Hess nach Berlin. Im amerikanischen Sektor, im Westen der Stadt, findet sie ein intaktes Haus und eröffnet das »Mary Wigman Studio«. Ihr letzter Lebensabschnitt beginnt.

Berlin ist zwar zerstört, aber voll pulsierender Aktivität. Die Menschen richten ihr Leben neu ein und versuchen sich mit den Wunden, die der Krieg geschlagen hat, zu arrangieren. Nach der Gründung der zwei deutschen Staaten gilt für Berlin ein Sonderstatus. Die Stadt ist in drei West- und einen Ostsektor unterteilt, aber die Grenze mitten durch die Stadt bleibt passierbar. So kommen auch aus dem Ostteil weiterhin Schülerinnen zu Mary Wigman.

An einem Tanzabend, den sie 1953 choreographiert, tritt sie im Alter von sechsundsechzig Jahren zum letzten Mal selbst auf die Bühne. Nach der Vorstellung schreibt sie ins Tagebuch: »Es war schön, wie mit einem Mal das vergessen geglaubte Lampenfieber über mich kam. Das Rauschen des Vorhangs wieder zu hören, der verstohlene Blick in den dunklen Zuschauerraum, und hinauf in den Schnürboden. Nicht einmal die Augen blinzelten, als das scharfe Licht der Scheinwerfer sie traf. Bühne!«[20]

In den fünfziger und sechziger Jahren muss Mary Wigman um das Überleben ihrer Schule kämpfen. Der Ausdruckstanz ist nicht mehr aktuell. Man eifert lieber den englischen, amerikanischen und sowjetischen Ballettkompanien nach, die häufig zu Gastspielen kommen. Mary Wigmans Studio in Berlin und die Folkwang-Schule in Essen werden zu einsamen Inseln einer immer mehr in Vergessenheit geratenden, individuell geprägten Tanzkunst. Ihren größten Erfolg inmitten der allgemeinen Ballettbegeisterung feiert Mary Wigman 1957 mit einer Choreographie zu Igor Strawinskys »Le Sacre du Printemps«. Es ist das letzte eigenständige Tanzwerk, das sie als Choreographin auf die Bühne bringt. Neben dem Unterricht in ihrem Studio ist sie viel unterwegs, gibt Gastkurse, hält Vorträge, nimmt an Kongressen teil, spricht im Rundfunk und schreibt ihr Buch »Die Sprache des Tanzes.«

Mit dem Bau der Mauer am 13. August 1961 bricht in Berlin der Pendelverkehr zwischen Ost und West zusammen. Mary Wigman verliert von einem auf den anderen Tag mehr als die Hälfte ihrer Schülerinnen und gerät in größte Existenznot. Nur durch die finanzielle Unterstützung alter Freunde und früherer Schülerinnen kann sie ihre Arbeit noch fortsetzen. Erst 1967, in ihrem einundachtzigsten Lebensjahr gibt sie ihre Schule endgültig auf und schreibt in einem Brief: »Gestern morgen habe ich die letzte Stunde gegeben und dafür gesorgt, daß der Abschied kein tränenreiches Begräbnis wurde. Es war schön, noch einmal die Lachkaskaden der jungen Menschen durch das Haus schallen zu hören, und wir haben fröhlich miteinander bei belegten Broten und Sekt gefeiert … Morgen beginnt das Räumen des Hauses … Tausende von Fotos aus allen Epochen meines Lebens, Koffer voll von Aufsätzen, Vorträgen, Notizen über Tanz, Kritiken, Prospekte, Drucksachen – grauenhaft! Ich kann diese meine eigene Vergangenheit gar nicht fassen.«[21]

Langeweile hat sie im »Ruhestand« keine. Beinahe täglich treffen Briefe ein, die beantwortet werden müssen, sie arbeitet an Zeitungsartikeln und hat oft frühere Schülerinnen und Schüler zu Besuch. Auch Schwester Elisabeth, die inzwischen als Rentnerin in Süddeutschland lebt, und Bruder Heinrich mit seiner Familie aus Essen kommen ab und zu nach Berlin. In den Sommerferien reist Mary Wigman mehrfach auf den Monte Verità. Auf dem Berg steht jetzt ein Hotel mit Kurhaus, und aus dem einstigen Fischerdorf Ascona ist ein mondäner Ferienort geworden, aber die Wiesen und der Strand, wo ihre wilde, tänzerische Selbsterkundung begann, sind noch immer da.

Den fünfundachtzigsten Geburtstag 1971 feiert sie noch einmal im großen Freundeskreis, dann lassen ihre körperlichen Kräfte nach. Das letzte Lebensjahr verbringt sie – von Anni Hess umsorgt – in ihrer Berliner Wohnung. Sie stirbt am 18. September 1973 im Alter von fast siebenundachtzig Jahren.

Mary Wigmans Arbeit wurde nach ihrem Tod nicht vergessen, auch wenn das klassische Ballett im Vordergrund des künstlerischen Interesses stand. Schon Anfang der siebziger Jahren zeigte sich, dass der moderne Tanz, den Mary Wigman und Rudolf von Laban in Deutschland begründet hatten, den Hintergrund bildete für die künstlerische Entwicklung einer neuen Tänzergeneration. Wieder fanden sich junge Choreographinnen und Choreographen – allen voran die heute berühmte Pina Bausch –, die nicht die klassischen Märchenballette des 19. Jahrhunderts tanzen wollten, sondern nach Ausdrucksformen für ihr eigenes Erleben suchten. Ihr Erfolg brachte auch die Geschichte des Ausdruckstanzes wieder ans Licht der Öffentlichkeit und mit ihr das Lebenswerk seiner größten Tänzerin Mary Wigman.

»Sie sollten wagen, anders zu sein«
Elsa Schiaparelli (1890–1973), Modedeschöpferin

Von Susanne Broos

Die Hände übereinander gelegt, stützt Elsa Schiaparelli sich mit dem Ellbogen leicht auf den Rahmen und schaut nachdenklich in die Ferne. Doch etwas an dem Porträt irritiert. Wie kann sie sich auf den Rahmen eines Spiegels lehnen, der gleichzeitig ihr Bild zurückwirft? Oder ist es gar kein Spiegel, sondern ein Fenster?

Der Modefotograf Horst P. Horst hat dieses Porträt 1937 aufgenommen. Es zählt zu den bekanntesten Fotos der Modeschöpferin und zeigt zugleich ihr zentrales Lebensmotiv: das surrealistische Verwirrspiel von Abbild, Sein und Schein.

Legenden ranken sich um das Leben der Italienerin, die in den Jahren zwischen den beiden Kriegen die Pariser Haute Couture mit ihren avantgardistischen Entwürfen durcheinander wirbelte. Viele Berichte über sie lesen sich abenteuerlicher, als ihr Leben tatsächlich war, und spiegeln wider, wie sehr Elsa Schiaparelli die Phantasie ihrer Mitmenschen beflügelte. Die Mythenbildung hatte auch mit dem Erscheinen ihrer Autobiographie 1954 kein Ende. Denn die Couturière trägt darin, wie schon der Titel »Shocking Life« vermuten lässt, zur weiteren Legendenbildung bei.

120

Wer war diese Frau, die ihre eigenwilligen Lebenserinnerungen mit den Worten beginnt: »Ich kenne Schiap nur vom Hörensagen. Ich habe sie nur im Spiegel gesehen, und für mich ist sie so eine Art fünfte Dimension.«[1]

Elsa Luisa Maria Schiaparelli, die später von ihren Freunden Schiap gerufen wird, kommt am 10. September 1890 in Rom auf die Welt. Das zumindest scheint gesichert. Ihr Geburtshaus, der Palazzo Corsini, steht unweit des St. Petersdoms im romantischsten Stadtteil von Rom, im Travestere. Der von Magnolienbäumen umsäumte Palazzo ist wie seine Umgebung ein geschichtsträchtiger Ort. Erasmus und Michelangelo waren hier zu Gast, Königin Christina von Schweden lebte nach ihrer Abdankung dreißig Jahre lang in diesen Gemäuern. 1890 beherbergt der Renaissancebau neben der Wohnung der Schiaparellis vor allem die Bibliothek der Königlichen Akademie der Wissenschaften, die Elsas Vater leitet.

Elsa ist eine Nachzüglerin in der hochherrschaftlichen Familie, deren Patriarch regelmäßig am Hof verkehrt und mit dem König Sammlermünzen tauscht. Celestino Schiaparelli ist bei Elsas Geburt bereits um die fünfzig Jahre alt, ihre Schwester Beatrice zehn und ihre Mutter Marie-Luisa fünfunddreißig, somit nach der damaligen Auffassung schon eine alte Frau. Elsa, die eigentlich ein Junge hätte werden sollen und mehr

aus Verlegenheit auf den Namen ihrer damaligen deutschen Gouvernante getauft wurde, wächst unter der Obhut diverser Kinderschwestern heran.

Elsa Schiaparellis Stammbaum liest sich – wie später ihre Kundinnenliste – wie ein kleines »Who's who« der (italienischen) Prominenz. Die Großmutter mütterlicherseits war die Tochter des britischen Gouverneurs von Malta und hatte schottisches Blut in den Adern. Verheiratet war sie mit Alberto de Domenitis, Abkömmling einer neapolitanischen Adelsfamilie und italienischer Konsul von Malta. Elsas Mutter war das jüngste von vier Kindern. Ihr Bruder Vicenzo hatte 1860 unter Garibaldi für die Vereinigung Italiens gekämpft, war von den Bourbonen gefangen genommen worden, konnte fliehen und ging ins Exil nach Ägypten. Er ist Elsas erster Schwarm – vermutlich weil er so stark für seine Überzeugungen eingetreten war. Elsas Tante Zia Lilly bereiste die ganze Welt und lebte schließlich mit ihrem Mann ebenfalls in Ägypten. Sie schickt ihrer kleinen Nichte exotische Andenken und schenkt ihr damit Träume von einem Leben, das außerhalb der kühlen Mauern des Palazzo Corsini liegt. »Vielleicht hat sie die Liebe zu den östlichen Dingen geweckt, die mich mein ganzes Leben nicht mehr losließ«[2], schreibt Elsa Schiaparelli fast sechzig Jahre später in ihren Memoiren.

Die Familie väterlicherseits stammte aus dem Piemont. Diese norditalienische Region hatte jahrhundertelang den Kern des Herzogtums Savoyen und späteren Königreichs Sardinien gebildet und viele Kriege gesehen. Seit 1860 war es zusammen mit dem ehemaligen Königreich Neapel-Sizilien, das sich freiwillig angeschlossen hatte, zum Königreich Italien mit Rom als Hauptstadt geworden. Insofern verkörperte Elsa Schiaparellis Familie einen Teil der italienischen Geschichte, in dem sich der Süden und der Norden vereinte.

Die Schiaparellis spielten in der Familiengeschichte jedoch eher den intellektuellen Part. Nicht nur Elsas Vater, ein menschenscheuer, integrer Patriot und zutiefst religiöser Mann, der sehr an seiner Familie hing, hatte es als Kapazität für Arabisch, Persisch und Sanskrit zu Ansehen gebracht. Auch sein älterer Bruder Giovanni wurde berühmt als Astronom, seine Schwester Emma avancierte zur Vorsteherin aller italienischen Klöster, Cousin Luigi war Spezialist für Paläographie und Cousin Ernesto, ein anerkannter Archäologe, gründete das Museum für Ägyptologie in Turin.

»Als Kind war Schiap eindeutig schwierig – und sie ist es immer noch«[3], beschreibt sich Elsa in ihrer Biographie selbst. Vielleicht sind die Eltern aber einfach nur überfordert von der komplexen Persönlichkeit ihrer jüngeren Tochter, in der die vielen gegensätzlichen Wesenszüge der elterlichen Herkunftsfamilien vereint sind: die wagemutige Neugier ihrer neapolitanischen Vorfahren, als sie versucht, mit einem geöffneten Regenschirm wie eine Fallschirmspringerin aus dem zweiten Stock herunterzuschweben – und dank ihres oft strapazierten Schutzengels unverletzt bleibt. Deren Einfallsreichtum, wenn es darum geht, die Eltern von der schlechten Schulkost oder ein Kindermädchen von ihrer tragischen Herkunft als Waisenkind zu überzeugen. Oder der tiefe Glaube der Schiaparellis, der sie auch nicht verlässt, als es ihr nicht gelingt, wie Jesus auf dem Wasser eines Schwimmbeckens zu wandeln.

Dazu kommt Elsa Schiaparellis poetische Ader, die ihren frühen Ausdruck in einer Gedichtsammlung mit dem Titel »Arethusa« findet. Der lyrische Befreiungsversuch verursacht den ersten Skandal der »shocking« Elsa. Wann genau das war, lässt sich nicht sagen, aber egal, ob ihre Gedichte mit vierzehn oder einundzwanzig Jahren durch die Vermittlung eines Cousins veröffentlicht wurden – für ein katholisches Mädchen aus gutem Haus gehört es sich einfach nicht, leidenschaftliche und sinnliche Gedanken über Liebe und Leid, Naturerleben und spirituelle Erfahrungen zu Papier zu bringen. Dass die Kritik die Empfindsamkeit der jungen »poetessa« würdigt, interessiert den erzürnten Vater kein bisschen. Er schickt Elsa zur Buße und Abkühlung ihres glühenden Temperaments in ein Schweizer Kloster. Nach neunundneunzig Tagen aber, so heißt es, holt er seine Tochter bereits wieder nach Hause, weil sie angedroht hatte, sich sonst zu Tode zu hungern.

Ob Elsa wirklich in Hungerstreik getreten war? Zuzutrauen wäre es dieser schillernden Person, aus deren frühen Lebensjahren nur wenige feststehende Ereignisse bekannt sind. Heute stellen sich Informationen über Elsas Kindheit und Jugend als Produkt einer geschickten Selbstinszenierung dar, in der die so genannte Wirklichkeit nur eine geringe Bedeutung hat. Es scheint, als ob die Modeschöpferin sich, ganz im surrealistischen Sinn, die Freiheit genommen hat, ihr Leben so zu sehen, wie sie es sehen wollte.

Doch es existieren Fixpunkte und Verbindungslinien, die ein Gerüst bilden, auf dem sich zumindest ihr späteres Leben erkennen lässt. Die Schule macht keinen großen Eindruck auf sie. »Ich lernte leicht, aber weil mich nicht interessierte, was ich lernte, vergaß ich es schnell wieder«[4], erinnert sich Schiap. Viel mehr fesseln sie die handillustrierten bibliophilen Kostbarkeiten aus der Privatsammlung des Vaters. Sie entführen Elsa in die Welt der griechischen Mythologie, wo Homer zu Hause ist, und zeigen ihr das Reich von 1001 Nacht. In ihrer Phantasie begleitet sie Marco Polo im Mittelalter auf seinen Forschungsreisen nach China, und sie ist dabei, wenn Francisco Pizarro im 16. Jahrhundert für Spanien das Inkareich im fernen Peru erobert. Sie schwelgt in den prächtigen Bildern, auf denen Peruanerinnen zu sehen sind, die gemusterte Stoffe mit einem leuchtenden Rosa-Ton tragen.

Elsas Zuflucht ist die väterliche Bibliothek, die sehr

zu ihrem Leidwesen nach dessen Tod der National-
bibliothek übereignet wird. Hier fühlt sie sich gebor-
gen – ein Gefühl, das sie immer mit Büchern verbindet.
So wird sich Elsa Schiaparelli viele Jahre später öfter
mit sich selbst in ihrer eigenen Bibliothek verabreden.
Sie wird an solchen Abenden nichts anderes tun, als in
Gesellschaft ihres Hundes an einem Glas Wein zu nip-
pen und, umrahmt von meterhohen Buchregalen, nach
dem anregenden Trubel des Tages wieder zu sich selbst
zu finden.

Im Palazzo Corsini, voller römischer Statuen und
freskengeschmückter Deckengewölbe, nimmt Elsa die
gedruckten Bilderwelten so tief in sich auf, dass sie ihr
noch dreißig Jahre später zum Quell ihrer unerschöpf-
lichen Phantasie werden. Bleibende Eindrücke hinterlassen auch die Schweizer Garden in ihren von Michelangelo entworfenen Uniformen, an denen sie auf dem
Weg zur heiligen Messe im Petersdom regelmäßig vorbeigeht. Die Farbenpracht der Kardinalsroben wird in
ihren Kollektionen ebenso wiederkehren wie die Ja-
cken der Chorknaben oder die Pluderhosen, Turbane
und opulenten Stickereien, die sie auf ihrer ersten Reise
nach Tunesien sehen wird.

Elsa ist dreizehn und »hungrig nach Abenteuern«[5],
als ihr Vater sie zum ersten Mal mit nach Afrika nimmt.
Ihr größtes Erlebnis ist, wenn man ihren Memoiren
glauben will, nicht die erste Schiffsreise ihres Lebens,
sondern der Heiratsantrag eines reichen Arabers, der

ihr das herrliche Gefühl gibt, eine begehrenswerte Frau zu sein. Balsam für eine verletzte Jungmädchenseele, die unter den Vergleichen ihrer Mutter mit ihrer nach damaligen Maßstäben weitaus schöneren Schwester leidet. »Schiap war nach herkömmlicher Auffassung ein häßliches Kind. Schon damals hatte sie diese enorm großen Augen und sah aus wie halbverhungert.«[6] Der vermeintliche Makel macht sie schüchtern. Als erwachsene Frau kaschiert Elsa diese Schüchternheit, die sich trotz Erfolg und vieler Verehrer nie ganz verliert, mit einer scharfen Zunge und betont harschem Verhalten.

Als Heranwachsende ist sie indes noch auf die Bestätigung und das Verständnis von anderen angewiesen. Beides findet Elsa bei ihrem Onkel Giovanni, dem Astronomen. Er erklärt ihr, dass die Muttermale auf ihrer Wange Schönheitsflecken seien, die zudem noch Glück brächten, da sie die Form des »Großen Bären« bildeten. Das Sternbild wird ihr persönliches Glückszeichen. Später entwirft sie für sich eine mit Diamanten besetzte Brosche in Form des Großen Bären, macht das Motiv zum Mittelpunkt einer ihrer berühmten Themenkollektionen und dekoriert ihren Pariser Salon mit himmelblauen Stoffen, in denen das Sternzeichen eingewebt ist.

Dass Elsa letztlich Modeschöpferin geworden ist, erscheint wie ein Zufall, wenn man an Zufälle glaubt.

Glaubt man dagegen an eine höhere Bestimmung, daran, dass Geburt nicht der Anfang und Tod nicht das Ende ist, wie Elsa Schiaparelli es als Leitsatz ihrer Autobiographie voranstellt, dann lassen sich besonders im Rückblick alle Stationen ihres Lebens als Momente verstehen, die zielgerichtet ineinander greifen. Noch aber ist Elsa auf der Suche, die ersten Weichen sind jedoch bereits gestellt.

Ihre jugendliche Begeisterung für die jüngsten technischen Errungenschaften wie Fotografie, Stummfilm oder Telefon bekommt durch das revolutionäre Gedankengut des Futurismus weitere Nahrung. Das zukunftsorientierte Denken, die Fortschrittsgläubigkeit und die Verherrlichung des Maschinenzeitalters lassen Elsa aufhorchen. Das »Futuristische Manifest«, das der italienische Schriftsteller Filippo Marinetti 1909 proklamiert, ist ein Angriff auf das Vergangene, Stagnierende, der das spätbürgerliche Italien nicht nur in seinen künstlerischen, sondern ebenso in seinen gesellschaftlichen Grundfesten erschüttern will und der neunzehnjährigen Elsa aus dem Herzen zu sprechen scheint. Vielleicht fasziniert sie auch das provokante Bürgerschreckgehabe Marinettis. Auch wenn der »Vordenker«, der von der Kirche wegen seiner Unmoral verteufelt wird, Italien schon bald verlässt, findet Elsa Zeichen eines gedanklichen Aufbruchs nun auch anderswo in ihrer Heimat. Im Theater zum Beispiel. Puccinis Opern greifen zeitgenössische Themen auf, und selbst im prüden Italien hinterlassen Ibsens sozialkritische Dramen erste Spuren. Die gesellschaftliche Vorherrschaft des Mannes und die untergeordnete Rolle der Frau erscheinen nicht mehr gottgewollt.

Elsa findet in Eleonora Duse – eine »intelligente, moderne und sehr weibliche Frau«[7] – ein Vorbild. Die angebetete Schauspielerin ist die Geliebte des italienischen Schriftstellers Gabriele D'Annunzio, dessen Werke Elsa ebenfalls verschlingt. Ein zentrales Motiv darin ist der »superuomo«, der Übermensch, den D'Annunzio in Anlehnung an Nietzsches Suche nach einem neuen Selbstverständnis des modernen Menschen konzipiert hat. Der »superuomo« ist »heroisch, von hemmungsloser Sexualität, kunstliebend, antidemokratisch und amoralisch«[8] – und des Dichters alter ego. Den Künstler im Nietzschen Sinn als Übermenschen zu sehen ist eine ästhetische Auffassung, die Elsa zeitlebens teilt – die Schöpferin als Überfrau.

Eine wichtige Wegbegleiterin und Stimulantin wird ihr die Philosophie. Durch sie findet sie immer wieder neue Kraft. Sich mit philosophischen Gedanken auseinander zu setzen bringt Elsa Schiaparelli letztlich all das, was die bigotte Doppelmoral der katholischen Kirche ihrem nach Wahrheit suchenden Geist nie geben konnte.

Elsa, nun um die zwanzig Jahre alt, würde gerne Schauspielerin werden. Die empfindsame Macht des

Spiels mit den Emotionen fasziniert sie schon damals. Ihr Vater ist dagegen, sie soll etwas Solides lernen. Elsa hat jedoch andere Dinge im Kopf. Zum Beispiel Männer wie Pino. Der liebenswürdige, intelligente Neapolitaner ist für sie nach einer unglücklichen Schwärmerei für einen (bereits verlobten) Maler ihre erste große Liebe. Der verliebte Junge kommt, eigens um sie zu sehen, tageweise nach Rom gereist. Stundenlang durchstreifen die beiden zu Fuß die Campagna Romana, die Umgebung Roms, die Elsa zwar von ihrer Kindheit kennt, nun aber mit ganz anderen Augen sieht. Als ihre Eltern herausfinden, dass Pino arm ist, verbieten sie weitere Treffen. Einmal noch sehen sich die Verliebten – zufällig – in Ischia, wo beide Familien Ferien machen. Aber das »Glück«[9] ist beendet. Zumindest bleibt ein Schmerz, den sie nie ganz überwindet.

Ratlosigkeit macht sich breit im schiaparellischen Elternhaus. Was tun mit einer unverheirateten, unbeschäftigten und offensichtlich unglücklichen erwachsenen Tochter? Ein Brief aus England bringt 1913 den Eltern die Erlösung und der Tochter endlich die entscheidende Lebenswende. Absenderin ist eine ehemalige Schulkollegin von Elsas Mutter, die in Kent ein fortschrittliches Waisenhaus aufmachen will und eine Gehilfin sucht, die nebenbei noch Englisch lernen möchte.

Erste Station der langen Reise zur britischen Insel ist Paris, wo die weltunerfahrene Elsa von Freunden der

Familie erwartet wird. Paris! Welch ungeahnte Möglichkeiten entfalten sich vor ihrem Auge. Elsa ist fasziniert von der brodelnden Atmosphäre der Stadt. Tango wird getanzt statt der Quadrille, die Fauvisten und Kubisten revolutionieren die abendländische Kunst, Sonia Delaunay entwirft Mode in futuristischer Manier, die Nobelpreisträgerin Marie Curie lehrt an der Sorbonne, Isadora Duncan sprengt, nackt auf der Bühne tanzend, die Grenzen der Scham. Elsa liest die Zeitschrift »Les Soirées de Paris«, das damalige Sprachrohr der Avantgarde, und geht auf ihren ersten Ball – in einem improvisierten Abendkleid aus blauem Crêpe de Chine und einem Turban aus orangenfarbener Seide.

Als sie zehn Tage später nach London weiterreist, nimmt sie in ihrem Herzen überwältigende Eindrücke mit. Sie spürt schon damals, dass Paris ihr ein Klima bietet, in dem sie sich entfalten könnte. Vermutlich wäre Elsa Schiaparelli viel früher in diese für sie weiblichste Stadt der Welt zurückgekehrt, wenn sie im prüden, spätviktorianisch geprägten und ihrer Heimat deshalb gar nicht so unähnlichen London nicht dem Comte William de Wendt de Kerlor begegnet wäre. Der Aristokrat, der in Elsa Schiaparellis Biographie an keiner Stelle namentlich erwähnt wird, ist so ganz anders als die Männer, denen Elsa bisher begegnet ist. Groß, schlank, blond, sehr charmant und attraktiv, mit herrischem Blick, Schriftsteller und Theosoph, ein begehrenswerter Intellektueller, ein gleichwertiger Partner und doch ein Mann zum Aufschauen. Genau das, was Elsa braucht, die einen schwachen Mann nie als Ehemann hätte akzeptieren können.

De Kerlor, der sein Geld durch Vorträge über Theosophie verdient, rührt mit seinen Ausführungen über Mystizismus, Buddhismus und die wichtige Rolle der Seele an Elsas innersten Kern. Am Ende des Vortragsabends, dessen Ankündigung sie zufällig entdeckt hatte, bleibt sie völlig gebannt sitzen. Als sie gefragt wird, ob sie de Kerlor vorgestellt werden möchte, willigt sie ein – einen Tag später ist sie mit ihm verlobt. Bald darauf heiraten die beiden, gegen den Willen von Elsas Eltern, die sich diesmal nicht durchsetzen können. Als Elsa von der schlichten Hochzeitszeremonie nach Hause kommt, sind, so erzählt sie in »Shocking Life«, in der gemeinsamen Wohnung sieben Spiegel zerbrochen. Sie ignoriert die Vorboten des Unheils und ist für kurze Zeit so glücklich, wie sie es niemals mehr mit einem Mann sein wird.

Das angekündigte Unheil beginnt im August 1914 mit dem Ausbruch des Ersten Weltkriegs. Vorträge über eine »Gottesweisheit«, die den Sinn des Weltgeschehens sehr mystisch, in meditativer Berührung mit Gott fassen will, sind – zumal in Französisch gehalten – nun nicht mehr gefragt. De Kerlor gerät in eine Seinskrise und beginnt fremdzugehen. So hat sich Elsa ihr Eheleben nicht vorgestellt. Allzu hart wird sie aus ihren Träumen gerissen, und bald fragt sie sich, ob sie auf dieser Welt eigentlich irgendwohin und zu irgendwem gehört.

1915 zwingen die Zeitumstände den gebürtigen Schweizer, England zu verlassen. Comte und Comtessa de Kerlor ziehen nach Nizza. Aber auch hier ist William oft abwesend. Elsa verbringt ihre Abende im Casino von Monte Carlo – und hüllt sich ihr Leben lang in Schweigen über das, was ihr in den folgenden dreieinhalb Jahren widerfährt.

Ihre Spur findet sich erst 1919 wieder, als das Ehepaar an einem Frühjahrsmorgen im Hafen von New York ankommt. Alles scheint wie gehabt. Gelebt wird von Elsas Mitgift, de Kerlor vergnügt sich mit Isadora Duncan – und schwängert gleichzeitig seine Frau. Als Tochter Marisa, genannt Gogo, geboren wird, ist das Geld beinahe aufgebraucht und de Kerlor fast schon über alle Berge. Bevor er endgültig aus Elsas Leben verschwindet, lässt er jedoch auf den Taufschein des gemeinsamen Kindes den Namen Radna hinzufügen – in Erinnerung an die Göttin, die ehedem Buddha auf wundersame Weise genährt hat.

Elsa ist jetzt knapp dreißig Jahre alt, eine desillusionierte verlassene Ehefrau und Mutter ohne Beruf und ohne Geld in einem fremden Land. Ein Zurück ist nicht mehr möglich. Mit dem Tod ihres Vaters im Oktober 1919 kurz vor Gogos Geburt ist auch die innere Verbindung zu ihrem Elternhaus abgebrochen. Die schüchterne, einstmals so verträumte Frau findet sich am Anfang eines harten Weges wieder, an dessen Ende die legendäre Schiap stehen wird.

Sie jobt, als Sekretärin, als Übersetzerin, gleichwohl wird die Lage immer desolater. Aber sie kämpft. Gegen ihren Stolz – sie bittet ihre Mutter um finanzielle Unterstützung – und gegen ihre Depressionen, die ihren Tiefpunkt erreichen, als die einjährige Gogo an Kinderlähmung erkrankt. Die Behandlung wird Tochter und Mutter oft trennen und die nächsten zehn Jahre in Anspruch nehmen.

Lichtblicke sind für Elsa in der New Yorker Zeit die jungen modernen Frauen, die auf der Straße rauchen, kurze Röcke tragen und sich immer selbstverständlicher in der Öffentlichkeit bewegen. Wichtig ist auch die Bekanntschaft mit Gabrielle Picabia. Die Musikerin ist nach der Trennung von ihrem dadaistischen Malergatten Francis Picabia »zufällig« auf demselben Schiff nach Amerika gekommen wie Elsa. Sie führt die Italienerin, die fließend französisch und ein pittoreskes Englisch spricht, in die künstlerische Boheme des Greenwich Village ein. Dort leben, wie Djuna Barnes es beschreibt, »Männer und Frauen, in deren Augen ein neues Licht glimmt oder auf deren Stirn der Abglanz einer unsichtbaren Herrlichkeit liegt«[9]. Elsa ist jetzt nicht mehr allein. Der Maler Marcel Duchamp und die Fotografen Man Ray, Alfred Stieglitz und Adolphe de Meyer sind nicht die einzigen Künstler, die sie, »entzückt von ihrer Wißbegierde, ihrer Wärme und ihrem Humor«[10], in ihren Kreis aufnehmen. Sie bieten ihr weit mehr als eine geistige Heimat, nämlich lebenslange Freundschaft.

Gaby Picabia ist es auch, die Elsa mit der Pariser Haute Couture bekannt macht. Die Freundin verdient ihr Geld, indem sie in New York Modellkleider verkauft. Elsa wird ihre Partnerin, aber die geschäftliche Beziehung ist nicht von Erfolg gekrönt. Gaby kehrt nach Paris zurück, Elsa kämpft weiter um ihre Existenz – bis ein nächster »Zufall« sie ebenfalls nach Paris führt.

Ausschlaggebend ist Blanche Hays, eine junge Nachbarin, die ebenfalls unglücklich verheiratet ist und eine Tochter hat. Sie wird für Elsa, die sich trotz späterer »zärtlicher« und »anregender«[11] Beziehungen nie mehr an einen Mann binden wird, zur Vertrauten und zur Zuflucht. Blanche ist entzückt, dass ihre neue Freundin so gut Französisch kann, denn sie will schon seit langem nach Paris, hat aber wegen ihrer mangelnden Sprachkenntnisse immer wieder gezögert. Jetzt gibt es für sie kein Halten mehr, zumal das Leben in Paris im Vergleich zu den USA viel billiger ist und Blanches Einkünfte reichen werden, um den Unterhalt für beide Familien zu bestreiten. Im Juni 1922 schiffen sich Blanche und Elsa mit ihren Töchtern ein. In Paris kommen Elsa und Gogo fürs Erste bei Gaby Picabia unter, später wohnen sie bei Blanche, die Elsa ein angenehmes Leben mit Theater- und Konzertbesuchen und netten, kleinen Dinnerpartys bietet. Aber ihr behagt die ökonomische Abhängigkeit von der Freundin nicht, und sie beschließt, sich irgendwie auf eigene Beine zu stellen.

In der französischen Metropole, die drei Jahrzehnte lang das Sammelbecken der künstlerischen und intellektuellen Avantgarde ist, trifft sie Marcel Duchamp und Man Ray wieder und verkehrt regelmäßig im »Le Bœuf sur le Toit«. In dieser Szene-Bar trifft Schiap erstmals auf alle die Leute, deren Leben nur wenige Jahre später um ihres kreisen werden. Sie wird dann nicht mehr die »Neue« sein, sondern die Dirigentin eines Mode-Orchesters, das »tout Paris« aufs Nachhaltigste beeinflusst. Im »Le Bœuf« sieht Elsa auch das erste Mal Coco Chanel. Keine von beiden kann ahnen, dass Elsa der unbestrittenen Modekönigin der zwanziger Jahre bald darauf für lange Zeit die Schau stehlen wird.

Begründet wurde die Haute Couture von dem Engländer Charles Frédéric Worth. 1858 führte er als Erster in seinem Modesalon in der Rue de la Paix Nr. 7 seine Kreationen an Mannequins vor und signierte sie wie Kunstwerke. Exklusive Modellkleider zu fertigen wurde mit Worth zu einem florierenden und für Frankreich wichtigen Wirtschaftszweig. Das ist er bis heute geblieben: 1994 zum Beispiel setzten die achtzehn Pariser Salons der Haute Couture rund 1,4 Milliarden Mark um. 73 Prozent davon wurden durch Exporte erzielt. Wer sich zur Haute Couture zählen darf, wird seit 1945 Jahr für Jahr neu bestimmt. Die ausgewählten Unternehmen müssen in ihren Werkstätten mindestens fünfzehn Mitarbeiter beschäftigen und zweimal jährlich ihre Kollektionen, die aus wenigstens fünfunddreißig Elementen bestehen, vor der Presse in Paris vorstellen.

Auf Worth und seine Söhne folgte Paul Poiret, der die Pariser Haute Couture revolutionierte. Er verbannte das Korsett, und, aufgeschlossen für die neuen Strömungen in der Kunst, schwelgte er in Farb- und Stoffträumen. Er war es auch, der die Tänzerin Mata Hari für die Bühne einkleidete. Seit dem Ersten Weltkrieg geben vor allem Frauen den Ton an in der Haute Couture. Die Schwestern Callot zum Beispiel, die für ihre kunstvoll gefertigten Modelle gefeiert wurden, Madeleine Vionnet, die Architektin unter den Couturières und natürlich Coco Chanel, die Puristin, die für die moderne, emanzipierte Frau aufs Praktische, Bequeme aus traditionell eleganten Materialien setzte und nicht nur mit ihrem »Kleinen Schwarzen« Modegeschichte schrieb.

Anfang der zwanziger Jahre entsteht in Paris auch eine der wichtigsten modernen literarisch-künstlerischen Bewegungen – der Surrealismus. Er gibt keinen verbindlichen Stil vor, sondern ist eher eine geistige und politische Haltung. Antinationalistisch, antiklerikal und antiautoritär eingestellt, geht es den surrealistischen Künstlern um die Befreiung des Individuums. Phantasie und Kreativität sollen freigesetzt, neue Wege der Wahrnehmung begangen werden. Das Unbewusste mit seinen verborgenen Wünschen und Lüsten und Träumen gilt ihnen als die eigentliche Wirklichkeit. Erotische und sexuelle Phantasien werden in provozierenden Bildern, Texten und Fotografien ausgelebt. Die Absicht, das Bürgertum zu schockieren, steht nicht nur hinter den bewusst inszenierten »scandales érotiques«[12], sondern hinter allen Auftritten der Surrealisten. 1924 verfasst André Breton, der geistige Wortführer der Bewegung, das surrealistische Manifest, das zur revolutionären Zerschlagung des herrschenden Gesellschaftssystems, seiner Mythen und seiner Träger aufruft.

1925 findet die erste große Surrealistenausstellung statt – und Elsa Schiaparelli schneidert ohne jegliche fachliche Kenntnis auf dem Esszimmertisch ihre ersten Kleider und Mäntel. Zunächst nur für sich und ihre Freundinnen, die sich ebenso wenig teure Kleidung leisten können wie Elsa und mit ihren Kreationen mehr als zufrieden sind.

Für Gaby Picabia, die zu dieser Zeit in einem Nachtclub von Paul Poiret jobt, entwirft Elsa eine Abendrobe als Arbeitskleidung. Dem Modeschöpfer fällt sofort ins Auge, wie vorteilhaft das Kleid die Ausstrahlung seiner Trägerin unterstreicht, und lässt Komplimente an die Designerin ausrichten. Schiap, ermutigt durch die Kritik und voll kreativer Energie, beschließt sich als Modemacherin zu versuchen.

Ihre Karriere – und das ist so gut wie das Einzige, was sie mit ihrer lebenslangen Rivalin Coco Chanel verbindet – beginnt mit einem Pullover. Gegen jeden Trend handgestrickt, begeistert Elsas schwarzweiße Kreation eine investitionsfreudige Freundin von Blanche durch seinen Ausdruck »chicker Melancholie«[13] so, dass sie die Autodidaktin in Sachen Mode finanziell unterstützt. Elsas Talent wird schnell anerkannt. Voller Mut und Enthusiasmus will sie sich nun selbständig machen und findet in einem französischen Geschäftsmann auch bald einen stillen Teilhaber für ihre Firma.

Sie zieht in ihre erste eigene Atelierwohnung in der Rue de l'Université, zwischen Seine und St. Germain de Prés gelegen, und gibt dort im Januar 1927 ihre erste Mode-Präsentation. Jetzt geht es Schlag auf Schlag. Nur einen Monat später inszeniert der Fotograf George Hoyningen-Huene im Auftrag der französischen »Vogue« ihre Modelle wie Gemälde – und die Kundinnen beginnen in das Atelier zu strömen. Der geometrische Stil des Art Deco wechselt mit nostalgischen Rückgriffen und afrikanischen Mustern, die künstlerische Anregungen aus den Kolonien aufnehmen. Ganz im Sinne des Surrealismus beginnt Schiaparelli ihr Spiel mit der Wahrnehmung. Sie schockiert mit einem Skelettmotiv, das die Trägerin wie eine wandelnde Röntgenaufnahme erscheinen lässt. Sie appliziert täuschend echt aussehende Fliegen und kleine Spiegel, von denen der – männliche – Blick auf die weiblichen Reize zurückprallt, und lanciert gewagte Strandbermudas, die mit überlangen wollenen Kniestrümpfen, Handschuhen und Schmuck aus Rosshaar getragen werden.

Der endgültige Durchbruch gelingt ihr jedoch erst mit einem weiteren Pullover, der ihre langjährige Zusammenarbeit mit armenischen Flüchtlingsfrauen begründet, die sich als wahre Strickkünstlerinnen entpuppen. Sie führen einen von Elsa entworfenen eng anliegenden schwarzen Pullover mit einer gestrickten Trompe-l'œil-Schleife am Kragen aus, die sich zu einem Schmetterling entfaltet. Ein furioser Einfall, der den ersten Großauftrag nach sich zieht. Das amerikanische Kaufhaus Strauss ordert vierzig dieser Pullover, die innerhalb von zwei Wochen geliefert werden sollen. Eine Herausforderung, die die Italienerin und die Armenierinnen in Elsas Dachwohnung gemeinsam meistern. Das Geschäft blüht.

»Ich brauche etwas Größeres«[14], sagt Schiap, die ihre geschäftliche Unerfahrenheit und das Wissen um ihre Extravaganz bewusst kultiviert, zu ihrem Teilhaber. Zur Jahreswende 1927/28 zieht sie in ein Wohnatelier in die Rue de la Paix Nr. 4, das sie wie ihre ersten Pullover ganz in Schwarz und Weiß gestaltet. »Pour le Sport« (Für den Sport) steht auf dem Firmenschild. Sie fühlt, dass sie es geschafft hat – auch wenn in den Nächten die Mäuse um ihr Bett huschen und ihre Verwandtschaft in Italien wie versteinert reagiert, als ihr zu Ohren kommt, dass Elsa den Familiennamen für Geschäftszwecke entweiht. Sie ist glücklich.

Hier, im Mekka der Modesalons und Luxusläden, wo sie immer hinwollte, wird Elsa Schiaparelli sieben Jahre lang residieren. Mit zunehmendem Erfolg. Sie stellt ihre ersten Angestellten ein, New Yorks Fifth Avenue ordert, und »unter den Fanfaren von ›American Vogue‹ und ›Harper's Bazaar‹« lassen sich »Frauen von Welt vor Schiap's Triumphwagen spannen«[15]. Die Stiegen knarren unter den Füßen der Herzogin von Windsor, unter Mrs. Reginald (Daisy) Fellowes Schritten, der millionenschweren Singer-Nähmaschinen-Erbin, und unter denen von Nancy Cunard, der Künstlerin, die mit ihrer Handpresse direkt »in die stürmische literarische See der Montparnasser Surrealisten«[16] steuert. Hollywood-Stars wie Katherine Hepburn, Mae West, Greta Garbo oder Marlene Dietrich, die sich für ein schulterfreies Abendkleid mit langen schwarzen Hahnenfedern als Blickfang entscheidet, geben sich bei Schiap ebenfalls ein Stelldichein. Sie alle folgen begeistert der nun verordneten Silhouette: Brust raus, Taille an ihren natürlichen Platz, breite Schultern und aufrechter Gang. Der schlaksige Garçonne-Stil, die schicke Einfachheit und die Farben-Tristesse der Chanel-Modelle haben ausgespielt. Zumindest bei den

Frauen, »denen feine Zurückhaltung kein Vergnügen bereitet, die sich über Eleganz lustig machen und zeigen, dass sie zwar Geschmack haben, aber nicht bereit sind, sich sklavisch von ihm leiten zu lassen«[17].

Schiap zieht mit ihrem Atelier in den ersten Stock, fügt dem Firmenschild »Pour la Ville – Pour le Soir« (Für die Stadt – Für den Abend) hinzu, gestaltet ihre erste richtige Kollektion und entfaltet fortan ein Feuerwerk an Ideen. Bald macht sie Schlagzeilen mit Hosenröcken, die sie selbst sehr gerne anzieht. Sie diktiert Hosen als Tages- und Abendbekleidung, propagiert Wickelwesten und Capes. Sie setzt auf Stücke, die sich für die verschiedensten Anlässe eignen, entwirft dramatische Abendroben mit auffälligen Ausschnitten oder Schleppen in Form eines Fischschwanzes. Stoffe sind mit großen Schmetterlingen bedruckt, bestickte Dinner-Kleider hinten gerüscht und können je nach Tageszeit lang oder kurz getragen werden. Sie entwirft den sehr maskulinen Revolutionsmantel, zu dem schwarze Handschuhe mit langen goldenen Fingernägeln gehören und bringt ein Insekten-Collier, das von weitem den Eindruck erweckt, als krabbelten der Trägerin echte Insekten um den Hals. Sie kombiniert Schwarz mit Limonengrün und knalligem Rot und erhebt ein helles Magenta zu ihrer Lieblingsfarbe. »Shocking Pink« tauft sie es und macht es zu ihrem Markenzeichen. Sie wird zur Pionierin bei der Entwicklung und Verwendung von Kunstfasern, arbeitet mit so ungewöhnlichen Materialien wie Lastex, Zellophan oder weißem Trauerkranz-Crêpe und ist berühmt für ihre Perücken, die sie aber nur selten trägt. Schiaparelli gehört zu den Entertainerinnen der Haute Couture. In London eröffnet sie eine Dependance und liebt die Engländer, weil sie genauso verrückt sind wie sie selbst. Sie lässt Stoffe nach ihren Vorstellungen bedrucken und macht eine der jüngsten Erfindungen, den Reißverschluss, salonfähig.

Die Modemacherin ist berühmt für Knöpfe, die, von Künstlern entworfen, in Form von Clowns, Schmetterlingen oder Dollarzeichen daherkommen. Die Kunst- und Schuhsammlerin findet in Salvador Dalí einen verspielten Weggenossen. Er kreiert ihr den berühmten Hut in Form eines umgestülpten Schuhs, mit dem seine Frau Gala zumindest für Fotos posiert. Er entwirft für Schiap eine »Telefon-Tasche« aus schwarzem Samt mit eingestickter goldener Wählscheibe und das legendäre »Hummer-Kleid« – ein riesiger Hummer auf fließendem weißem Chiffon, der exakt die luftig verhüllten weiblichen Geschlechtsmerkmale betont und so auf die Nacktheit unter dem Kleid verweist.

Der junge, noch unbekannte Salvador Dalí, der sich 1928 als Vierundzwanzigjähriger den Surrealisten anschließt, ist nicht der einzige Künstler, mit dem Schiap zusammenarbeitet. Louis Aragon und Alberto Giacometti entwerfen für sie. Verse von Jean Cocteau und Malerei von Christian Bérard kehren in kostbarer Stickerei von François Lesage auf ihren Modellen wieder. Stoffe werden nach Zeichnungen von Marcel Vertès gedruckt. Die Juwelierskarriere von Jean Schlumberger, den sie als jungen Mann zu ihrem Schützling macht, nimmt durch sie ihren Anfang. »Sie war so schwierig – immer fordernd –, aber zugleich so stimulierend«[18], wird er sich Jahre später erinnern. Elsas Fähigkeit, das Potential in jedem Menschen zu sehen und es herauszukitzeln, ist neben ihrem Wagemut und ihrer Inspiration eine wesentliche Grundlage ihres Erfolgs. Aber sie profitiert auch ideell von der Zusammenarbeit, die für sie »ausgesprochen aufregend« ist. Sie fühlt sich »unterstützt, ermutigt – weit über die materielle und langweilige Realität hinaus, daß es sich eigentlich nur um die Herstellung eines Kleides handelt, das verkauft werden soll.«[19]

Elsa Schiaparelli stiehlt ihrer Rivalin Coco Chanel zunehmend die Schau und wird für sie immer bedrohlicher. Chanel hat zwar noch Macht in der Modewelt, aber die beiden Modeschöpferinnen konkurrieren verstärkt um die gleichen zahlungskräftigen Kundinnen und verkehren selbst privat oft in den gleichen Kreisen. Auch für die Modepresse ist das Verhältnis zwischen »dieser Italienerin, die Kleider macht«[20] – so Chanel über Schiaparelli – und »dieser düsteren kleinen Bourgoise«[21] – so Schiaparelli über Chanel – ein gefundenes Fressen. Die beiden Frauen sind so unterschiedlich wie ihre Modelle. »Wo Chanel klassisch war, war Schiaparelli Barock.«[22] Während die Puristin Chanel ihre Werkstätten nie betritt, legt »diese Italienerin« schon mal selbst mit Hand an. Gegenüber ihren bis zu sechshundert Angestellten ist Schiap ebenso fordernd wie gegenüber sich selbst und ihren Künstlerfreunden. »Unmöglich« ist ein Wort, das sie in ihrem Haus niemals hören will.

»Madame« steht jeden Tag um acht Uhr auf, trinkt eine Tasse Tee, liest Zeitung und gibt dem Koch die Essensvorschläge, bevor sie meist zu Fuß pünktlich um zehn Uhr im Büro erscheint. Schon längst hat sie einen festen Stab engagierter Mitarbeiter und Mitarbeiterinnen um sich geschart. Ein Buchhalter ist für finanzielle Dinge zuständig, eine junge Amerikanerin kümmert sich insbesondere um die amerikanische Kundschaft, es gibt eine Angestellte für die Öffentlichkeitsarbeit, dazu eine leitende Verkäuferin und eine Privatsekretärin. Schiaparelli, die in autokratischer Manier gern alle Fäden selbst in der Hand hält, ist im Betrieb launisch, arrogant, selbstherrlich, ungeduldig, eine Tyrannin – und trotzdem eine gute Chefin. Denn sie respektiert alle Menschen als gleichwertig, ist sensibel für Stimmungen und großzügig. Sie gewährt als eine der Ersten bezahlten Urlaub und sorgt auch in Krankheitsfällen für ihre Angestellten, die sie dafür mit Treue belohnen.

Mode machen ist für Schiaparelli Kunst und zugleich Ausdruck ihres Selbstverständnisses. »Mach das

Beste aus dir. Sei mutig und hab vor allem Spaß dabei«[23], ist ihre Botschaft an die moderne Frau, die sie selbst mit Leib und Seele vorlebt. Ihr Weg, die Emanzipation voranzutreiben, ist für sie ein Spiel. Dramatische Effekte und Witz sind gewollt. Eckige Schultern wirken tagsüber maskulin, abends betonen tiefe Ausschnitte die Weiblichkeit, erotische Anspielungen sollen bewusst schockieren. Innerhalb weniger Jahre ist sie zur »meistdiskutierten Modeschöpferin der Welt«[24] avanciert und hat die Chanel von der Titelseite der Modemagazine verdrängt. Sie kann die Preise diktieren, und in New York wird ihre Sportkleidung teurer verkauft als die der Konkurrenz.

Schiap steigt wie die meisten Couturiers ins Parfumgeschäft ein. Die surrealistische Malerin Léonor Fini, in deren Bildern die Frau als das erscheint, »was sie tatsächlich ist, das heißt, als Trägerin der sexuellen Macht«[25], entwirft für sie einen Flakon nach den Maßen des Kino-Busenstars Mae West. Das allerdings ist beinahe zu viel für die Franzosen: Schiap hat beträchtliche Mühe, einen Produzenten zu finden. Als das schwere, sinnliche Parfum »Shocking« endlich auf den Markt kommt und mit frivolen Zeichnungen von Marcel Vertès beworben wird, trifft die Modeschöpferin ins Mark der sensationslüsternen Gesellschaft. Gerüchte werden laut, dass das Parfum dem Duft der weiblichen Sexualorgane nachempfunden sei – ein Skandal, der ihren Modenschauen noch mehr Zulauf bringt. »Bei Schiaparelli war man auf Tuchfühlung mit Inspiration und umwerfender Selbstsicherheit. Ich erinnere mich besonders an die Farben, die Hysterie und die knisternde Spannung«[26], schildert die dänische Modejournalistin Ragna Fischer diese »großartigen« Spektakel.

Man schreibt bereits das Jahr 1937. Schiaparelli wohnt jetzt standesgemäß in einer 18-Zimmer-Residenz unweit der Champs-Elysées, in deren großbürgerlichen Ambiente sie sich genauso wohl fühlt wie in einem einfachen Bistro. »Schiaparelli gehört zu den wenigen Modemacherinnen von Paris, die überall zu sehen sind. Sie geht mit der gleichen Begeisterung ins Kino oder ins Museum, wie sie über Faulkner diskutiert oder im Regen in einer Menschenmenge, in der sie immer auffällt, auf die Ankunft des Ex-Königs von Spanien wartet.«[27] Viele freie Stunden verbringt sie auch zu Hause. Sie ist eine beliebte Gastgeberin – Schriftsteller, Musiker, Journalisten und Künstler geben sich in der Rue de Berri die Klinke in die Hand. Zu ihren berühmten sonntäglichen Abendessen sind allerdings nur ihre engsten Freunde – »die Familie« eingeladen. »Madame« kocht bei diesen Gelegenheiten selbst, am liebsten Spaghetti nach eigenen Rezepten – ihre Hausangestellten haben an diesen Abenden frei.

Die Geschäfte werden seit nunmehr zwei Jahren in ihrem Haus an der geschichtsträchtigen Place Vendôme gemacht. Rund sechshundert Modelle verlassen pro Jahr das »Teufelslabor«[28]. Die viermal jährlich stattfindenden Präsentationen sind begierig erwartete gesellschaftliche Ereignisse. Im Erdgeschoss ihres Reiches hat Elsa Schiaparelli als Erste ihrer Branche eine Boutique eröffnet, in der sie Pullover, Blusen und Accessoires verkauft. Parfum wird in raumhohen Volieren präsentiert, Wäsche auf Sphinx-Figuren aus der Zeit Ludwig XIV., Blickfang sind jedoch Pascal und Pascaline – Holzfiguren von klassischer Schönheit. Jedem, der auf dem Weg ins benachbarte »Ritz« daran vorbeigeht, fällt die Schaufenstergestaltung ins Auge, in jenen Tagen ein beliebtes Fotomotiv von Touristen.

Noch ist es die Zeit der großen Kostümbälle, die einen perfekten Rahmen für Schiaparellis mit intuitiver Sicherheit für das Zeitgefühl kreierte Illusionen bilden. Der internationale Jetset will sich amüsieren, Leben und Luxus unbekümmert genießen – trotz Weltwirtschaftskrise und unsicheren Zeiten. Ein Bedürfnis, das Elsa Schiaparelli teilt. Aber es ist ein Tanz am Rande des Vulkans. In Deutschland übernimmt Hitler die Macht und treibt die ersten Intellektuellen ins Exil, in Frankreich siegt die Volksfront bei den Wahlen, in Spanien kämpfen Anarchisten und Kommunisten gegen Faschisten – und Elsa entwirft ihre Zirkuskollektion. Das Zirkuszelt als Metapher für eine abgeschlossene, heile Welt, die, wie der Surrealismus auch, eine Art

Schutzschild bietet gegen die Turbulenzen der Zwischenkriegsjahre.

Bei aller Poesie und aller provozierenden Leichtigkeit, die Schiaparelli in den »Années Folles« ihren zahlungskräftigen Kunden bietet, ist sie sich über das politische Zeitgeschehen bewusst und benutzt es als Ausgangspunkt für ihre modisch-provokanten Spielereien. Als sie 1935 als Abgesandte der Pariser Haute Couture in die Sowjetunion eingeladen wird, besteht sie vor Stalin darauf, dass auch sowjetische Arbeiterinnen ein Recht auf Unabhängigkeit und Phantasie haben.[29] Aus Protest gegen den sowjetischen Überfall auf Finnland bringt sie finnische Stickerei, als der Krieg immer wahrscheinlicher rückt, schickt sie Mannequins in Militär-Capes mit Gold-Epauletten und Römerhelmen auf den Laufsteg. 1939 propagiert sie flache Schuhe und Röcke mit verstellbaren Taillen – für die mageren Jahre, die sie glasklar kommen sieht.

Hitlers Truppen überfallen Polen, der Zweite Weltkrieg bricht im September 1939 aus, im Juni 1940 marschieren die Deutschen in Paris ein. Schiaps große Zeit hat ein abruptes Ende. Fünf Jahre wird ihre Directrice das Geschäft so gut es geht weiterführen, während die Eigentümerin, die »in der Mitte der Lebensreise ihren geraden Weg verloren hat«[30], sich entschließt, in die USA zu gehen. Denn obwohl sie mittlerweile die französische Staatsbürgerschaft angenommen hat, wird sie von den »Deutschen und den Italienern nur als eine

Elsa Schiaparelli, um 1940

Italienerin angesehen, und der Druck gegen mich, wenn auch nicht klar bestimmbar, wurde beklemmend.«[31] So bereist sie den amerikanischen Kontinent als Botschafterin in Sachen Mode und Frankreich, promotet ihre Parfums und organisiert Benefizausstellungen zugunsten der arbeitslosen Näherinnen daheim. Beim amerikanischen Roten Kreuz lässt sie sich zur Hilfskrankenschwester ausbilden, was ihrer Seele gut tut.

Nach Kriegsende kehrt sie unverzüglich nach Paris zurück. Dort sieht sie sich immer wieder dem Vorwurf ausgesetzt, dass es ja leicht gewesen sei, die Zeit der Okkupation in New York zu verbringen. Noch Jahre später meint sie, sich deswegen verteidigen zu müssen.

Das Geschäft geht vorerst weiter. Pierre Cardin und Hubert de Givenchy, beide damals Anfang zwanzig, machen ihre ersten Modeschritte bei ihr. Schiap versucht mit »Shockingly Elegant«-Kollektionen, mit »Mystery Skirts«[32] und gezackten Eierschalendekolletés an den Esprit der Vorkriegserfolge anzuknüpfen – aber sie scheitert. Die Mode bestimmen nun andere. Dior zum Beispiel, der 1947 den »New Look« kreiert und damit ein neues (altes) Frauenbild vorgibt. Auch die Existentialisten in ihren schwarzen Rollkragenpullovern, die wie ehedem die Surrealisten in den Bistros von Paris den Zeitgeist vertreten, können mit den Kreationen von »Shocking Elsa« nichts mehr anfangen. Das Modehaus Schiaparelli fährt herbe Verluste ein und muss, um einen Konkurs abzuwenden, 1954 geschlossen werden. Die Schulden trägt Schiap durch die Erlöse der Schiaparelli Parfum Inc. ab, die 1977 mit »Shocking You« das letzte Parfum lancieren wird.

Die nunmehr Vierundsechzigjährige zieht sich aus dem Haute Couture-Geschäft zurück, beschränkt ihre Aktivität auf die Beratung ihrer Lizenznehmer – noch heute werden in Australien Schiaparelli-Strumpfwaren verkauft. Und sie schreibt ihre Autobiographie, die 1954 erscheint und sich als Meditation oder Therapie der Verfasserin lesen lässt. Eine wichtige Hinterlassenschaft an alle Frauen, die in der Forderung, dem Motto ihres Lebens, gipfelt: »Sie sollten wagen, anders zu sein.«[33]

Danach ist Schiap »offen für das, was die Zukunft für sie noch bereithält«[34]. Sie verbringt intensive Stunden im Kreis ihrer Freunde und von Berühmtheiten, die nach wie vor ihre Gesellschaft lieben und die sie entweder in Paris oder in ihrem Haus im tunesischen Hammamet empfängt. Und sie besucht, solange sie kann, die Pariser Modenschauen.

Durch mehrere Schlaganfälle wird sie zu einer kranken, pflegebedürftigen Frau. Sie lässt sich jedoch nie gehen und ist auch in ihren letzten Jahren nicht allein. Ihre Tochter und ihre beiden Enkeltöchter sind für sie da, wesentlich ist aber, so ihr Biograph Palmer White, ihr inneres Selbst, das ihr Halt gibt.

Elsa Schiaparelli stirbt am 13. November 1973 in Paris. Sie wird nicht im römischen Familiengrab beigesetzt, sondern auf dem Friedhof des Dorfes Frucourt, wo Freunde von ihr leben.

Obwohl die Schiaparelli-Boutique an der Place Vendôme seit etlichen Jahren geschlossen ist und ein kleines Büro in einem ehemaligen Atelierraum und die Markise mit dem berühmten Schriftzug über dem Eingang beinahe die letzten Erinnerungen an die Modeschöpferin sind, wirkt ihr Geist weiter. Ihr Arbeitsstil und ihre Kreationen sind von vielen imitiert worden, provozierende Newcomer werden mit ihr verglichen, ihre Modelle sind zu Kulturgütern geworden und in vielen Museen und Ausstellungen zu finden. 1984 hat das Pariser Musée de la Mode et du Costume Elsa Schiaparelli eine große Ausstellung gewidmet, vor wenigen Jahren waren ihre Kreationen in New York zu sehen, und noch immer wird ihr bekanntestes Parfum »Shocking« von Paris aus an Liebhaber in alle Welt verschickt.

»Ich bin eine alte Systematikerin«
Margarete Schütte-Lihotzky, (* 1897), Architektin

Von Magdalena Köster

Ein architektonisches Schmuckstück ist das große Wohnhaus in der Wiener Franzensstraße nicht gerade, in dem Margarete Schütte-Lihotzky seit mehr als fünfundzwanzig Jahren wohnt. Aber es liegt mitten im fünften Bezirk, ganz in der Nähe des Naschmarkts – und es hat einen Aufzug. Den braucht man, wenn man hundert Jahre alt ist, kaum noch etwas sieht und im sechsten Stock wohnt. Die Wohnung selbst ist ohnehin nach den Plänen der Architektin gebaut worden: sechzig Quadratmeter perfekt genutzte Fläche und davor ein zwölf Meter langer Dachgarten. »Damit habe ich das Große Los gezogen«, meint Schütte-Lihotzky. Hier oben hat sie ihre Ruhe, genießt mit dem Kater Schurli auf dem Schoß die Wärme der Sonne und die Aussicht über die Stadt. Unten um die Ecke gibt es jede Menge Restaurants, in denen sie noch regelmäßig zu Gast ist. Denn wenn sie auch mit der »Frankfurter Küche« berühmt wurde, Kochen hat sie nie interessiert. Es gab so viele andere Dinge zu tun.

Margarete Lihotzky wurde am 23. Januar 1897 geboren, »im Jahr der Wiener Sezession«[1], wie sie betont. Sie kam im Haus der Großeltern mütterlicherseits zur

Welt, ganz in der Nähe ihrer heutigen Wohnung. Hier verbrachte Gretel, wie sie zunächst gerufen wurde, gemeinsam mit ihrer vier Jahre älteren Schwester Adele eine anregende Kindheit. Eltern und Großeltern bemühten sich um eine liberale Erziehung. Gern erinnert sich die Architektin noch heute an den großzügigen Hof mit der riesigen Linde und den Akazien, die während der Blüte bis ins Schlafzimmer herein dufteten. Alte Aufnahmen zeigen ein prächtiges Biedermeiergebäude mit zugewachsener Terrasse und einem großen holzverkleideten Balkon. Bis hoch hinauf zum Dach windet sich der Efeu. Eine Idylle mitten in Wien.

Längst ist das schöne Haus abgerissen worden, ebenso der Bauernhof auf der anderen Seite der Straße, zu dem die Mädchen so oft wie möglich hinüberliefen, um die Tiere zu streicheln und beim Füttern der Hühner zu helfen.

Auf Kinderfotos wirkt Gretel ernst und selbstbewusst. Sie denkt gar nicht daran, in die Kamera zu lächeln. Geradezu lässig lässt sie sich mit sechs Jahren fotografieren: die Hand in der Tasche der knielangen Lederhose, einen österreichischen Janker locker um die Schultern gehängt, den Tirolerhut auf den Hinterkopf geschoben. Der dazugehörige Schlips hat ihr anscheinend gut gefallen. Ähnliche Modelle trägt sie später häufig zu eleganten Blusen und Kostümen.

Gretels Eltern kamen beide aus intellektuellen Fa-

milien. Die Linie der Mutter war aus Hannover einge-
wandert und mit dem bekannten Kunsthistoriker Wilhelm Bode verwandt. Sie galt in Wien als wohlhabend
und angesehen. Großvater Bode hatte Bauingenieurs-
wesen studiert und war Direktor der Ersten Wiener
Baugesellschaft. Er leitete den Bau von Eisenbahnlini-
en und Brücken, womit er Gretel sehr beeindruckte.

Die Großeltern Lihotzky stammten aus Czernowitz
in der Bukowina, damals die östlichste Stadt der österreichischen Monarchie, heute zur Ukraine gehörend.
Der Großvater hatte Jura in Wien studiert und arbeitete als Richter in der alten Heimat. »In der Familie wurde gern erzählt, wie sehr er sich über Leute aufregte,
die die Richter mit Geld, Hühnern oder Eiern beste-
chen wollten. So mußte die Großmutter am Traualtar
schwören, sich niemals etwas schenken zu lassen.«[2]
Der alte Lihotzky nahm für ein von ihm geschaffenes
Witwen- und Waisen-Gesetz zwar den Leopoldsorden
an, lehnte den angebotenen Adelstitel jedoch ab.

Gretels Vater, Erwin Lihotzky, war beruflich weniger erfolgreich. »Er hat sich wohl eher in einem musi-
schen Beruf gesehen, was aus den verschiedensten
Gründen nicht klappte. So arbeitete er als kleiner
Staatsbeamter für das österreichische Kaiserreich.« Dabei hatte er wohl ziemlich wenig für die Monarchie übrig. »Wir werden den Krieg verlieren«, prophezeite er
am Familientisch, kaum, dass der Erste Weltkrieg ausgebrochen war. »1914 hat er mich mitgenommen zum

Bahnhof und mir die ersten verwundeten Soldaten gezeigt«, erzählt Margarete Schütte-Lihotzky. »Mann für Mann zogen sie an uns vorbei, in Lumpen, verbunden, mit zerschossenen Beinen. Diesen Anblick habe ich nie vergessen.«

Gretels Mutter, Julie Bode, scheint es gut gelungen zu sein, sich mit den bescheideneren Verhältnissen in ihrer Ehe zu arrangieren. Sie kümmerte sich um die Erziehung der Töchter und den Haushalt, hatte anfangs auch noch ein Dienstmädchen. »Meine Mutter hat immer sehr viel gelesen, war an allem interessiert und dabei immer für uns da.« Sie nähte die Kinderkleider selbst und hielt die beiden Mädchen zu Selbständigkeit und Bescheidenheit an. »Wenn aber besondere Ausgaben drohten, wenn etwa jemand krank wurde, halfen uns die Großeltern Bode regelmäßig mit Geld aus.«

Der Krieg wirbelte in der Familie einiges durcheinander: Die Großeltern mussten das großzügige Haus verkaufen, und die Lihotzkys zogen innerhalb des gleichen Viertels um in eine Wohnung in der Hamburger Straße. Zudem verlor der Vater nach dem Untergang der Monarchie seine Arbeit und stand wie viele andere mit einer ganz kleinen Rente auf der Straße. Von da an brachte vor allem die Mutter das Geld nach Hause. Sie hatte zunächst ehrenamtlich für das Rote Kreuz gearbeitet und war dann lange als »Recherchentin« des Wiener Jugendgerichts tätig. Da war sie immerhin

158

schon Mitte Fünfzig, eine »sehr aktive, mutige und flei-
ßige Frau«, wie sich ihre Tochter erinnert.

Gretel und ihre Schwester Adele hatten die Volksschu-
le und danach die vierjährige Bürgerschule besucht.
»Ich bin meinen Eltern heute noch dankbar, daß ich
nicht privat unterrichtet wurde. Dadurch hatte ich
Kontakt mit den Kindern aus meinem Viertel und sah,
wie unterschiedlich die Einzelnen lebten.« Für beide
Töchter war klar, dass sie einen Beruf ergreifen und ihr
eigenes Geld verdienen wollten. Adele machte eine
Ausbildung als Lehrerin, und Grete, wie sie sich nun
nannte, wollte ihr zeichnerisches Talent nutzen. »Leider war ich als Kind und Jugendliche immer körperlich
schwach und tuberkulosegefährdet. Meine Eltern hatten daher ständig Angst, ich könnte mich überneh-
men.«
   So ging sie erst einmal ein Jahr bei einem Maler in die
Lehre und wechselte dann in die »K.K. Graphische
Lehr- und Versuchsanstalt«. Zwei Jahre Kopfzeichnen,
Akt und Ornamentales Zeichnen machten der Acht-
zehnjährigen klar: Die Richtung stimmte, aber sie wollte noch viel mehr lernen. Also bewarb sie sich an der
»K.K. Kunstgewerbeschule«, der heutigen »Wiener
Akademie für Angewandte Kunst«. Diese Schule war
Anfang dieses Jahrhunderts wahrscheinlich die beste in
Europa. In einer ungewöhnlich anregenden Atmo-
sphäre lehrten dort die bekannten Architekten Josef

Hoffmann (Gründer der »Wiener Werkstätten«) und Oscar Strnad sowie der erfolgreiche Bildhauer Anton Hanak. Oskar Kokoschka, das *enfant terrible* der Wiener Künstlerszene, besetzte eine Assistentenstelle.

Unter mehr als zweihundert Bewerbern wurde Grete Lihotzky mit vierzig weiteren Studenten im Herbst 1915 an der Schule aufgenommen. »Ich hatte stundenlang auf meinem Bleistift gekaut, als es in der Prüfung hieß, eine Gartenlaube zu zeichnen. Am Ende gab ich eine flüchtige Skizze ab.« Später erfuhr sie, dass genau das gefragt war. »Sie sind noch nicht verbildet, Sie können wir noch kneten.«

Gretes Selbstsicherheit stieg mit jedem Jahr. Anfangs teilte sie als Berufswunsch noch »Illustrationszeichnerin« mit, dann »Möbelzeichnerin« und zu Beginn des dritten Studienjahres stand fest: »Ich will Architektin werden.«[3] Ihre Eltern und der Großvater waren dagegen, »nicht, weil sie es mir nicht zutrauten, wohl aber, weil sie annahmen, kein Mann lasse sich von einer Frau ein Haus bauen, so dass ich an meinem Zeichentisch verhungern würde.« Grete Lihotzky aber ließ sich nicht entmutigen und wechselte in die Architekturklasse, weil sie beobachtet hatte, wie dort gearbeitet wurde: »... daß jeder Millimeter einen Sinn hat, den man zeichnet, daß dann etwas umgesetzt wird, was die tägliche Umgebung des Menschen beeinflußt.«[4]

Als bald darauf an der Schule ein Wettbewerb für den Entwurf einer Arbeiterwohnung ausgeschrieben wurde, folgte gleich der Sprung in die Praxis. »Bevor Sie nur einen Strich machen, gehen Sie hinaus in die Arbeiterbezirke und schauen Sie sich an, wie die Arbeiter wirklich wohnen«[5], legte ihr der engagierte und von ihr hochverehrte Professor Strnad ans Herz. Und so zog die Zwanzigjährige, bisher doch überwiegend in bürgerlich-intellektuellen Kreisen zu Hause, mitten im Krieg durch die armseligen Unterkünfte Wiener Arbeiter. »Sieben oder acht Leute wohnten damals oft in einem einzigen Raum, und die Kinder schliefen immer zu mehreren in einem Bett. Die sanitären Bedingungen waren unvorstellbar. Gleichzeitig trieben die hohen Mieten die Menschen immer mehr ins Elend.«

Schon als Kind hatte sich Grete Lihotzky für soziale und politische Zusammenhänge interessiert, war sich auch mit den pazifistisch gesinnten Eltern über den Wahnsinn des Krieges einig, aber das krasse Elend dieser einfachen Leute politisierte die junge Studentin endgültig. Sie las »Das Kapital« von Karl Marx, diskutierte mit den Kommilitoninnen und Kommilitonen das Für und Wider einer anderen Gesellschaftsordnung, wollte dringend etwas verändern. In ihrem späteren Arbeitsleben ärgerte sie sich oft über die »unpolitische Haltung« vieler Kollegen. »Ich war entsetzt, oder sagen wir mal, enttäuscht.«

Mit Akribie widmete sie sich dem Wettbewerb und wurde, einziges weibliches Wesen unter den Mitbewerbern, gleich mit dem ersten Preis ausgezeichnet. Diese

Konstellation sollte sich noch etliche Male im Leben Lihotzkys wiederholen. Im Abschlusszeugnis vom Januar 1919 werden ihre Fähigkeiten schon deutlich gewürdigt: »Grete Lihotzky ist sowohl technisch wie künstlerisch sehr begabt und bringt gerade in der Baukonstruktion vorzügliche Leistungen.« Außerdem kann sie sich »die erste Architektin Österreichs« nennen, denn sie hat als erste Frau über den Weg der Kunstgewerbeschule einen entsprechenden Abschluss erreicht. Im Laufe des Studienjahres 1919/20 wurde dann das Architekturstudium für Frauen sowohl an der Wiener Akademie wie an der Technischen Hochschule möglich.

Margarete Schütte-Lihotzkys Karriere als Architektin war von Beginn an durch ihren besonderen Blick für die sozialen Bedingungen der Menschen geprägt. Bauliche Gestaltung hieß für sie, den Bedürfnissen der Bewohner so gut wie möglich nachzukommen. »Ich wollte immer von innen nach außen bauen.« Wie das funktionierte, konnte die junge Wienerin auf einer Reise nach Holland studieren, die sie Ende 1919 als Betreuerin eines Erholungsaufenthaltes für Kinder gemeinsam mit ihrer Schwester antrat. Der holländische Wohnungsbau galt innerhalb Europas als vorbildlich, und Grete brachte entscheidende Denkansätze für kommunales Bauen mit zurück nach Wien.

Dort hatte die frühe Industrialisierung bereits vor

der Jahrhundertwende Hunderttausende von Arbeitern aus dem ganzen Land angezogen, ein entsprechend notwendiger Wohnungsbau aber war auf der Strecke geblieben. Riesige Flüchtlingsströme nach dem Ersten Weltkrieg und eine enorme Hungersnot verschlimmerten die Situation. So demonstrierten im Herbst 1920 mehr als 50 000 aufgebrachte Menschen für eine anständige Unterkunft, für das Recht auf eigenen Grund und Boden. Viele hatten einfach begonnen, irgendwo am Stadtrand wild zu siedeln, Kleingärtner errichteten primitive Hütten zwischen Obst und Gemüse. Unter diesen Bedingungen war die Volksseuche Tuberkulose nicht in den Griff zu kriegen, die Zustände glichen denen englischer Industriestädte des 19. Jahrhunderts. In diesem Chaos gelang es der Stadtverwaltung, all diese Leute in einem großen Siedlungsverband zusammenzubringen, der wiederum von einem eigens eingerichteten Siedlungsamt finanziell unterstützt wurde.

Grete Lihotzky mischte dabei von Anfang an mit. Ihr Sprungbrett innerhalb der Siedlerbewegung war der zweite Preis für den Entwurf einer Kleingartenkolonie. Die damit verbundene Anekdote amüsiert sie noch heute: »Die Jury hatte damals herausgefunden, dass einer der Entwürfe von einer Frau stammte, und tippte auf ein schönes Aquarellbildchen mit dem Titel ›Zurück zur Natur‹. Dabei stammte gerade das rationellste Modell von mir.«

Sie wurde Adolf Loos vorgestellt, dem damals schon berühmten Vertreter des »Sachlichen Bauens«. »Ich hab ihn zuerst boykottiert. Der Kreis um ihn schien mir snobistisch und dekadent. Als junger Mensch ist man halt radikal.«[6] Die Vorbehalte gegen seine Maßanzüge und manikürten Nägel legten sich, je mehr die Begeisterung für den Siedlungsgedanken die beiden zusammenbrachte.

Loos wurde zum Chefarchitekten des städtischen Siedlungsamtes berufen und engagierte Lihotzky als Planerin für den Bau neuer Siedlungen. Später bescheinigte er ihr, dass sie beruflich »viele ihrer männlichen Kollegen in den Schatten stellt.«[7]

Wie genau die Architektin die Lebensumstände der vielfach arbeits- oder obdachlosen Bevölkerung studiert hatte und wie sehr sie sich in deren Bedürfnisse hineinversetzen konnte, zeigt ihre 1921 entwickelte »Siedlerhütte«, ein ganz aus Holz gefertigter Würfel mit viereinhalb Meter Seitenlänge. Dabei handelte es sich um einen meisterhaft genutzten kleinen Wohnraum mit Kochnische und einer Schlafgelegenheit, die man über eine Leiter erreichte. Nach diesem Plan konnten sich die notleidenden Siedler mit Unterstützung einer genossenschaftlich orientierten »Baustoffanstalt« in kürzester Zeit ein Dach über dem Kopf bauen. Dieses »Kernhaus« ließ sich später als Stall oder Schuppen umfunktionieren, wenn die Siedler sich daran machten, ein richtiges Haus zu errichten. Dafür gab es wiederum Bauzuschüsse und Anleitungen durch das Siedlungsamt.

Vom Prototyp »Siedlerhütte« wurden in kürzester Zeit auf ausgewiesenem Baugrund siebzig Stück gebaut, und alle spiegelten die einzigartige Begabung Lihotzkys für jedes Detail wieder – Platz sparende Einbauregale und Möbel, Klapptische, umbaute Fenster, die kleine Badewanne in der Küche. Da es den Siedlern an Geld und Erfahrung für den Kauf der richtigen Einrichtungsgegenstände fehlte, kümmerte sich Grete Lihotzky über eine eigens geschaffene »Warentreuhandstelle« auch um solche Dinge und handelte Mengenrabatte bei großen Möbelfirmen heraus. Außerdem hielt sie Vorträge an der »Siedlerschule«, einer Art Volkshochschule für all jene, die den Hausbau selbst in die Hand nehmen wollten. »Abends bin ich oft noch losgezogen, um mit den Arbeitern persönlich zu reden, habe nächtelang in verrauchten Wirtshausstuben gehockt, ohne Licht, weil es in den Arbeiterbezirken noch gar keinen Strom gab«, erinnert sich Margarete Schütte-Lihotzky.

In den Jahren nach dem Ersten Weltkrieg zeichnete sich das so genannte »Rote Wien« – die Partei der Sozialdemokraten regierte die Stadt von dieser Zeit an ununterbrochen fast achtzig Jahre lang bis 1996 – zunächst durch eine sehr progressive Gemeindepolitik aus. 1922 entstand eine Richtlinie für eine allgemeine Mietzinsabgabe, bald darauf wurde daraus ein damals sensationelles Gesetz: Jeder, der Wohnungen oder Häuser besaß oder vermietete, zahlte eine Wohnbausteuer, die von der Stadt zweckgebunden zu hundert Prozent wieder in den öffentlichen Wohnungsbau gesteckt werden musste. In diesen Zeiten des Aufbruchs konnte man die jungen Leute auf der Straße rufen hören: »Wir sind das Bauvolk der kommenden Welt, wir sind die Arbeiter von Wien«, und die Kinder sangen so schöne Liedchen wie: »Kleiner, roter Ziegelstein, baust die neue Welt.«[8]

Das Leben zu Haus mit den Eltern hatte nichts Großbürgerliches mehr. Der Vater versuchte, als Vertreter ein paar Schilling zu verdienen, und die Mutter erzählte abends haarsträubende Geschichten aus der Arbeit beim Jugendgericht. »Sie musste sich um kriminell gewordene Jugendliche kümmern, bei denen die Mütter die Familie als Wäscherinnen durchbrachten und die Väter das mühselig verdiente Geld wieder versoffen.«

Die schwierigen Lebensumstände nach dem Krieg forderten ihren Tribut auch in der eigenen Familie. Beide Eltern starben kurz nacheinander, 1923 und 1924, an der Volksseuche Tuberkulose. Auch bei Grete brach die Krankheit aus. Erst nach einem dreivierteljährigen Aufenthalt in einer Lungenheilstätte wurde sie entlassen.

Nach ihrer Rückkehr war die so spektakulär gestartete Siedlerbewegung aus politischen und finanziellen Gründen zusammengebrochen. Die Stadt setzte jetzt mehr auf den Geschosswohnbau und errichtete ganze Stadtbezirke aneinander gereihter Mietskasernen.

Doch die zwanziger Jahre hielten für die begabte junge Architektin noch viele Möglichkeiten bereit. Ernst May, erfolgreicher Frankfurter Stadtplaner von Weltruf, war auf sie aufmerksam geworden. Immerhin hatte sie in den letzten Jahren schon einige Preise, zuletzt die bronzene und silberne Medaille der Stadt Wien für ihre Siedlungshäuser, erhalten, und – dies war May besonders wichtig – sie hatte sich in Aufsätzen mit dem Thema »Rationalisierung der Hauswirtschaft« und deren Umsetzung im Wohnungsbau beschäftigt.

Im Januar 1926 packte Grete Lihotzky ihre wenigen Sachen, verließ die verwaiste elterliche Wohnung und fing als Architektin im Hochbauamt Frankfurt an. »Ich wusste nicht recht, was ich verlangen konnte. May hat meinen Gehaltsvorschlag dann gleich verdoppelt.« In der Typisierungsabteilung[9] beschäftigte sie sich mit neuen technischen Möglichkeiten des Massenwohnbaus, der Rationalisierung des Bauprozesses und der damit verbundenen Normierung von Bauteilen.

Wie viele Intellektuelle nach dem Zweiten Weltkrieg träumte Ernst May von einer besseren Gesellschaft und konnte sich mit seinen Ideen auf eine fortschrittliche Stadtverwaltung stützen. »Das neue Frankfurt« wollte er bauen, »landschaftssteigernde« Trabantensiedlungen wie einen Gürtel um die Zentralstadt legen. »Licht, Luft und Sonne für alle«, hieß das Schlagwort, nach dem Abertausende städtische Wohnanlagen gebaut wurden. So entstanden etwa die heute noch in Frankfurt berühmten »Zickzackhäuser«, eine konsequent nach Süden ausgerichtete, versetzt gebaute Reihenhausanlage. Zusätzliche seitliche Fenster dienten einer guten Querlüftung – damals eine wichtige hygienische Maßnahme.

Eine moderne Architektur mit ganz neuen Grundrisslösungen – dies lag genau auf der Linie der neuen Mitarbeiterin aus Wien. Dabei war ihr vor allem eine Frage wichtig: »Wie können wir schon beim Wohnungsbau der Hausfrau und den zunehmend berufstätigen Frauen die Arbeit erleichtern?«

Noch im gleichen Jahr entwickelte sie verschiedene zeit- und Platz sparende Küchenmodelle, die bald zehntausendfach nachgebaut wurden. 1927 war sie auf der Frankfurter Frühjahrsmesse mit einer Musterküche vertreten, die sofort für Furore sorgte und auch heute noch durch ihre Perfektion besticht. Sie ist unter dem Begriff »Frankfurter Küche« in die Geschichte eingegangen. Zu Recht, denn alles, was wir unter einer idealen Einbauküche verstehen und leider viel zu selten in Mietwohnungen vorfinden, hat Grete Lihotzky vor siebzig Jahren konzipiert. »Wissen's, ich bin eine alte

Systematikerin. Mit der Stoppuhr bin ich hin und her gerannt, jeden Millimeter hab ich genutzt. Schließlich kann man durch eingebaute Möbel dreißig Prozent der Grundfläche sparen«, erklärt sie vehement.

So besitzt diese gerade mal sechs Quadratmeter kleine Küche von zwei Seiten zu öffnende Einbauschränke, einen in der Höhe verstellbaren Arbeitsplatz unter einem breiten Fenster, einen herausnehmbaren Abfalleinwurf, ein verschiebbares Kegellicht, ein zusammenklappbares Bügelbrett, eine Energie sparende Kochkiste neben dem Herd, jede Menge Schubfächer, Glasschütten und, ganz wichtig – wie die Erfinderin betont –, unbedingt eine Schiebetür zum Wohnzimmer.

Dahinter steckten soziale Überlegungen. Einerseits sollte die Mutter von der Küche aus die spielenden Kinder beobachten können, andererseits war sie dort nicht isoliert, wenn am höchstens drei Meter entfernten Esstisch Familie oder Freunde saßen. Beim Thema »Frankfurter Küche« mag es die alte Dame immer noch ganz präzise: »Wenn das Original eine Schublade aus Eiche enthält, dann deshalb, weil man früher das Mehl darin aufbewahrte und Mehlwürmer die Gerbsäure dieses Holzes meiden. Und die Küche war deshalb blau lackiert, weil Fliegen diese Farbe nicht mögen.« Im Übrigen hängt ihr das Thema seit Jahren zum Hals heraus. »Immer werd ich als Küchenarchitektin bezeichnet, dabei hab ich jede Menge Wohnanlagen und Kindergärten gebaut. Was ist dagegen schon a Küch'n?«, meint sie genervt.

Gleich zu Beginn ihrer Frankfurter Zeit war Grete Lihotzky ihrem Kollegen Wilhelm Schütte begegnet, der in der Abteilung Großbauten im Hochbauamt arbeitete. 1927 heirateten die beiden, und die Architektin unterzeichnete von da an mit Margarete Schütte-Lihotzky, hieß im Kollegenkreis auch oft »die Schütte«. Das Paar wohnte zusammen in einem kleinen Dachatelier mit einer wunderschönen, halbrunden Dachterrasse. Die selbstverständlich eingebaute Frankfurter Küche haben sie jedoch nur selten benutzt – beide waren vernarrt in ihre Arbeit und kamen oft spät heim. »Wir hatten eine sehr partnerschaftliche Beziehung. Mein Mann konnte sich auch selbst ein Ei braten und war sehr praktisch veranlagt«, erzählt Schütte-Lihotzky. Wilhelm Schütte war ein großer, schlanker Mann mit lichtem Haar über einer hohen Stirn, und wenn die gemeinsamen Fotos nicht trügen, stand er immer ein wenig im Schatten seiner Frau. Mit ihrem Pagenschnitt über den markanten Augenbrauen, ihrem prüfenden Blick und den eleganten Kostümen war sie eine auffallende Persönlichkeit.

Die Architektin feilte in den Frankfurter Jahren immer wieder an guten Wohnlösungen für allein stehende und berufstätige Frauen. »Da gab es doch tatsächlich die Idee, eigene Ledigenheime zu bauen, eine entsetzliche Vorstellung«, entrüstet sie sich noch heute. »Ich hab mich sehr dafür eingesetzt, dass für die Frauen kleine Dach- oder Einliegerwohnungen in ganz gemischten Wohnanlagen gebaut wurden und dass sie dort Dienstleistungen, wie das Aufräumen der Wohnung, gegen Bezahlung in Anspruch nehmen konnten.« Landauf, landab ging sie damals auf Vortragsreise, diskutierte mit Städteplanern über die Notwendigkeit neuer Wohnformen und forderte die Frauenvereine auf, sich aktiv an der städtischen Planung zu beteiligen. Leicht nachvollziehbar, dass ihr klares Auftreten und ihr Engagement für die Frauen in der Öffentlichkeit mit Argusaugen verfolgt wurde. In einer Karikatur machte man sich über ihren »Einbauwahn« lustig, zeigte, wie sie ihren Ehemann mit dem Bett gegen die Wand klappte. Liebevoller geriet das in Frankfurt veröffentlichte Spottgedicht über »Grete, den Kompagnon von May & Co.«. »Mir hat es angetan, dein Bubischopf und deine schnippisch-kecke Nasenspitze«[10], meinte der anonyme Verehrer und malte sich aus, wie gemütlich es wäre, in ihrer genialen Küche auf dem Bügelbrett zu hocken und gemeinsam Gemüse zu putzen.

Ende der Zwanziger Jahre war die Weltwirtschaftskrise in Deutschland deutlich zu spüren. Mit einer fragwürdigen Kampagne »gegen Doppelverdiener« wollte man dem Mangel an Arbeitsplätzen begegnen. Wo zwei Eheleute arbeiteten, musste einer nach Hause gehen –

und das war grundsätzlich die Frau. So traf diese Regelung auch Margarete Schütte-Lihotzky, obwohl sie wesentlich mehr im Hochbauamt bewegt hatte und sehr viel bekannter war als ihr Mann. Nicht einmal Ernst May konnte dies mit etlichen Brandbriefen verhindern. Sein Arbeitsbereich stand selbst schon auf wackligen Füßen, seine Sozialbauten wurden plötzlich als »undeutsch«, als »Negerhütten« und »Affenkäfige« beschimpft. So ließ er sich nach zwei Vortragsreisen 1930 auf das »große Abenteuer Sowjetunion« ein.

Damals befand sich das Land in einer gigantischen Umbauphase zu einem modernen Industriestaat. Zusammen mit einem von ihm ausgewählten Team sollte der Baumeister im Auftrag der Regierung Wohnstädte für die Zentren der russischen Schwerindustrie und neue kollektive Wohnformen entwickeln.

»Ich rannte zum May ins Hochbauamt und sagte meine Mitarbeit unter der Bedingung zu, dass mein Mann ebenfalls einen Job kriegte und ich keine Küchen mehr bauen musste«, so erinnert sich die Architektin. Unter den siebzehn Mitarbeitern Mays war sie die einzige Frau.

Die »Brigade May« wohnte zunächst in einem Moskauer Hotel und wurde gleich mit riesigen Baumaßnahmen beauftragt. Innerhalb kürzester Zeit sollten Wohnmöglichkeiten für Hunderttausende von Menschen geschaffen werden, in Gegenden, »wo vorher nicht einmal eine Telegrafenstange gestanden hatte.«

Eine Großaktion war der Aufbau des Ortes Magnitogorsk im Südural, wo hochwertiges Eisen gefördert wurde und Abertausende Menschen leben sollten. Da auch die Frauen im Arbeitsprozess dringend gebraucht wurden, waren Schulen, Kindergärten und Krippen von zentraler Bedeutung. Wie man die Bürger im Sinne der »gemeinsamen Sache« beeinflusste, erkannte Schütte-Lihotzky bei einem Vortrag über »soziale Planwirtschaft«: »Wir haben ein Interesse, daß sie [die Frauen] nicht zu Hause sitzen und – sagen wir mal – Wolljacken stricken, statt daß sie arbeiten gehen … Wir machen die unverarbeitete Wolle teurer und die fertigen Wollsachen machen wir billiger.«[11]

Das war für die Österreicherin »eine Offenbarung, wie man im Sozialismus durch Finanzen lenken kann, ohne zu diktieren.« Geschult durch ihre Frankfurter Erfahrungen, arbeitete die Architektin von Moskau aus als Expertin für Kinderbauten. In ihrer Planungsabteilung waren rund dreißig Zeichner, Konstrukteure und Dolmetscher beschäftigt; dort hielt sie Vorträge über neue Baumaterialien und Wohnformen und sprach die Bauprogramme mit Ärzten und Pädagogen ab. Nach Magnitogorsk fuhr sie nur einmal, um den Bau der Kinderkrippen zu überwachen. Dazu war sie fünf Tage und Nächte mit dem Schlafwagen unterwegs, in dem sie vor Ort auf einem Abstellgleis auch schlief. Es fehlte dort vor allem an erfahrenen Bauleuten, und so lernten junge Kirgisenmädchen, »die zuvor als No-

maden in der Steppe gelebt hatten«, Mauern hochzu-
ziehen und Häuser zu errichten. Gleichzeitig musste
die Österreicherin improvisieren und ihre Pläne den
äußerst mangelhaften Materialien anpassen. »Wenn es
nur soundso breite Holzstämme gab, durften die Fenster eben auch nur so breit werden.«

Es war eine anstrengende, aber wohl auch sehr anregende Zeit. Das deutsche Team wohnte und arbeitete
fast immer zusammen. Je zwei Paare teilten sich aus
Mangel an Unterkünften eine Wohnung am Rande
Moskaus. »Anfangs hatten wir ein besonderes Bedürfnis nach Gemeinsamkeit, später verlor sich dieses Gefühl des Fremdseins, und wir kamen mit vielen neuen
Menschen zusammen. Die Sorge, dass wir uns bald
streiten würden, hat sich nie bewahrheitet.«

Mit der russischen Sprache taten sich alle schwer.
Schütte-Lihotzky brauchte Jahre, um sie einigermaßen
zu erlernen, weil untereinander zu oft deutsch gesprochen wurde »und ich überhaupt ein sprachliches Unta-
lent bin«. Einigen Ehefrauen der anderen Architekten
gelang es, eine eigene Arbeit in einem Verlag oder einer
Modewerkstatt zu finden. Immer aber stand das kollektive Bauen im Mittelpunkt der Gespräche. Gemeinsam entwickelte man neue Wohnkonzepte, arbeitete
bis in die Nächte hinein, »und manchmal legten wir
Platten auf und tanzten eine Weile, wenn die Müdigkeit zu groß wurde.«

Margarete Schütte-Lihotzky, 19.

1933 übernahm Hitler die Macht in Deutschland. Zur gleichen Zeit begann man in der Sowjetunion, den klotzigen Monumentalbauten zu huldigen und im Gegenzug die städtebaulichen Konzepte der ausländischen Architekten mehr und mehr zu verunglimpfen. Das Team um Ernst May löste sich allmählich auf, er selbst ging desillusioniert für zwanzig Jahre als Bauleiter nach Ostafrika. Schütte-Lihotzky entwarf weiterhin Kindergärten, entwickelte Bauprogramme und Möbelentwürfe für die Moskauer Akademie der Architektur und übernahm gemeinsam mit ihrem Mann die Planung für zwei Schulen.

1934 fuhr das Ehepaar auf Einladung der chinesischen Regierung mit der Transsibirischen Eisenbahn zu einer Vortragsreise nach Peking und besuchte bei der Gelegenheit auch seinen Freund Bruno Taut in Japan. Der damals international bekannte deutsche Architekt hatte zunächst ebenfalls in Moskau gearbeitet, musste bei einer Rückkehr nach Deutschland als »Kulturbolschewist« mit seiner Verhaftung durch die Nazis rechnen und war deshalb mit seiner Frau Erika emigriert.

In der Sowjetunion verschärfte sich die politische Lage. Unter der Diktatur Stalins kam es von 1936 an zu Massenverhaftungen, Schauprozessen und Erschießungen. Auch Kollegen der Architektin wurden verhaftet. »Wir dachten zunächst an Einzelfälle, glaubten, da ist jemand in etwas hineingerissen worden.« Wirklich auf Distanz zum Regime aber ging die zu dieser Zeit noch parteilose Architektin nicht. »Man darf die Dinge nicht einfach vergleichen … Ich habe gesehen, unter welch ungeheuren Schwierigkeiten das riesige Land aufgebaut wurde. Hundertzwanzig Völkerschaften, eine ganz kleine intellektuelle Schicht, sonst überwiegend Bauern, da mußte unendlich viel geleistet werden.«[12]

Das Ende kam 1937: Alle ausländischen Architekten wurden aus Sicherheitsgründen von sämtlichen Bauprojekten ausgeschlossen und mussten sich nach neuen Jobs umsehen – und das in einem verunsicherten Europa voller Arbeitsloser, in dem alle Zeichen auf Krieg deuteten.

Auch die Schüttes machten sich im August 1937 auf den Weg, kurz bevor ihre deutschen Pässe – die Architektin hatte durch die Heirat ihre Nationalität gewechselt – abliefen. Die deutsche Botschaft in Moskau hätte ihnen die Papiere nur für sechs Wochen verlängert und auch nur für die Sowjetunion und Nazi-Deutschland, wo sie auf keinen Fall hinwollten. Neue Pässe gab es für die beiden nach achtmonatiger Wartezeit dann endlich in Paris, dafür aber kaum Arbeit, weil die Stadt mit deutschen Emigranten überfüllt war.

Eine neue Chance bot ihnen Bruno Taut, der inzwischen eine wichtige Position im türkischen Unterrichtsministerium innehatte. Ähnlich wie der Sowjetunion, fehlte es der Türkei in jenen Aufbaujahren an erfahrenen Fachleuten, und so wurden die beiden 1938 mit dem Bau von Frauengewerbeschulen und Dorfschulen gegen Analphabetismus betraut.

Zur gleichen Zeit marschierte Hitler mit seinen Truppen in Österreich ein. Schon in Moskau hatte das Architektenpaar sich vorgenommen, aktiv gegen die Nazis zu arbeiten, und in Paris wichtige Kontakte zu antifaschistischen Gruppen geknüpft. Nun schlossen sie sich der auch von der Türkei aus agierenden, österreichischen Widerstandsbewegung an. Schütte-Lihotzky ließ sich speziell für konspirative Aufträge schulen und trat aus diesem Anlass auch in die illegale Kommunistische Partei Österreichs (KPÖ) ein. Die kommunistische Lehre entsprach am ehesten ihrer Vorstellung von einer größeren sozialen Gerechtigkeit unter den Menschen, und sie hielt trotz großer beruflicher Probleme ihr Leben lang daran fest.

Im Dezember 1940 verabschiedete sich die Architektin von ihrem Mann und machte sich als unverdächtige Dame im Persianermantel auf den Weg nach Wien, etliche Nachrichten im Kopf und einen zusammengeknüllten Kassiber im Ohr. Man kann sie sich gut vorstellen in dieser Rolle, zeigt doch auch ein Foto aus der Zeit in der Türkei eine attraktive, schlanke Frau im eng anliegenden Tigerkleid und eleganten Riemchenschuhen.

Auf ihrer mühsamen Fahrt mit diversen Zügen

durch Griechenland und Jugoslawien war überall der herannahende Krieg zu spüren. Ganz Mitteleuropa hatten die Nazis bereits eingenommen, Frankreich war zusammengebrochen, England wurde bombardiert.

Gerade fünfundzwanzig Tage blieben Margarete Schütte-Lihotzky in ihrer Heimatstadt Wien, um Kontakte zu ihren Genossen zu knüpfen und vor allem den gefährdeten Widerstandskämpfer Erwin Puschmann (Deckname »Gerber«) davon zu überzeugen, dass er das Land sofort verlassen müsse. Niemand aus der Untergrundbewegung bemerkte, dass sie die ganze Zeit von eingeschleusten Spitzeln umgeben waren.

Einen Tag vor ihrem vierundvierzigsten Geburtstag wurde Schütte-Lihotzky zusammen mit Puschmann verhaftet. Wochenlange Verhöre und lange Monate Einzelhaft folgten. Nach dem ersten Schock – »Ich bebte stundenlang am ganzen Körper« – verstand es die Gefangene, ihr Wissen über den kommunistischen Widerstand derart perfekt zu verschleiern, dass es sie selbst erstaunte. »Meine Eltern erzogen mich zur strikten Wahrheitsliebe … und dann mußte ich plötzlich lügen können … Von einem Augenblick zum anderen stand ich einer völligen Umkehrung der Moralbegriffe gegenüber. Das Lügen, das ich als etwas Feiges und Verwerfliches betrachtet hatte, wurde zur Tugend, zur moralischen Kraft, das Menschenleben retten konnte.«[13]

Über die Jahre im Gefängnis hat Margarete Schütte-

Lihotzky ausführlich in ihrem Buch »Erinnerungen aus dem Widerstand« berichtet. »Dieses Buch ist das einzige, was ich je geschrieben habe, und es ist mir sehr wichtig«, betont sie. »Ich wollte unbedingt daran erinnern, dass es einen österreichischen Widerstand gegeben hat und dass viele Menschen dabei ihr Leben gelassen haben. Viele wissen ja bis heute nicht, dass etwa im Wiener Landesgericht manchmal bis zu siebzig Menschen am Tag hingerichtet wurden.«

Dass sie selbst mit dem Leben davonkam, verdankt sie wahrscheinlich einer guten Idee und deren mutiger Umsetzung durch ihren Mann. Ihm hatte sie auf verschlungenen Pfaden aus der Untersuchungshaft einen Brief mit der Bitte zukommen lassen, ihr doch irgendwie ein neues Arbeitsangebot der neutralen Türkei zu verschaffen. Wilhelm Schütte gelang es tatsächlich, sich Briefpapier der Regierung zu besorgen, und bat in einem gefälschten Schreiben scheinbar sehr überzeugend um ihre dringend notwendige Mitarbeit. Da sich die Nazis von der strategisch wichtigen Türkei noch einiges versprachen, wurde wohl deshalb von einer Todesstrafe abgesehen und die Architektin im September 1942 zu fünfzehn Jahren Zuchthaus verurteilt. Diese Hintergründe erfuhr sie jedoch erst später. Puschmann und weitere Genossen von ihr wurden ein Jahr später in Wien hingerichtet.

Nach der Verurteilung wurde die »Hochverräterin« ins Frauengefängnis Aichach in Bayern verlegt, wo sie bis zur Befreiung durch die Amerikaner ausharren musste. In der insgesamt mehr als vierjährigen Gefangenschaft kam sie so manches Mal an ihre psychischen und physischen Grenzen. Der Hunger wurde immer nagender, das Essen immer Ekel erregender. Primitivste hygienische Verhältnisse und vor Schmutz starrende Wolldecken brachten ihr die Krätze ein. Das miserable Licht verdarb ihr die Augen, die Haare gingen ihr büschelweise aus. All dies überstand die Widerstandskämpferin mit bemerkenswerter Disziplin. »Ich hab mich gezwungen, alles zu essen, egal, wie schrecklich es schmeckte.« Und zusammen mit den anderen Gefangenen schulte sie ihren Geist, entwickelte Warnsysteme und Verständigungsmöglichkeiten, in die Wand geritzte Kalender und Kreuzworträtsel.

Besonders gut erinnert sie sich an den 1. Mai 1942, an dem sie, noch im Wiener Gefängnis, zusammen mit anderen Frauen und Männern eine Maifeier abhielt. Ihre Verbindung untereinander war der Kommunismus – und gemeinsame Toilettenrohre, die die einzelnen Zellen miteinander verbanden. »Wenn man das Wasser aus dem Syphon entfernte, konnte man hören, was jemand in einer anderen Zelle in die Klomuschel sprach.« Sie selbst hielt auf diese Weise einen Vortrag über die Stellung der Frau in der Sowjetunion und sang zum Schluss mit allen die Internationale. »Die Angstträume kamen viel, viel später, erst in der Freiheit. Heute noch … träume ich manchmal, ich würde verhaftet, und das in solchen Einzelheiten, die mir das Herz stocken lassen. Im Zuchthaus aber träumte ich vom fröhlichen Zusammensein mit Menschen, vom Glücklichsein in Liebe und Freundschaft, von Reisen in ferne Länder, von befriedigender beruflicher Tätigkeit.»[14]

Vieles von dem ist für Margarete Schütte-Lihotzky wohl in Erfüllung gegangen. Doch was ihre geliebte Arbeit betraf, sollten ihr in der Zukunft doch so manche Steine in den Weg gelegt werden.

Ende April 1945 war sie endlich wieder frei. Nach Stationen in München und der Lungenheilstätte Hochzirl, wo sie ihre erneut ausgebrochene Tuberkulose halbwegs kurierte, kam Schütte-Lihotzky im Herbst 1945 in Wien an. Viele Jahre später fasste sie ihre damaligen Gefühle mit den Worten des Dichters Pablo Neruda zusammen: »Eine Minute Dunkel macht uns nicht blind.«

Engagiert und energiegeladen, wie sie immer gewesen war, zog sie in die leer stehende Wohnung der Eltern und stürzte sich mit Unterstützung der KPÖ gleich auf neue Aufgaben. Armenküchen und Wärmestuben für die Not leidende Bevölkerung mussten organisiert werden, und vor allem Frauen und Kinder brauchten ihrer Ansicht nach Unterstützung. »Auf ihnen ruhte doch die ganze Last nach dem Krieg. Viele Männer waren tot, verletzt oder in Gefangenschaft. Da galt es, den Frauen die Hausarbeit zu erleichtern und die Kinder gut unterzubringen.« Margarete Schütte-Lihotzky wollte endlich wieder bauen.

Doch die regierenden Sozialdemokraten Wiens leisteten sich beinahe Unverzeihliches. Sie schlossen die Widerstandskämpferin und hoch qualifizierte Fachfrau für Kindergärten und kommunalen Wohnungsbau von nahezu allen Bauplanungen aus – weil sie sich nach wie vor als Kommunistin verstand. Bei öffentlichen Aufträgen unterlag sie einem unausgesprochenen Berufsverbot. Gerade mal zwei Kindergärten und die Mitarbeit an zwei Wohnbauten der Gemeinde Wien fielen in langen Jahren für sie ab. »Meine Erfahrungen im sozialen Bauen, die ich mir in vielen Ländern und Jahren erworben hatte, lagen brach. Das hat mich schwer getroffen … Nicht einmal in eine Jury haben sie mich genommen.«[15] Doch sie hadert nicht gern, und Mitleid mag sie auch nicht: »Ich bin nicht verhungert und über Mangel an Arbeit konnte ich mich auch nicht beklagen.«[16]

Wilhelm Schütte war es nach dem Krieg nicht gelungen, sich von Istanbul zu seiner Frau nach Wien durchzuschlagen. Nach komplizierten brieflichen Verabredungen und einer wochenlangen Anreise von beiden Seiten gelang es dem Paar endlich, sich 1946 in Bulgarien wieder zu treffen. Doch sie spürten sofort, dass sie sich fremd geworden waren. Auf der beruflichen Ebene übernahmen sie noch einige gemeinsame Aufträge für Wohnhäuser und Verlagsgebäude in Wien, doch privat trennten sie sich 1951. »Unsere Ehe ist durch den Krieg auseinandergegangen, wie so viele andere auch«, erklärt Schütte-Lihotzky. Und während sie private Fragen eher übergeht – »Natürlich gab es auch andere Männer, aber das gehört nicht hierher« –, kommt sie beim Gespräch in ihrer Wiener Dachwohnung von allein auf das Thema Kinder: »Das wird immer falsch interpretiert. Man denkt, ich hätte nur meine Architektur im Kopf gehabt. Dabei wollten wir gern Kinder haben. Aber man glaubte damals, dass man bei Tuberkulose sehr vorsichtig sein müsse. Am Ende unserer Frankfurter Zeit meinte dann unser alter Hausarzt: ›Grete, jetzt kannst du Kinder bekommen.‹ Ich hatte dann zwei Fehlgeburten. Es hat leider nicht mehr geklappt.«

Wenn sich auch bei der renommierten Architektin wieder einmal bestätigte, dass der Rufer im eigenen Land nichts gilt, so war die Österreicherin in internationalen Fachkreisen doch sehr anerkannt. Sie wurde zu zahlreichen Auslandskongressen der »Architekten-Vereinigung der Moderne« (CIAM) und anderen beruflichen Treffen eingeladen und referierte dort häufig über ihre Arbeit. Auch über ihr Amt als erste Präsidentin des »Bundes Demokratischer Frauen Österreichs« war sie von 1948 an Gast bei zahlreichen internationalen Zusammenkünften. Jahrzehntelang arbeitete sie zudem für die Friedensbewegung und das »Komitee für Sicherheit und Zusammenarbeit in Europa«, für das sie regelmäßig ein Bulletin herausgab. Nachdem sie 1956 schon eine längere Studienreise nach China unternommen hatte, war sie in den siebziger Jahren gleich zweimal für mehrere Monate in Kuba, um im Auftrag des dortigen Erziehungsministeriums eine »Entwurfslehre« für Kinderanstalten zu erarbeiten. Und noch als knapp Siebzigjährige lebte sie ein halbes Jahr in Ostberlin und widmete sich einer Forschungsarbeit über Kinderanstalten für die damalige DDR.

Die rituelle Frage, wie sie es denn nun mit dem Kommunismus halte, beantwortet sie in der Regel so: »Ich hab nie verstanden, was meine Mitgliedschaft in der KPÖ mit meiner Arbeit zu tun hatte. Ich bin damals wegen Hitler in die Partei gegangen. Und nie wieder ausgetreten.«

In den achtziger Jahren kam endlich auch die Anerkennung in der Heimat. Plötzlich erhielt sie Preise und Auszeichnungen für ihre berufliche Arbeit, ihren mutigen Einsatz im Widerstand und ihre Tätigkeit in der Weltfriedensbewegung. Gleich vier Technische Universitäten in Deutschland und Österreich verliehen ihr den Ehrendoktorhut. Den österreichischen Staatspreis lehnte sie 1988 ab, »wegen Waldheim«, dem damaligen Bundespräsidenten, der im Krieg »auf der anderen Seite« gestanden hatte. Ganz langsam entdeckten sie auch die Medien – da war sie dann schon neunzig. Zeitungs-

Margarete Schütte-Lihotzky, 1991

berichten folgten Interviews in Hörfunk und Fernsehen, ihr Buch aus der Zeit des Widerstands wurde verfilmt, eine große Ausstellung im Wiener Museum für
angewandte Kunst zeigte 1993 erstmals ihr Gesamt-
werk.

So sehr sie ihre späte Anerkennung auch genießt, so
ist ihr doch vor allem der Kontakt zu jungen Leuten
wichtig. Viele kommen zu ihr und wollen etwas von
ihr lernen, über ihren sozialen Blick beim Bauen, ihr
systematisches Denken. Mit ihnen diskutiert sie über
Entwicklungen in Architektur und Gesellschaft und
fühlt sich ihnen häufig näher als den Älteren. Jemand,
der sich schon vor siebzig Jahren mit adäquaten Wohn-

möglichkeiten für allein stehende Frauen beschäftigt hat, ist auch heute noch auf der progressiven Seite.

Dass jeder sein eigenes Stück Garten pflegt, findet sie ebenso unzeitgemäß wie allzu individuelles Wohnen, jeder Single, jede Familie für sich. Sie ist sich ganz sicher: »Man wird in Zukunft wieder mehr in größeren Gruppen, als Wohn- oder Hausgemeinschaft, zusammenleben.« Besonders den terrassenförmig gebauten Hochhäusern mit grünen Balkonen und sonnigen Räumen – von ihr »Wohnberge« genannt – sagt sie noch eine große Zukunft voraus. Die Ideen einer »sozialen Architektur« sind für sie keineswegs überholt. »Bis heute ist es doch noch nicht gelungen, für alle das Grundrecht auf ein menschenwürdiges Wohnen zu erfüllen.«

Margarete Schütte-Lihotzky leistet sich keine Wehleidigkeit, sie trägt niemandem etwas nach, und sie bewahrt auch heute noch Disziplin. Das sind wohl ein paar hervorstechende Eigenschaften dieser bewundernswerten Hundertjährigen, die eine ungeheure Präsenz, ein phänomenales Gedächtnis und eine nie nachlassende Neugierde besitzt. Wie es den Menschen geht, ob es uns doch noch gelingt, eine bessere Welt zu schaffen, ein gerechteres neues Jahrhundert – dies möchte sie allzu gern noch eine Zeit lang beobachten.

Um mit ihrer zunehmenden Blindheit besser zurechtzukommen, hat sie sich die neueste Hightech-

Uhr zugelegt. Jeden Abend, wenn dieses stündlich sprechende Ding am Handgelenk meldet: »Es ist zwanzig Uhr«, hat sie schon ihren Kater gefüttert und die Nachrichten im Fernsehen eingeschaltet. »Ich bin ein politisch interessierter Mensch. Da bin ich nie allein.«

»Ich brauche jemand, der verrückt nach mir ist«
Marlene Dietrich (1901–1992),
Schauspielerin und Sängerin

Von Maren Gottschalk

Probeaufnahmen in den »UFA Filmstudios«, Babels-
berg, im Oktober 1929. Die junge, hübsche Schauspielerin auf der Bühne gibt sich ruhig und gleichgültig. Sie
lehnt mit dem Rücken am Flügel, die Ellenbogen lässig
aufgestützt. Ihr Flitterkostüm glitzert im Scheinwerferlicht, sie schiebt das Becken ein wenig vor, gähnt,
streckt die langen Beine. Nichts in ihrem gelangweilten
Gesicht verrät, dass hier gerade die Probeaufnahmen
für den neuen Film des Star-Regisseurs Josef von
Sternberg stattfinden. Alle warten, Regisseur, Ton-
meister, Kameramann, Assistenten, Garderobieren,
Bühnentechniker. Alle starren sie an. Die junge Dame
spielt mit einer Zigarette, zündet sie an, bläst den
Qualm in die Kamera. Niemand sagt ein Wort. Mit
halb geschlossenen Augen blickt sie zum Pianisten, der
langsam ins Schwitzen gerät. Als ginge sie die knisternde Spannung nichts an, zieht sie an ihrer Zigarette, legt
sie noch brennend auf den Rand des Flügels. Sorgfältig
entfernt sie einen Tabakkrümel von ihrer Zunge, lässt
den Kopf kreisen, als müsse sie ihre Halsmuskeln lo-
ckern. Gnädiges Nicken in Richtung des Pianisten. Er
darf anfangen. Er haut daneben, einmal, zweimal. Im-

mer wieder. Da kommt Bewegung ins Glitzerkleid: »Mensch, was fällt dir eigentlich ein? Soll das Klavierspielen sein? Zu dem Dreck soll ich singen? Ja, auf dem Waschtrog, aber nicht hier, vastehste?! Dussel!«[1]

Der Pianist möchte im Boden versinken, Josef von Sternberg aber kann seinen Blick nicht von dieser Frau wenden. Sie ist es, sie hat alles, was Lola Lola, die Hauptperson in seinem Film braucht. Sie ist vulgär, schön, geheimnisvoll, gleichgültig, stark. Sein Idol, sein Traum – die Frau schlechthin. Mit seinem Auge, mit Licht und Regie wird er sie, seinen Star, erschaffen. Eine der größten Filmkarrieren des 20. Jahrhunderts beginnt in diesem Moment. Marlene Sieber, siebenundzwanzig Jahre alt, verheiratet mit Rudi Sieber und Mutter einer vierjährigen Tochter, ist auf dem Weg zum Weltruhm.

Maria Magdalena Dietrich kommt am 27. Dezember 1901 in Schöneberg zur Welt, damals noch ein Vorort Berlins. Sie ist die zweite Tochter des Polizeileutnants Louis Otto Dietrich und seiner Frau Josephine und damit ein Kind aus »gutem Stall«, wie ihr die Mutter später immer wieder eintrichtert. Nach dem frühen Tod des Gatten heiratet Josephine zum zweiten Mal. Doch Oberstleutnant Eduard von Losch stirbt wenige Tage später an einer Kriegsverletzung. So bleibt die Mutter die allgegenwärtige, alles bestimmende Figur für ihre beiden Töchter. Ihre Leitsätze sind klar: gute Erziehung, Anstand und Selbstdisziplin, Pflichterfüllung. Es ist ein sauberes, sicheres Heim, geordnet und anspruchsvoll, doch ohne Zärtlichkeit und Spontaneität. Ein enges Korsett von Regeln umgibt die Schwestern Maria Magdalena und Elisabeth, welches auch in den Jahren des Ersten Weltkriegs keine Lockerung erfährt. Undenkbar, sich gehen zu lassen und sein Innerstes zu zeigen. »Ewig hieß es: Verberge deine Gefühle, du darfst deine Gefühle nicht zeigen, das gehört sich nicht.«[2] Die Mädchen erfüllen die Forderungen der Mutter ohne Widerspruch. Das tägliche Lernpensum, die stundenlangen Musikübungen nehmen sie ebenso hin, wie das schmerzhaft enge Schnüren der Stiefel (damit die Fesseln schlank bleiben), die penible Pflege der Zähne und die dürftigen Kriegsmahlzeiten.

Schon als junges Mädchen findet Maria Magdalena, dass der Name »Marlene« besser zu ihr und ihren romantischen Träumen passt. Sie hegt ihre eigenen geheimen Ideen von Liebe, Bewunderung, Kunst und Ruhm. Noch hat sie zwar weder die Figur, noch das Gesicht, noch die Stimme, welche die Menschen einige Jahre später zur Raserei bringen sollten, aber in ihrem verträumten, pausbäckigen Gesicht mit dem formlosen Lockenkranz und den schönen Augen leuchtet bereits ein betörender Schimmer.

Mit achtzehn Jahren begibt sich Marlene zum ersten Mal in die Freiheit. Auf Wunsch der Mutter geht sie nach Weimar, um dort Musik zu studieren und sich zur

Konzertviolinistin ausbilden zu lassen. Gerda Noack, eine ehemalige Zimmergenossin, erinnert sich an Marlenes Einstand: »Die ›Neue‹ – Marlene – … stand da zwischen Tür und Angel in einer Pose, die mir unvergeßlich ist. Sie faszinierte uns sofort. Sie war etwas Besonderes. Das war nicht gemacht, nicht aufgesetzt, das lag *in* ihr.«[3]

Wann Marlene entdeckte, wie stark ihre Anziehungskraft war, wusste nur sie selbst. Sie hat später immer geleugnet, zu jener Zeit überhaupt hübsch gewesen zu sein, und sich als unschuldige »Kartoffel mit Haaren« geschildert. »Goethes Weisheit leitete mich … [er] machte uns auch gefeit gegen alle Versuchungen, die Herz, Körper und Seele eines jungen Mädchens gefährden können«[4], schreibt sie in ihrer Autobiographie. Doch der Geigenlehrer Professor Reitz war sicher nicht der Erste, der ihrer koketten Ausstrahlung verfiel. Kichernd blicken die Mitschülerinnen Marlene durchs Fenster nach, als sie sich im dünnen, fast durchsichtigen Chiffonkleid auf den Weg zur Geigenstunde macht.

Unterstrichen werden Marlenes träge, laszive Bewegungen durch ihre etwas üppige Figur, doch bewundert wird Marlene von ihren Freundinnen nicht nur wegen ihres Aussehens, sondern vor allem auch wegen ihrer Disziplin und ihres Fleißes. Wie besessen übt sie nach dem Unterricht fünf Stunden täglich auf der Geige. Die Folge: eine heftige, langwierige und sehr schmerzhafte Sehnenscheidenentzündung. Damit ist der Traum vom Ruhm als berühmte Violinistin vorbei. »Es war ein schwerer Schlag für mich … Jetzt war ich zum ersten Mal in meinem jungen Leben untätig … Ich entschloß mich, es beim Theater zu versuchen. Dies schien mir der einzige Ort zu sein, wo man die Schönheit der Sprache zur Geltung bringen konnte.«[5]

Aber es geht Marlene nicht nur um die Geltung der Sprache, es geht – vor allem – um sie selbst. Sie will bemerkt, gesehen, bewundert und – geliebt werden. Mit zwanzig Jahren macht sie sich im »Goldenen Berlin« auf den langen und mühevollen Weg nach oben.

Berlin 1921. Deutschland ist nach dem Ende des Ersten Weltkriegs wirtschaftlich und moralisch am Ende. Bettler, Kriegskrüppel und Prostituierte säumen die einstmals prachtvollen Boulevards, Arbeitslose stehen in langen Schlangen vor den Fabriktoren und warten auf ein Wunder. Ein Brot kostet Tausende, dann Millionen und schließlich Billionen Mark. Während die Inflation ins Unermessliche steigt, verliert sich die politische Kultur. Aufruhr ist an der Tagesordnung, die Polizei und die Demonstranten liefern sich blutige Straßenschlachten. In diesem Sumpf aus Verzweiflung und Not aber boomen Kunst und Entertainment. Nirgends sonst in Europa gibt es Kabaretts, Theater, Bars und Kinos in solcher Fülle, ist das Nachtleben ekstatischer und wilder als in Berlin. Eine »himmlische Dekadenz« nennt es die Sängerin Sally Bowles in dem Musical »Cabaret«, und der Dichter Stefan Zweig schreibt: «Den Kurfürstendamm entlang promenierten geschminkte Jungen mit künstlichen Taillen und nicht nur Professionelle. Jeder Gymnasiast wollte sich etwas verdienen, und in den verdunkelten Bars sah man Staatssekretäre und hohe Finanzleute betrunkene Matrosen zärtlich hofieren … Hunderte von Männern in Frauenkleidung und Frauen in Männerkleidung [tanzten] unter den wohlwollenden Augen der Polizei: eine Art von Irrsinn ergriff im Sturz aller Werte gerade die bürgerlichen, in ihrer Ordnung bisher unerschütterlichen Kreise.«[6]

Schon ihren ersten Job findet Marlene im Filmgeschäft, jedoch nicht auf der Leinwand, sondern davor. Als einziges weibliches Mitglied eines Stummfilm-Begleitorchesters spielt sie die Geige so gefühlvoll und exakt, dass sie bald zur Konzertmeisterin aufsteigt. Jedoch, die schönen Beine Marlenes sind eine zu große Ablenkung für die männlichen Kollegen im Orchester, und mit Bedauern wird sie nach vier Wochen wieder entlassen.

Das nächste Engagement findet Marlene nun endlich *auf* der Bühne: Als »Kabarett-Girl« zeigt sie ihre Beine mit größerem Erfolg. Ganz in Weiß, in hochhackigen Sandalen, langen Strümpfen und einem glitzernden Body, eine Boa um die Hüften geschlungen und auf dem Kopf einen mit Straußenfedern geschmückten Zylinder, unterscheidet sie sich kaum von den anderen »Girls«, wäre da nicht dieser besondere Blick – fesselnd, abgründig, sehnsüchtig.

Bald wechselt Marlene zu »besseren« Varieté-Bühnen, macht Modefotos und Werbeaufnahmen. Nach einem Jahr aber hat sie von Shows und Revues die Nase voll: Sie bewirbt sich an der Berliner Schauspielschule von Max Reinhardt, der damals als größter Theaterregisseur in Deutschland gilt. Und dann ergeht es Marlene so, wie vielen berühmten Kollegen am Anfang: Sie verliert die Nerven und fällt durch. Aber Aufgeben kommt nicht in Frage. Marlene ist zäh, besitzt Phantasie und Mut. Eines Abends taucht sie unangemeldet in der Garderobe der berühmten Rosa Valetti im Kabarett »Größenwahn« auf und bittet sie um Hilfe. Die Valetti ist hingerissen von Marlenes Stimme und verschafft ihr Privatunterricht bei Dr. Held, Lehrer am »Max-Reinhardt-Seminar«.

Dann endlich kommen die ersten richtigen Engagements: Marlene spielt in den Kammerspielen des Deutschen Theaters und im großen Schauspielhaus, nur Nebenrollen zunächst, Dienstmädchen und Blumenfräulein, aber immerhin. Mit großem Eifer stürzt sie sich in den neuen Beruf, verbringt Stunden um Stunden im Theater, hält Augen und Ohren offen, lernt von den Großen und entwickelt doch ihren eigenen Stil. Bald kommen auch kleine Statistenrollen in den »UFA Filmstudios« hinzu.

Marlenes Tagesablauf ist anstrengend. Morgens arbeitet sie vor der Kamera, abends im Theater, manchmal hetzt sie nach einem kleinen Auftritt noch in ein zweites Theater, um dort eine Kollegin zu vertreten. »Ich war nichts Besonderes und ich wußte es, jeder wußte es von sich ... Viele fremde Theater und viele fremde Stichwörter, aber nie viele Worte. Die Rollen waren nicht der Rede wert ... meistens dauerte das Schminken länger als der Bühnenauftritt.«[7] Doch der erste Schritt ist gemacht, sie ist im Geschäft. Nun muss sie nur noch dafür sorgen, dass die großen Herren der Branche, Regisseure und Kritiker, Notiz von ihr nehmen.

Auffallen, so oft, so schrill wie möglich, das ist zunächst einmal das Wichtigste in einer Stadt, in der es nur so wimmelt von Starlets, Tänzerinnen und hübschen Mädchen, die bereit sind, für eine kleine Filmrolle alles zu tun. Mia May, Frau des Regisseurs Joe May, bewundert Marlenes Taktik: »Den Eindruck, den Marlene auf uns alle machte, vergesse ich nie. Ich erinnere mich daran, daß sie sehr amüsant und unterhaltsam war, attraktiv und originell. Kein Mann konnte ihr widerstehen. Überall erschien sie mit einem Monokel und einer Boa, gelegentlich auch mit fünf roten Fuchspelzen. Bei anderen Anlässen trug sie ein Wolfsfell, eine Art Decke, wie man sie über ein Bett breitet. Auf den Straßen Berlins wurde sie ständig von Leuten verfolgt, die über sie lachten, aber dennoch von ihr fasziniert waren; sie lieferte ihnen Gesprächsstoff.«[8] An

Verehrern und Affären fehlt es Marlene nicht, doch dann verliebt sie sich »richtig«.

Rudolf Sieber ist 1922 Assistent bei Joe May und betreut die Statisten während der Dreharbeiten zu »Tragödie der Liebe«. Er sieht blendend aus, ist charmant und hat gerade eine Affäre mit Mays Tochter. Marlene spielt damals ein schmollmündiges Biest und bemüht sich am Set hartnäckig, Rudis Aufmerksamkeit zu erregen. »Er sah mich an, ich traute meinen Augen nicht. Er war so schön! Sein blondes Haar glänzte, und er war angezogen wie ein englischer Lord auf seinem Landsitz. Ein kleiner Regieassistent beim Film in echtem Tweed? Na, ich wußte sofort, daß ich ihn liebte!«[9] Rudi Sieber und Marlene Dietrich heiraten am 17. Mai 1923.

Was so überstürzt und romantisch begonnen hatte, findet zwei Jahre später Erfüllung in der Geburt der kleinen Maria. Für kurze Zeit ist Marlene eine hingebungsvolle Mutter und Ehefrau. Alles andere ist nun erst einmal Nebensache. Aber nach drei Monaten hält sie es nicht mehr zu Hause. Marlene will wieder arbeiten, denn schließlich hat sie ihr großes Ziel, eine anerkannte, seriöse Schauspielerin zu werden, noch lange nicht erreicht. Also macht sie sich auf die Suche nach neuen Engagements.

Marlene und Rudi gehören voll und ganz zur Szene des Berliner Nachtlebens. Ihre romantischen Ideen, was ihr Leben zu zweit angeht, haben sich verflüchtigt. Beide suchen neue Beziehungen, ohne jedoch die Freundschaft füreinander aufzugeben. Gemeinsam oder getrennt flanieren sie über die Berliner Boulevards und erregen nicht wenig Aufsehen, beide so schön, jung, so lebenshungrig.

Marlene erscheint bei verschiedenen Vorsprechterminen, geht aber ohne Vertrag wieder nach Hause. Verärgert muss sie sich anhören, sie sei einfach zu hübsch, um eine gute Schauspielerin sein zu können.[10] Endlich bietet man ihr 1926 die zweite weibliche Hauptrolle in dem Film »Manon Lescaut«. Zwar fällt sie den Kritikern weniger aufgrund ihrer schauspielerischen Leistung auf, als durch ihre Schönheit, aber sie ist wieder im Gespräch. Weitere Theater- und Filmengagements folgen, in denen Marlene hart an sich arbeitet.

Ein Glücksfall kommt ihr zur Hilfe: Marlene kann in der erfolgreichen Revue »Von Mund zu Mund« (1926/27) für die erkrankte Hauptdarstellerin Erika Glässner einspringen und erhält endlich die Chance zu beweisen, dass sie ihren Stil gefunden hat. Und der ist ganz einfach: Sie macht – nichts! Ihr Kollege Hubert von Meyrinck konnte sich noch Jahrzehnte später an Marlenes Auftritt erinnern: »Du trugst ein gelbes Kleid. Es war lang beschleppt und hatte am Hals rosa Rüschen. Deinen Kopf ... neigtest du lässig auf deinen nackten Schultern, und du sangst irgendein Lied irgendeines modernen Schlagerkomponisten ... und du gingst langsam mit deinen sinnlichen, erregenden Beinen in einer gelangweilten Ruhe die Rampe entlang. Es war eigentlich nichts, was du spieltest oder machtest. Aber gerade dieses Nichts hat dich später geschaffen ... und aus deinem Stil ist deine Kunst geboren ... Mit einem Blick, einem hingehauchten Wort sagtest du mehr als eine Vollblutkomödiantin in einer großen Szene.«[11]

Was die gebannten Zuschauer nicht wissen, ist, dass Marlene während der Proben eine neue Form der Liebe kennen gelernt hat. Claire Waldoff, eine Berliner Berühmtheit und bekennende Lesbe, deren männliches Auftreten überall akzeptiert wird, weiht sie ein. Marlene begreift vielleicht erst jetzt die Dimension ihrer magischen Anziehungskraft. Der Rausch dieser Macht verfolgt sie bis zu ihrem Tod.

Marlene Dietrich ist nun eine bekannte Berliner Theater- und Filmgröße, und häufig ist ihr Name in Magazinen und Zeitschriften zu finden. Einmal ziert sie sogar das Titelblatt der »Berliner Illustrierten« als Inbegriff der Schönheit und Erotik. Man vergleicht sie mit Greta Garbo, die zur selben Zeit schon in Hollywood Erfolge feiert. Marlene will eigentlich lieber die Rolle der Naiven oder der Tragödin spielen und bekommt doch stets den Part der verruchten, sinnlichen, vulgären Halbweltdame. Das Reichsfilmblatt schreibt nach der Premiere von »Prinzessin Olala« (1928):

»Marlene Dietrich ist die Kokotte, sparsam in den Bewegungen, verführerisch, charmant, verdorben. Marlene Dietrich hat mit dieser Rolle bewiesen, daß sie sich in ein Rollenfach einarbeiten könnte, das in Deutschland spärlich besetzt ist.«[12]

Marlene Dietrich hat mit siebenundzwanzig Jahren ein gutes Stück Arbeit hinter sich: Sie spielte in siebzehn Filmen und in sechsundzwanzig Theaterproduktionen, zum Teil in beachtlichen Rollen. Sie besitzt inzwischen ein solides schauspielerisches Handwerkszeug und hat bereits viel Erfahrung. Das brave Töchterchen aus dem bürgerlichen Schöneberg entpuppt sich als spritzige Femme fatale.

Wenn auch der Stummfilm nie wirklich stumm gewesen ist, sondern von Musik begleitet wurde, die von einer Schallplatte, einer Walze, Pianisten oder sogar einem ganzen Orchester gespielt wurde, sorgte die Einführung des Tonfilms doch für eine entscheidende Wendung. Für die Filmbranche kam sie einer Revolution gleich. Drei Berliner Physiker waren es, die das System entwickelten, das die Bilder sprechen lehrte. Das Patent »Tri-Ergon« wurde von William Fox, Gründer der »20th Century Fox«, erworben und für achtzehn Millionen Dollar an eine amerikanische Produzentengruppe weiterverkauft. Getestet in Wochenschauen eroberte der »Movietone«, wie man das Patent nun nannte, in Windeseile den amerikanischen und dann auch den europäischen Filmmarkt. Das Publikum liebte den Tonfilm – so stümperhaft die ersten Versuche auch waren – vom ersten Moment an. Doch das Chaos in der Branche hätte nicht größer sein können: Hunderte von Filmen waren auf einen Schlag veraltet; der gesamte technische Apparat musste erneuert, Dekorationen und Kostüme mit Mikrophonen versehen, eine völlig neue Aufnahmetechnik entwickelt werden. Die Studiochefs stöhnten wegen der Kosten, und die Schauspieler rannten hysterisch zum Sprechunterricht, denn eines war klar: Große, starke Helden mit piepsenden Stimmchen oder verführerische feine Damen mit keifendem Organ oder gar Dialektfärbung – das war unmöglich. Und so scheiterten viele hoffnungsvolle Karrieren an den Klippen des »guten Tons«.

Nicht so Marlene Dietrich, sie verfügt über die beiden Qualitäten, die eine gute Tonfilmschauspielerin auszeichnet: Begabt mit einer wunderbar tiefen, melodiösen Stimme ist sie von Hause aus. Gelernt aber hat sie, ihre Mimik und Gestik sparsam einzusetzen. Während andere Stummfilmstars immer noch vollkommen unnatürlich mit den Augen rollen und Grimassen schneiden, hebt sie nur eine Augenbraue – und kommt unvergleichlich besser damit an!

1930 beginnen dann als Folge der denkwürdigen Probeaufnahmen bei der »UFA« die Dreharbeiten Marlenes mit Josef von Sternberg. Seine Lebensgeschichte ist wie die ihre geprägt von Selbstdisziplin und Kampf um Anerkennung. Mit fünfzehn kehrte der Wiener Jude Josef von Sternberg dem Antisemitismus in Österreich den Rücken und wanderte nach Amerika aus. Er schlug sich durch und strebte konsequent in der Filmbranche nach oben, bis er schließlich 1925 mit dem Film »The Salvation of the Hunters« über Nacht berühmt wurde. Die »Paramount Pictures« engagieren ihn, und so bekommt er Kontakt mit Berlin. Denn die »UFA« steht in einem regen Tauschgeschäft mit »Paramount«, ohne das sie nicht überleben könnte. Der Bedarf an neuen Filmen, Gesichtern und Storys in Deutschland ließe sich ohne amerikanische Importe nicht decken, und schließlich kassiert man durch das »Ausleihen« von deutschen Stars, wie Emil Jannings an die »Paramount«, auch nicht gerade schlecht.

Nun, als der Tonfilm auch in Deutschland gefragt ist, sucht die »UFA« einen Regisseur, der für den deutschen und den amerikanischen Markt gleichzeitig produzieren kann. Ernst Lubitsch ist im Gespräch, hat aber zu hohe Gehaltsvorstellungen. Emil Jannings schlägt daraufhin Josef von Sternberg vor, unter dessen Regie er seinen ersten Oskar gewinnen konnte. Von Sternberg lässt sich nicht lange bitten, kommt nach Berlin und dreht den Film »Der blaue Engel«. Dieser Streifen zählt nicht nur zu den ersten deutschen Tonfilmen, sondern gehört noch heute zu den berühmtesten Produktionen der Filmgeschichte überhaupt. Die Vorlage lieferte der Roman von Heinrich Mann, »Professor Unrat«:

Der verschrobene Gymnasiallehrer Professor Rath spioniert seinen Schülern nach und betrit angewidert den berüchtigten Nachtclub »Der blaue Engel«. Doch anstatt die schwarzen Schafe zu bestrafen, verfällt er der Sängerin Lola Lola. Nicht genug damit, er heiratet Lola Lola, verliert seine Stellung und tingelt als lächerliche Clownsfigur mit dem Varieté umher, bis er eines Tages in seine Heimatstadt zurückkommt, wo er einen unwürdigen Tod findet.

Emil Jannings, Deutschlands bekanntester Stummfilmstar in den zwanziger Jahren, spielt den Professor überzeugend, wenn auch etwas übertrieben; Marlene jedoch stiehlt ihm die Show. Unsterblich ist seit damals Friedrich Hollaenders Lied: »Ich bin von Kopf bis Fuß auf Liebe eingestellt«, als sie in Zylinder und Seidenstrümpfen auf einem Fass thront und ihre schönen Beine zeigt. Marlenes erotische Ausstrahlung ist von besonderer Art. Kokett lockt sie mit halb geschlossenen Augen, in der nächsten Szene aber zupft sie den Professor unschuldig und beinahe mütterlich am Bärtchen, ist gerührt über seinen Heiratsantrag und stürzt ihn – ohne es zu merken – mit ihrem strahlenden Lächeln ins Verderben. »Männer umschwirr'n mich wie Motten das Licht«, gurrt sie mit tiefer Stimme, »doch wenn sie verbrennen, ja dafür kann ich nichts …« Ein Motto, das für Marlenes ganzes Leben gelten sollte.

Außer Josef von Sternberg begreift nur einer schon bei den Dreharbeiten, dass hier ein neuer Stern am Filmhimmel aufgeht: Emil Jannings. Er wollte mit diesem Film eigentlich sein eigenes grandioses Tonfilmdebüt inszenieren, und er hasst Marlene, weil sie ihn zur Nebenfigur degradiert. In einer Eifersuchtsszene würgt er seine Partnerin vor der laufenden Kamera so heftig, dass die Dreharbeiten unterbrochen werden müssen, damit Marlene sich erholen kann.

Die Galapremiere am 1. April 1930 findet im Gloria Palast in Berlin statt und wird ein sensationeller Erfolg. Den Berlinern fallen fast die Augen aus dem Kopf. Gleich zu Beginn des Films beherrscht Marlene die Szene mit ihrem ersten Lied »Kinder, heut' such ich mir was aus«, erotisch und aggressiv zugleich. Noch Jahre später versuchen die Kritiker in Worte zu fassen, was Marlene dem Publikum und der Filmkunst gegeben hat: unverhüllte Erotik und tiefes Geheimnis zugleich. Der Journalist Max Brod schreibt nach dem Besuch der Premiere: »Schwarze Strümpfe, weiße Dessous und dazwischen ein Stück Haut, so matt sich abhebend, daß der Zensor nichts sagen kann, aber auch dem Zuschauer die Stimme versagt … Wenn sie im Reitsitz auf dem Sessel sitzt, so ist das ein aufreizenderer, wilderer Aufruf der Sinne als die deutlichste Intimität. Wenn sie ganz leise, nur andeutend, den Schenkel hebt, dann vertritt diese einzige Bewegung eine ganze Orgie.«[13]

Berlin gewinnt und verliert seinen Star in einer Nacht. Marlene verlässt während der Premierenfeier die Stadt, nimmt den Zug nach Bremerhaven und schifft sich nach New York ein. Ihr Ziel: Hollywood. Die Bosse der Berliner »UFA Studios«, blind für die Qualitäten ihres Stars, haben sich verschätzt. Sie befürchteten vor der Premiere einen Flop und handelten keinen neuen Vertrag mit der Dietrich aus. Weitsichtiger war Sidney Kent, ein Talentsucher der »Paramount Pictures«, der sie bei den Dreharbeiten beobachtet hatte. Hektisch telegraphierte er in die Staaten: »Sie ist sensationell. Stop. Unter Vertrag nehmen!«[14]

Für ihre Karriere in Hollywood muss Marlene alles in Berlin zurücklassen, was ihr etwas bedeutet: Ehemann, Kind, Familie, Freunde. Es fällt ihr schwer, sich an das neue Land zu gewöhnen, sie klammert sich an Josef von Sternberg, ihren Regisseur und – inzwischen auch – Geliebten. Sieben Filme werden sie zusammen drehen und in diesen fünf Jahren ein Meisterwerk erschaffen: die Legende Marlene Dietrich.

Der erste Film für die »Paramount Pictures« wird ein großer Erfolg. In »Morocco« (»Herzen in Flammen«, 1930) spielt Marlene wieder eine Nachtclubsängerin, singt anzügliche Lieder und tritt zum ersten Mal im Frack auf: Das Publikum ist schockiert, atemlos, hingerissen und jubelt begeistert. Fortan sind Hosen Marlenes Markenzeichen, und in vielen Filmen wird sie zumindest einen Auftritt im Anzug haben. Ob ihre Schauspielkunst je an ihre Schönheit heranreicht, ist umstritten, wahr ist jedoch, dass sie das Zusammenspiel von verführerischem Blick, Stimme und Bewegung bis zur Perfektion beherrscht.

Von Sternberg ist ein diktatorischer Regisseur, und Marlene folgt sklavisch seinen Anweisungen. Die faszinierendsten Momente ihrer Filme sind häufig das Produkt von genauem Timing, so wie jene prickelnde Szene in »Morocco«: »Miss Dietrich, machen Sie genau, was ich sage: Schauen Sie ihn an, dann zählen Sie eins – zwei. Sagen Sie: ›Sie gehen jetzt besser …‹ gehen Sie zur Tür, zählen Sie wieder eins – zwei – drei – vier. Langsam! Drehen Sie sich um, schauen Sie ihn nicht an und sagen Sie: ›Ich …‹ Blick auf sein Gesicht – nicht blinzeln. Dann sagen Sie – langsam – ›… habe Sie allmählich gern!‹«[15]

Josef von Sternberg beherrscht das Licht der Schweinwerfer wie kein Zweiter, und so formt er Marlenes Filmgesicht mit der Kamera: »Ich bin sein Produkt, ganz von ihm gemacht. Er höhlt meine Wangen aus mit Schatten, läßt meine Augen größer erscheinen, und ich bin fasziniert von dem Gesicht da oben auf der Leinwand und freue mich jeden Tag auf die Schnellabzüge, um zu sehen, wie ich, sein Geschöpf, aussehe.«[16]

Von Sternberg zwingt Marlene zum Abnehmen, und jetzt schält sich auch die Figur heraus, die ihren perfekten Beinen ebenbürtig ist.

Marlene Dietrich mit Tochter Maria und Ehemann Rudolf Sieber, 193

Schon nach »Morocco« ist Marlene ein ganz großer Star in den USA, und sie genießt die Berühmtheit in vollen Zügen. Soll die Garbo doch hämisch fragen: »Wer ist Marlene Dietrich?«, das Blitzlichtgewitter der Fotografen folgt ihr, wo immer sie sich aufhält. Die New York Times schreibt anerkennend: »… dann ist es das erste Mal in der Geschichte des Tonfilmes, daß eine ausländische Schauspielerin ›über Nacht‹ zu Starruhm gelangt.«[17]

»Der blaue Engel« kommt erst nach »Morocco« in die amerikanischen Kinos, und zusammen mit dem dritten Dietrich/von Sternberg-Film »Dishonored« (»Entehrt-X-27«, 1931) bricht er alle Kassenrekorde.

Marlene will nun endlich Mann und Kind wieder sehen und reist nach Deutschland. In Berlin aber herrscht jetzt – nur acht Monate nach ihrer triumphalen Abreise – eine andere Stimmung. Die neu gegründete National-sozialistische Arbeiterpartei hetzt gegen den »Blauen Engel«, die Presse mokiert sich darüber, dass Marlene ein königliches Hollywood-Gehalt kassiert, während in der »Heimat« immer mehr Menschen ins Elend ab-rutschen. Die Arbeit mit einem jüdischen Regisseur, die Rollen als Französin oder Österreicherin, das ist es eben nicht, was man von einer deutschen Schauspiele-rin erwartet.

Noch kann Marlene die Kränkungen mit einem Achselzucken abtun, aber sie drängt Rudi dazu, mit

Töchterchen Maria von Berlin nach Paris zu ziehen – wo er im Übrigen auch unbeobachtet von der deutschen Presse endlich mit seiner Geliebten Tamara Matul zusammenleben kann. Tamara gehört zur Familie, sie ist eine der engsten Vertrauten der kleinen Maria, vor allem in den ersten Jahren, die Marlene allein in den USA verbringt. Zu Marlenes Vertrag mit den »Paramount Studios« gehört auch, dass Rudi einen guten Job bei der »Paramount« in Paris bekommt. Trotzdem gehen die meisten Rechnungen des Haushalts von Rudi, Tamara und Maria nach Hollywood zu Marlene, die ohne mit der Wimper zu zucken zahlt. Marlene ihrerseits benutzt ihre Ehe als Schutzschild gegen fordernde Verehrer, und Joseph von Sternberg ist der Erste, der an ihrer kategorischen Weigerung, sich scheiden zu lassen, verzweifelt.

Doch Rudi bedeutet ihr viel mehr als eine gute Ausrede: Er ist ihr Freund, Vertrauter, Beichtvater, und diese ungewöhnliche Beziehung hält ein Leben lang. Nur er versteht, dass Josef von Sternberg ihr auf Dauer nicht genug ist, dass kein Mann, keine Frau ihr je genug sein können. In Briefen an »Papilein« erzählt Marlene Rudi genauestens von allen neuen Eroberungen, fragt ihn um Rat und gibt auch intime Details preis. Rudi schreibt zurück an »Muttilein«, teilt ihre Scherze, freut sich mit ihr über die großzügigen Geschenke der Verehrer und Verehrerinnen und bleibt ihr bester Freund. »Er, der seine Position als Geliebter, Ehepartner, funktionierender Mann und Vater offenbar so leicht aufgegeben hatte, hielt mit einer oft erstaunlichen Hartnäckigkeit an seinem Titel ›Berater der Königin‹ fest.«[18] Nicht alle Liebhaber Marlenes kommen mit dieser Offenheit gut zurecht. Brian Aherne, ihr Filmpartner in »Song of Songs« (1933), durch und durch englischer Gentleman, empfindet Skrupel wegen seiner Affäre mit Marlene, als er das gute Einvernehmen des Ehepaars spürt. Er zieht sich zurück – um dann durch die Klatschpresse zu erfahren, dass er damit nur einem neuen Lover Platz gemacht hat.

Und noch jemand in Marlenes Nähe hat Probleme mit ihrem Lebenswandel. Tochter Maria wird mit sechs Jahren zur Mutter nach Amerika geschickt, weil Marlene es ohne ihren »kleinen Engel« nicht aushält. Die Bedenken der Werbefachleute von »Paramount Pictures«, Marlenes Image als Femme fatal könnte deswegen Schaden nehmen, wischt sie ungeduldig vom Tisch. Amerika muss sie so nehmen wie sie ist: Lebedame *und* Mutter. Doch Maria ist von dem Gedanken, nach Amerika zu fahren, zunächst nicht begeistert: »Ich wollte so gerne in die Schule gehen, etwas lernen, andere Kinder kennenlernen, Freundinnen finden …«, erzählt sie später, »aber für all das blieb keine Zeit mehr. Wir (Maria und ihr Kindermädchen) mußten bald ein Schiff besteigen und an einem Ort namens Hollywood ein neues Leben beginnen.«[19] Der Abschied von Rudi und Tamara fällt Maria unendlich schwer. Die Mutter ist ihr in ihrer Schönheit und Perfektion fremd, sie darf nicht von Kinderhänden gezaust und beschmutzt werden. Manchmal, wenn sie gut gelaunt ist, liebt Marlene ihr Töchterchen überschwänglich, dann wieder empfindet Maria sie als kalt und unnahbar.

Maria ist – noch – ein flexibles, fröhliches Kind. Das schöne große Haus mit Pool und Park, die teuren Spielsachen und feinen Kleidchen, der nette Chauffeur und die freundlichen Mitarbeiter bei den »Paramount Studios« lenken sie etwas von ihrem Heimweh nach Rudi und Tamara ab. Josef von Sternberg kennt sie bereits aus Berlin. Sie mag ihn, aber ein Vaterersatz kann er nicht sein. Alle Liebhaber müssen aus Rücksicht auf Maria nachts das Haus verlassen, um am nächsten Morgen offiziell zum Frühstück wiederzukommen. Das aufgeweckte Mädchen aber sieht und hört mehr, als es soll, und macht sich seinen eigenen Reim darauf. Maurice Chevalier, Brian Aherne, Douglas Fairbanks und die vielen anderen gehören für Maria wie selbstverständlich zum Familienleben. »Diese verschiedenen gleichzeitigen Liebesbeziehungen waren zuweilen recht verwickelt, aber meine Mutter war eine großartige Geschichtenerfinderin und ließ ihre erdichtete Unschuld mit vollendetem Geschick glaubhaft erscheinen.«[20] Die meisten Liebhaber der Dietrich nehmen ihr die Unstetigkeit nicht übel und bleiben ihr auch nach dem Ende der Affäre treu verbundene Freunde bis zum Tod.

Monogamie gilt im Hollywood der Dreißiger Jahre kaum als allgemein erstrebenswerte Tugend. In dieser Zeit feiern die lebenslustigen Stars zwar nicht mehr ganz so heftige Exzesse wie noch zwanzig Jahre zuvor – schließlich hat es inzwischen einen Weltkrieg und eine Wirtschaftskrise gegeben. Und nicht zu vergessen: Die Steuerbehörden haben endlich die gut verdienenden Filmschauspieler als »Kunden« entdeckt – dennoch fehlt es nicht an exotischen Diners, Kostümbällen und Swimmingpool-Partys, zu denen die Schönen und Reichen sich treffen. Marlene aber findet ebenso viel Gefallen an rauschenden Bällen wie an gemütlichen Abenden mit Freunden in kleiner Runde. Sie spielt liebend gern die »Mutti« und bekocht ihre Gäste mit herrlichen Eintöpfen, serviert selbst gebackenen Kuchen und verbringt lachend, trinkend und rauchend die halbe Nacht in der Küche – ganz locker und »undamenhaft«. Auf der Leinwand ist sie noch immer die unnahbare, geheimnisvolle Schönheit mit den hohlen Wangen – eine Rolle, die sie natürlich vor der Presse und bei offiziellen Anlässen weiterspielt –, privat aber erleben ihre Freunde sie oft als guten Kumpel, hilfsbereit, großzügig und mit viel Sinn für »Nonsens«.

Für Maria aber werden die verschiedenen Rollen ihrer Mutter zur Belastung. Sie wird sich ihre chaotische Kindheit später von der Seele schreiben. Marlene hat die Tochter sogar dazu aufgefordert, die ganze Wahrheit zu erzählen, »… aber erst, wenn ich tot bin.«

Neunhundert Seiten lang ist Marias Hommage, ihre teils liebevolle, teils bitterböse Abrechnung mit der Mutter, deren Schatten sie immer verfolgt hat.[21] Unbarmherzig zeichnet Maria Riva ein Gegenbild zur schönen Legende. Sie erzählt, wie sehr ihre Mutter unter Schönheitsfehlern gelitten hat: dünne Haare, ein schlaffer Busen, hässliche Hände und Füße. Jedes ihrer Fotos musste retuschiert werden, bevor es an die Öffentlichkeit ging. Und sie soll Unmengen Dollars für formende Mieder, in Kleider eingenähte BHs, Handschuhe und Perücken ausgegeben haben.

Während Marlene nach außen das perfekte Bild zeigt, sehen Maria und auch Rudi und Tamara bei ihren häufigen Besuchen in Beverly Hills die ungeschminkte Marlene. Von Diskretion ist nicht die Rede. Marlene lässt die Briefe ihrer Verehrer offen herumliegen, liest manchmal sogar beim Frühstück daraus vor, vor allem aus denen von Mercedes de Acosta, die eine Zeit lang täglich Liebesbriefe schickt. Mercedes, die ehemalige Gespielin der Garbo, gehört wie Marlene zu Hollywoods »Nähkreis«[22], einem illustren Zirkel lesbischer und bisexueller Frauen. Sie rächt sich später, indem sie Marlene als die eigentliche Verfolgerin entlarvt und erzählt, wie Marlene in ihrem Werben um Mercedes deren Haus wochenlang mit Blumen überschwemmte.

»Shanghai Express« (1932) wird zu einem der erfolgreichsten aber auch umstrittensten Filme der Dietrich mit »ihrem« Regisseur Josef von Sternberg. Die Kritiker sind enttäuscht: »Für mich sind siebentausend Dietrich Posen anödend … ihre mysteriöse Pose finde ich zu einstudiert, ihr Make-up zu künstlich, jede ihrer Gesten, jedes Wort viel zu überlegt, um irgendeine dramatische Aussage zu machen.«[23] Und »Vanity Fair« bemerkt feindselig: »Sternberg … vertauschte seinen offenen Stil gegen geschickte Spielerei, vor allem mit den seidenbestrumpften Beinen der Dietrich, mit Pobacken in Spitzen, und aus ihr selbst machte er die Krönung aller Nutten.«[24] Trotzdem, das Publikum liebt diese schwülstige Spionagegeschichte, die für drei Oskars nominiert wird und schließlich den Oskar für die »Beste Kamera« gewinnt.

Der darauf folgende Film aber, »Die blonde Venus« (1932), wird ein Flop und für die »Paramount« steht fest, dass ein Wechsel fällig ist. Von Sternberg wird zunächst nicht weiter beschäftigt, aber Marlene ist vertraglich zu einem weiteren Film verpflichtet und muss nun, 1933, den ersten amerikanischen Film ohne ihren »Schöpfer« drehen. Zunächst wehrt sie sich gegen die Arbeit an »Song of Songs«, doch dann ergreift sie die Initiative. Regisseur Rouben Mamoulian, keineswegs ein Anfänger, muss kopfschüttelnd zusehen, wie Marlene nach den ersten Drehtagen den Beleuchtern ihre eigenen Anweisungen gibt. Zum Glück ist Mamoulian zu klug, um kleinlich zu sein. »Großartig, Marlene!«, ruft er und akzeptiert ihre Einmischung. Denn Marle-

ne hat von ihrem Meister gelernt. Intuitiv spürt sie, wie sich Licht und Schatten auf ihrem Körper verteilen müssen. Immer steht ein mannshoher Standspiegel am Set, in dem sie jede Bewegung kontrollieren kann. Nichts überlässt sie dem Zufall.

»Song of Songs« wird ein großer Erfolg, und Marlene erkennt, dass sie auch ohne von Sternberg etwas leisten kann. Auch in anderer Hinsicht befreit sie sich von ihm: Maurice Chevalier dreht zur selben Zeit »Way to Love« und hat seine Garderobe neben der von Marlene. Auch Brian Aherne, ihr Filmpartner, kann der schönen Diva nicht widerstehen. Und dann ist da noch der attraktive Regisseur Mamoulian selbst …

Nach Abschluss der Dreharbeiten reist Marlene 1933 nach Europa. Dort wird ihr klar, dass ihre berufliche Zukunft nicht in Berlin liegen kann. »Song of Songs« wird von den Nazis verboten, die Polemik gegen Marlene ist in vollem Gange. Die Verbrennung »entarteter Literatur« und die Diffamierung »entarteter Kunst« hat bereits stattgefunden, und viele Künstler, darunter auch Freunde und ehemalige Kollegen Marlenes, wandern aus. Marlene muss nun versuchen, einen neuen Vertrag mit der »Paramount« auszuhandeln, denn das Wohl vieler hängt ausschließlich von ihr ab: Sie unterstützt ihre Mutter und Schwester, den Schwager und den Neffen in Berlin. Auch Rudis und Tamaras luxuriöses Leben in Paris muss finanziert werden, nicht zu vergessen ihr eigenes und das von

216

Maria, die inzwischen in einem Schweizer Internat lebt. Hinzu kommen großzügige Hilfen für die Flüchtlinge aus Europa. Marlene läuft ständig Gefahr, sich selbst zu ruinieren.

Ein neuer Vertrag kommt zustande, und Marlene und Josef von Sternberg drehen noch einmal zwei Filme zusammen: »The Scarlett Empress« (»Die scharlachrote Kaiserin«, 1934) und »The Devil is a Woman« (»Die spanische Tänzerin«, 1935). Wieder schwappt eine Welle der Begeisterung durch die Vereinigten Staaten und nach Europa – ausgenommen Deutschland. Marlene ist ganz oben: Das Plakat für den Film »The Devil is a Woman« kündigt ihren Namen dreimal so groß an wie den Titel des Films. Sie ist die bestbezahlte Schauspielerin der Welt: 20 000 Dollar verdient sie pro Woche, die Gage für den nächsten Film »The Garden of Allah«, (»Der Garten Allahs«), den David O. Selznick 1936 mit ihr dreht, beträgt sogar insgesamt 450 000 Dollar.

Eben noch ganz oben, steuert Marlene nun aber dem ersten Tiefpunkt ihrer Karriere zu. Nach einer Serie erfolgloser Filme und böser Kritiken taucht ihr Name 1937 zusammen mit denen von Greta Garbo, Joan Crawford, Fred Astaire und Katherine Hepburn auf einer Liste studiounabhängiger Kinos als »Kassengift« auf. Diese berühmt-berüchtigte Liste repräsentiert nicht unbedingt den Geschmack des Publikums und spiegelt weder die Leistung noch das Image der betreffenden Schauspieler wider, aber sie verunsichert die Produzenten. Die »Paramount« feuert Marlene kurzerhand und zahlt ihr sogar noch 25 000 Dollar dafür, dass sie den nächsten vereinbarten Film *nicht* macht.

Marlene ist arbeitslos, bleibt aber gelassen und reist nach Frankreich, um dort ausgedehnte Ferien zu genießen. Rudi, Tamara und Josef von Sternberg sind bei ihr, als sie sich plötzlich in eine neue Liebesgeschichte verstrickt. Erich Maria Remarque ist wegen seines erfolgreichen, pazifistischen Romans »Im Westen nichts Neues« 1933 von den Nazis aufgefordert worden, Deutschland zu verlassen, und reist seitdem ruhelos von einem europäischen Vergnügungsort zum anderen. Seine Begegnung mit Marlene verewigt er später in dem Roman »Arc de Triomphe«: »Er sah ein blasses Gesicht mit hochliegenden Wangenknochen und weit auseinanderstehenden Augen. Das Gesicht war starr und maskenhaft … [ein] Gesicht, dessen Geheimnis seine Offenheit war. Es versteckte nichts und gab dadurch nichts preis.«[25]

Wie schon bei ihren vorherigen Europabesuchen unternehmen die Nazis mehrere Anläufe, Marlene dazu zu bewegen, nach Deutschland zurückzukehren, um die Nummer Eins bei der »UFA« zu werden. Goebbels glaubt sich seinem Ziel zeitweise schon nahe, denn Marlene muss taktisch klug sein. Erstens braucht sie für sich, Rudi und Maria gültige deutsche Pässe, um immer wieder in die USA einreisen zu können, zweitens leben ihre Mutter, ihre Schwester und ihr Schwager noch in Deutschland. Doch Marlene denkt keine Sekunde ernsthaft daran, sich in dem deutschen Unrechtsstaat niederzulassen. Sie hat die amerikanische Staatsbürgerschaft schon beantragt und beschwört ihre Berliner Familie immer wieder, mit ihr nach Amerika zu gehen. Als am 1. September 1949 Adolf Hitlers Panzer nach Polen rollen, wird Marlene jedoch nur von Rudi, Maria und Remarque in die USA begleitet.

Während Europa untergeht, erlebt Marlene das glänzendste Comeback der Filmgeschichte. Eigentlich hat sie das Filmangebot der »Universal Studios« nur widerwillig angenommen, aber schließlich muss sie dringend Geld verdienen.

Mit dem Western »Destry rides again« (»Der große Bluff«, 1939) unter der Regie von Joe Pasternak und mit dem jungen Filmpartner James Stewart singt und spielt sich Marlene wieder ganz nach oben. Als Bardame Frenchy zeigt sie nun einmal ein anderes Gesicht. Sie ist nicht mehr das entrückte, unnahbare Wesen aus Schatten und Licht, sondern komisch, scharf, laut und zum Anfassen. Ihre trägen Augenlider zwinkern verschwörerisch, und das Publikum jubelt. Endlich darf die Göttin vom hohen Ross heruntersteigen. Singend marschiert sie über die Theke des Saloons – »See what the Boys in the Backroom will have« – und prügelt sich in einer unvergesslichen Szene mit einer braven Ehefrau. James Stewart ist völlig hingerissen, und das nicht nur in seiner Rolle als liebenswerter Sheriff Destry. Remarque tobt, Rudi zuckt mit den Schultern, Maria spuckt Gift und Galle. Marlene aber hat andere Sorgen. Sie geht auf die Vierzig zu und sieht mit Erschrecken, dass ihr perfektes Gesicht Falten bekommt. Seit »Destry« beginnt sie, für ihre Filmrollen das Gesicht mit Klebeband unter einer Perücke zu straffen.

»Destry« kommt erst nach dem Krieg in die deutschen Kinos, denn die Nazipropaganda verbietet inzwischen alle Filme mit der »Vaterlandsverräterin«. Hat sie nicht die erfolgreichsten Filme mit jüdischen Regisseuren oder Produzenten gedreht und sich ihrem Heimatland als Künstlerin verweigert? Und dann wird sie 1939 auch noch offiziell Amerikanerin! Marlene Dietrich selbst aber wiederholt Zeit ihres Lebens, dass sie im Herzen Deutsche geblieben ist und sich der deutschen Literatur von Goethe bis Rilke, der deutschen Geschichte und Sprache immer verbunden gefühlt hat. Vielleicht hat sie deshalb so viel Verständnis für die Einsamkeit der europäischen Emigranten, die nun seit Kriegsbeginn nach Amerika strömen. Viele ihrer Schiffspassagen bezahlt – ohne dass sie es wissen – Marlene Dietrich; unauffällig unterstützt sie Ernst Lubitsch und Lion Feuchtwanger dabei, für die Neuankömmlinge Jobs und Häuser zu finden.

Erst als Hitler 1941 auch den Vereinigten Staaten

den Krieg erklärt und die Japaner Pearl Harbour bombardieren, beginnt Amerika, den Krieg im fernen Europa ernst zu nehmen. Das »Hollywood Victory Committee« wird unter dem Vorsitz von Clark Gable gegründet, Marlene ist sofort Feuer und Flamme. Zusammen mit Judy Garland reist sie durch die Staaten und verkauft Kriegsanleihen. Sie ist besonders erfolgreich, aber als Präsident Roosevelt zu Ohren kommt, welche Mittel sie dabei anwendet, bestellt er sie ins Weiße Haus und verbietet ihr höchstpersönlich, sich weiterhin in Nachtclubs den angetrunkenen Gästen auf den Schoß zu setzen, bis sie den gewünschten Scheck ins Dekolleté stecken kann.

Marlene gehorcht, aber sie ist rastlos. Irgendetwas will sie gegen diesen Krieg tun. Sie dreht ein paar patriotische Filme und meldet sich schließlich als Freiwillige für die Truppenbetreuung: 1944–45 unternimmt sie dann »das einzig Wichtige, was ich je getan habe«[26]. Zusammen mit zwei Komikern, einem Pianisten und einem Schnulzensänger[27] stellt sie ein Programm auf die Beine, das den GIs an der Front Ablenkung und Entspannung bringen soll.

Die fünf Künstler zeigen die Show in Nordafrika, Italien, Belgien und Frankreich unter manchmal abenteuerlichen Bedingungen, und überall wird Marlene enthusiastisch empfangen. Die Soldaten schmücken die improvisierten Bühnen aus Holzbrettern mit Blumen und drängeln sich in voller Montur an die Rampe, sie toben und klatschen wie wild bei jedem Auftritt der Diva, die sich zu ihnen in den Schmutz und die Gefahr gewagt hat. Dass ein so großer Star im Kriegsgebiet auftaucht, flößt ihnen neuen Mut ein. »Die Jungs brüllten«, erinnert sich ihr Kollege Danny Thomas später, »Jubel und Testosteron brandeten empor, als Marlene ihre singende Säge auspackte, sich hinsetzte, den glitzernden Fummel bis zu den Oberschenkeln hochschob, lächelte, die Säge zwischen ihre vollkommenen Beine nahm und den Jungs einen Blick auf ›das Paradies‹ gestattete. Das Haus tobte.«[28] Aber Marlene schenkt den emotional ausgehungerten Soldaten, die sie liebevoll die »boys« nennt, nicht nur Erotik. Das traurig bewegende Lied vom Soldaten, der sein Mädchen »Lili Marleen« liebt, ist seit ihren Auftritten zum unsterblichen Klassiker geworden.

Der Krieg verändert Marlene. Sie besucht die Lazarette und tröstet die Sterbenden. Sie sieht zum ersten Mal Elend, Dreck, Blut, Verwesung, sterbende Männer, sie läuft um ihr Leben, hat Läuse, Frostbeulen, Lungenentzündung. Die tiefe Verehrung, die Marlene bis zu ihrem Tod in der ganzen Welt erfuhr, war nicht nur ein Tribut an die Bühnen- und Leinwandkünstlerin, sondern auch an die Frau, die mutig in den Krieg gezogen ist und zum Kumpel der einfachen Soldaten wurde.

Auch nach dem Ende des Kriegs bleibt sie bei den Truppen. Als sie erfährt, dass ihre Schwester Elisabeth im befreiten KZ Bergen Belsen aufgetaucht ist, reist sie sofort in das Lager, um ihr zu helfen. Dort trifft sie der nächste Schock. Man teilt ihr mit, dass Schwester und Schwager für die deutsche Lagerleitung gearbeitet haben, und zwar ironischerweise in derselben Branche wie Marlene: Truppenbetreuung, Entertainment. Von diesem Moment an leugnet Marlene Dietrich bis zu ihrem Tod, jemals eine Schwester gehabt zu haben, und obwohl die historische Wahrheit leicht nachzuprüfen ist, hat Marlene ihre *eigene* Wahrheit immer verteidigt.

Verstört kehrt Marlene nach Amerika zurück, in ein Land, in dem nichts Schlimmeres passieren kann, als dass der Fernseher ausfällt, wie sie bissig feststellt. »Wir wurden mit nichts anderem als dummen Bemerkungen begrüßt. Die Männer durften kein Restaurant ohne Krawatte betreten, ungeachtet der Orden auf ihren Fallschirmjägeruniformen. Im New Yorker Nachtclub El Morocco sah ich sie, wie sie versuchten, den gleichen Männern, die im Krieg für sie gekämpft hatten, den Eintritt zu verwehren. Aber diese Herren hinter ihren großen fetten Steaks, sie, die nie einen Krieg erlebt, nie eine Bombe gehört hatten, waren fest etabliert; wir anderen waren Außenseiter.«[29]

Marlene erhält zwar ehrenvolle Auszeichnungen – die amerikanische »Medal of Freedom«, den französischen »Chevalier de la legion d'Honneur« und sogar den »Officier de la legion d'Honneur«, auf den sie besonders stolz ist – aber sie ist pleite und muss erkennen, dass in Amerika ein guter Job mehr zählt als Heldenmut. Sie braucht dringend Geld, denn »…wann immer ich Geld hatte, gab ich es aus. Es gibt so viele Möglichkeiten, es auszugeben. Selten für mich selbst. Autos, Pelze, Extravaganzen kamen für mich nicht in Frage.«[30] Ihre Freunde können freilich über dieses Bekenntnis nur lächeln, denn obwohl Marlene für ihre Großzügigkeit berühmt ist, kommt sie doch selbst nicht zu kurz. Handschuhe, Taschen und Schuhe kauft sie nur im - Dutzend, Schmuck, Dessous und gutes Essen sind einfach unverzichtbar. Für ihren Personal- und Gepäcktross braucht sie ganze Zimmerfluchten in Hotels und auf den Überseedampfern halbe Kabinendecks.

Geld muss also her, um den alten Lebensstandard wieder aufnehmen zu können, aber die nächsten Filme kommen nicht gut an. Einen davon, »Martin Roumagnac« (1946), dreht sie in Frankreich mit ihrer neuen großen Liebe: »Jean Gabin, hilflos wie ein Fisch auf dem Trockenen, hing an mir wie ein Waisenkind. Ich war bereit, ihn Tag und Nacht zu bemuttern … Ich war seine Mutter, Schwester, sein Freund – und mehr als das!«[31] Marlene erduldete Gabins gewalttätige Leidenschaft, seine Schläge und Beschimpfungen, aber heiraten will sie ihn nicht: »Ich kann nun einmal nur ich selber sein, wenn ich allein bin.«[32] Gabin trennt sich, tief verletzt und weigert sich, Marlene jemals wieder zu sehen.

Nach dem Krieg dreht Marlene Dietrich noch fünfzehn Filme, darunter einige ihrer berühmtesten: »Zeugin der Anklage« (1958) mit Charles Laughton, »Im Zeichen des Bösen« (1958) mit Orson Welles und »Urteil von Nürnberg« (1961) mit Spencer Tracy und Burt Lancaster. Sie arbeitet mit den besten und berühmtesten Regisseuren und spielt neben den größten Stars ihrer Zeit. Noch immer zieht sie das Publikum in ihren Bann, doch allmählich geht die Nachfrage nach der Leinwandlegende Marlene Dietrich zurück. Sie aber ersehnt die Anerkennung, die Liebe und Bewunderung der Menschen – privat und beruflich – mehr als je zuvor. »Ich brauche jemand, der verrückt nach mir ist …«, vertraut sie ihrem engen Freund Ernest Hemingway an.

Niemals aufgeben, mutig sein, phantasievoll, hart arbeiten – Marlene hat immer den Weg aus der Krise gefunden, indem sie sich in die Arbeit stürzte. Mit zweiundfünfzig Jahren wagt sie einen neuen Anfang. Sie erobert sich nun die Bühne als Chansonsängerin, und natürlich – sonst wäre sie nicht »die Dietrich« – hat sie einen sensationellen Erfolg.

»Die Dietrich der Nachkriegsjahre war vor allem und fast ausschließlich eine Bühnenkünstlerin und vielleicht die allergrößte Errungenschaft der Bühnetechnik seit der Erfindung der Falltür«[33], sagte Sheridan Morley über sie. Als Chanteuse gelingt es ihr nochmals, die Menschen zu Begeisterungsstürmen hinzureißen. Der Kritiker Elliot Norton schrieb damals: »Da stand sie, klein und schlank, den Kopf stolz erhoben, während alle sie anstarrten, manche mit offenem Mund, und prompt begann sie zu singen. Jetzt war sie in ihrem Element, ungezwungen, gelöst, eine große Künstlerin, Meisterin ihres Metiers, eine lebende Legende in voller Aktivität.«[34]

Selbst das deutsche Publikum, das ihr ungerechterweise vorwirft, Deutschland verraten zu haben, und sie in Berlin mit »Marlene go home«-Transparenten empfängt, jubelt ihr nach den ersten Konzerten zu. Mit einer unnachahmlichen Mischung aus Charme, Humor und Erotik trägt sie ihre Songs vor, eine Darbietung, die mehr Schauspiel als Stimme erfordert. Unzählige Chansons werden erst durch Marlene zu Evergreens, so wie das lustvolle »Johnny, wenn du Geburtstag hast«, das freche und vulgäre »Ich bin die fesche Lola« oder das wehmütige »Sag mir, wo die Blumen sind?«. Ihre Schallplatten gehören bis heute zu dem Besten, was man im Genre der Chansons finden kann.

Marlene wird als Sängerin erneut zum Weltstar, quer über den Erdball sorgt sie für ausverkaufte Konzerthallen. Wie im Filmgeschäft, ist es auch hier nicht nur ihre Schönheit und Ausstrahlung, sondern auch ihre perfekte Selbstdisziplin, mit der sie überzeugt. Sie arbeitet wochenlang äußerst hart, bis sie mit dem Programm zufrieden ist. Jedes Heben der Augenbraue, jeder Blick ins Weite, alles »sitzt«, so wie die berühmten, atemberaubenden »nackten« Kleider, Kleider, die glitzern und schimmern, so eng, so weich, dass sie enthüllen, was sie bedecken: Marlene verkörpert die Illusion ewiger Jugend und Schönheit, Kraft und Hingabe.

Aber sie verpasst den Moment eines würdigen Abgangs. Tabletten und Alkohol werden immer wichtiger, um das Arbeitspensum durchzustehen, der Körper muss immer brutaler manipuliert werden, um die Spuren des Alterns zu verdecken. Erst als sie mit dreiundsiebzig Jahren in Sydney von der Bühne stürzt, sagt Marlene alle Konzerte ab.

1978 folgt noch ein letzter Auftritt im Film. Als »eine mumienhafte Erscheinung«[35] beschreibt »Der Spiegel« Marlene in »Schöner Gigolo, armer Gigolo«. Danach zieht Marlene die Konsequenzen: Niemand darf sie mehr sehen, es gibt keine Fotos, keine Interviews, keine öffentlichen Auftritte mehr. Die Legende Marlene Dietrich soll – so hat sie es sich gewünscht – unbeschadet von Alter und Krankheit in den Köpfen der Menschen bestehen bleiben. In ihrer Pariser Wohnung gräbt sie sich ein und beschwört die Erinnerungen: Kartons voller Kleider, Kram, Briefe, Fotos.[36] Nur Maximilian Schell wirft noch einen Blick hinter die Kulissen. Für seinen wunderbaren Film »Marlene, A Feature« (1984) darf er die Diva besuchen, ihre Stimme aufzeichnen, nicht aber ihr Gesicht aufnehmen. »Ich bin zu Tode fotografiert worden und will nicht mehr.«[37]

227

Marlene Dietrich stirbt am 6. Mai 1992 in Paris. Für den Tod hat sie die Einsamkeit gesucht. »Jean Cocteau nannte meine Einsamkeit ›selbstgewählt‹. Er hatte recht.«[38]

»Ohne Unvollkommenheiten gibt es keine Schriftsteller«
Irmgard Keun (1905–1982), Schriftstellerin

Von Gisela Kramer

»Als der Stammtisch von meinem Vater angerufen hat, hat mein Vater laut ins Telefon geatmet: ›Ja, ein Junge, jawohl ein Junge‹ – so mit ganz heißer Stimme«, klagt »Das Mädchen, mit dem die Kinder nicht verkehren durften«. Schlimmer noch: »Und er hat gesagt, er hätte sich ja schon immer einen Jungen gewünscht. Warum haben sie denn nur mich erst angeschafft, wenn sie lieber einen Jungen haben, und ich bin ein Mädchen.«[1] Wieso, fragt sich die Titelfigur dieser Geschichte weiter, wird ihr da offenbar ein Junge vorgezogen, obwohl doch eigentlich die weiblichen Tiere, wie sie aus der Naturkunde weiß, »Wertvolles vollbringen«: Sie legen Eier, geben Milch und kriegen Junge.

Irmgard Keun ist am 6. Februar 1905 in Berlin Charlottenburg als erstes Kind von Elsa Charlotte und dem Kaufmann Eduard Keun zur Welt gekommen. Fünf Jahre später wird sie entthront, sie bekommt einen Bruder, Gerd. »Aufsässig und wütend« habe sie dessen Erscheinen gemacht, notiert Irmgard Keun noch als Siebzigjährige. Aber schon als Kind war ihr klar geworden, dass die Eltern bei ihrer Geburt statt einer Irmgard einen Gerd erwartet hatten. Enttäuscht hatte der Vater damals ihre Ankunft noch nicht einmal in der Zeitung anzeigen lassen. Ganz allmählich dämmert ihr: Sie hat eine Bedeutung eingebüßt, die sie offenbar noch nie besaß. Die sie aber gleichwohl ein Leben lang erzwingen will. Da werden sich Unsicherheiten eingeschlichen haben. Jedoch – eine solche Konstellation hat vielleicht auf lange Sicht auch ungeahnte Energien freigesetzt: Denen wird sie es schon zeigen, sie wird alle Menschen von nun an von ihren Qualitäten zu überzeugen wissen. Vielleicht rührt der wortgewandte Charme Irmgard Keuns aus dieser frühen Kränkung.

Das einstige Missvergnügen an dem neuen Geschwisterchen ist sichtbar erhalten geblieben: Auf Kinderbildern ist Irmgard mit großer Schleife im Haar zu sehen, ohne das mindeste Lächeln. Ziemlich desinteressiert steht sie neben ihrem strahlenden Bruder.

In ihren Büchern liefert Irmgard Keun später eine mögliche Erklärung, weshalb der Vater eher einen »guten Jungen« als sie selbst haben wollte: »Weil er von mir denkt: so ein Mädchen ist ein ungezogenes Kind und bringt nur Schande über die Familie, und immerzu muß was bezahlt werden.«[2] Schließlich gab es so manche folgenreiche Experimente und Abenteuer mit Kaulquappen, Seifenpralinen und Pferdeäpfeln, die nicht allein das Mädchen im Buch, sondern auch Irmgard selbst mit ihren Freunden im wahren Leben durchsteht.

Aus Äußerungen anderer, auch aus Irmgard Keuns Geschichten, lässt sich schließen: Das Kind Irmgard muss phantasiereich und widerspenstig gewesen sein, mit mehr Spaß am dem, was außerhalb der Schule lief, als an dem, was drinnen passierte. »Pädagogen und Polizisten waren stets meine natürlichen Feinde«[3], sagt sie später einmal. Sie lässt sich nicht gerne was vorschreiben. Ist ausgestattet mit einer scharfen Beobachtungsgabe, einem ausgeprägten, eigenwilligen Gerechtigkeitssinn und einem auch noch bei der Erwachsenen gut funktionierenden Gedächtnis für ihre Probleme als Kind.

Zu den Problemen gehört etwa das Kunststück, Erwachsene zu verstehen, die ja ständig an Kindern herumnölen. Was beispielsweise ist allein von deren Essgewohnheiten zu halten? Das schwer zu bändigende kleine Mädchen sinniert: »Ich glaube natürlich längst nicht mehr an den Osterhasen, aber ich liebe ihn. Mein Vater liebt ihn auch, aber zu Weihnachten läßt er sich kleine Hasen schießen ... mein Vater bezahlt sie, meine Mutter spickt sie, Elise sticht ihnen die Augen aus. Sie essen die Hasen, ich esse sie auch schon, mein kleiner Bruder ißt sie noch nicht ... Ich weiß wirklich nicht, warum sie nicht lieber böse dicke Männer essen, die sie nicht leiden können und die nicht niedlich sind und an denen auch mehr dran ist.«[4]

Erwachsene machen Kindern das Leben unverständlich schwer. Das Mädchen im Buch etwa hat die

Liebesperlen aus seinem Kaufmannsladen im Laub des Stadtwalds verstreut, weil die so gut zu kleinen Vögeln passen. »Zuerst hat meine Mutter mich gefragt, und sie wollte, ich solle zugeben, daß ich sie gegessen hätte. Ich habe aber weiter die Wahrheit gesagt. Dann hat mein Vater ernst mit mir gesprochen, und ich sollte es doch endlich zugeben. Da habe ich einfach überhaupt nichts mehr gesagt. Dann haben beide zusammen mit mir gesprochen, und da habe ich geweint und gesagt, ich hätte die Liebesperlen gegessen. Und sie haben gesagt, sie würden doch immer die Wahrheit rauskriegen. Dabei war es gelogen. Wenn ich wirklich lüge, wird es mir viel eher geglaubt, denn ich habe mir ja dann vorher alles ausgedacht und kann es besser erzählen … Warum darf man denn nicht lügen? Eine Antwort geben sie nicht, aber sie lügen selbst.«[5] Die Welt, so das Kind, so die Keun, will offenbar glaubhaft belogen werden, den jeweiligen Erwartungen gemäß. An diese Erkenntnis hat sich Irmgard Keun durchaus selbst gehalten. Schließlich, was für einen eine Wahrheit sein mag, ist für das Gegenüber mitunter ein sperriges Ding.

Das Mädchen, das Irmgard Keun hier sprechen lässt, ist ihre Erfindung. Es bleibt ohne Namen, fast so, als habe sich Irmgard Keun von ihm distanzieren wollen. Zugleich aber wird schon bei diesen Kindergeschichten überdeutlich, dass alle Heldinnen der Keun mit ihrer Urheberin verwandt sind. Das gilt insbesondere für deren gewitzte Beobachtungen und Ansichten über ihre Mitmenschen und ihre Umwelt. Diese Figuren sind zwar literarisch selbständige Wesen, zugleich aber immer auch ein bisschen sie selbst.

Die Karriere Irmgard Keuns als Schriftstellerin erklärt sich biographisch nicht so ohne weiteres. Sie stammt aus einer Familie, die zwar einigermaßen wohl situiert ist, die aber dennoch mit oft unerfüllten Wünschen zu leben hat und zwischendurch finanzielle Engpässe überwinden muss. Bis zum Jahr 1913 leben die Keuns in Berlin, dann wird der Vater Teilhaber in der Geschäftsführung der »Cölner Benzin-Raffinerie«. Also zieht die Familie nach Köln, in ein eigenes Haus mit Garten in der Eupener Straße 19. Es ist um Klassen besser als die Etagenwohnung in Berlin und hat sogar einen Salon, darauf legt Hausherrin Elsa Keun besonderen Wert. Bruder Gerd erhält das Mansardenzimmer mit Balkon. Irmgards großes Zimmer liegt im Souterrain des Hauses und hat einen Ausgang zum Garten. Über viele Jahre wird ihr dieses Zimmer immer wieder zum Refugium, denn auch noch als erwachsene, berufstätige, verheiratete Frau kehrt sie oft hierher zurück.

Bei Ausbruch des Ersten Weltkriegs ist Eduard Keun bereits zu alt, um noch eingezogen zu werden. Er kann sich also weiter seinen Geschäften widmen. Dennoch sind die Zeiten knapp, und Irmgards praktische Mutter pflanzt im neuen Hausgarten nicht die geplanten Blumen, sondern lieber Gemüse und Kartoffeln an.

Irmgard besucht in Köln zunächst ein Lyzeum und macht dann im väterlichen Geschäft, das gerade mal wieder eine Flaute durchzustehen hat, eine Ausbildung zur Kontoristin. Eine solide berufliche Basis, die praktischerweise auch noch wenig kostet, soll die Tochter nach des Vaters Wunsch haben. Irmgard fügt sich.

Später setzt sie dann wieder ihren eigenen Kopf durch. Ihre Vorstellungen für ihr künftiges Leben sind weniger bodenständig, dafür großartiger. Irmgard Keun will Schauspielerin, will etwas Besonderes werden. Das dazu nötige hübsche Aussehen hat sie. Auftreten kann sie auch.

Ab 1923 besucht sie also die Schauspielschule in Köln. Und lernt dort mit achtzehn den allseits umschwärmten Johannes Tralow kennen, Schriftsteller und Regisseur des Stadttheaters. Der ist dreiundzwanzig Jahre älter als sie, und ausgerechnet er soll ihr dazu geraten haben, ihr Alter zu manipulieren, um sich ihrer Schauspielkarriere zuliebe noch jünger zu machen, als sie ohnehin ist. Sie müsse einfach im Bühnenjahrbuch beim ersten Engagement ein anderes Alter angeben.[6] Irmgard Keun tut das und weicht ihr Leben lang nicht mehr davon ab: Nicht 1905, sondern 1910 sei sie geboren. Tralow verlässt Köln noch im gleichen Jahr. Ihr Kontakt zueinander wird nicht abreißen.

Die lebenslange Freundin Ria Hans, die mit ihr zusammen die Schauspielschule besucht hat, beschreibt, welche Ausstrahlung Irmgard Keun als junge Frau hatte: »Sie war nicht der Typ ihrer Zeit, nicht die gertenschlanke, schmale ›Verrückte‹ mit überlangen Beinen, aber sie war eine auffallende Person. Wenn wir irgendwo im Lokal saßen und es kamen junge Männer vorbei, haben die nach Irmgard geguckt, nicht nach der aparten Sybille Schmitz.«[7] Das Theater allerdings habe Irmgard wohl mehr als Mittel zum Zweck angesehen, um von zu Hause wegzukommen und bekannt zu werden, meint Ria Hans. Sie habe es weder sehr ernst genommen noch sich selbst für das große Talent gehalten. Witzig, charmant und intelligent sei sie gewesen, habe Pfiff gehabt. Aber in der Schauspielschule sei sie »stinkfaul« gewesen. Die Texte habe man ihr oft soufflieren müssen.

Nach der Schule beginnt der Schauspielalltag mit zwei aufeinander folgenden Engagements, zunächst am Thalia-Theater in Hamburg von 1927 bis 1928. Auch Ria Hans ist nach Hamburg engagiert, bekommt allerdings mehr Rollen als Irmgard. Die verbringt ihre freie Zeit mit Vorliebe im Café, Kreuzworträtsel lösend – eine bleibende, lebenslange Leidenschaft. Allmählich aber wird auch eine »schwarze Kladde« ihre ständige Begleiterin. Darin notiert sie, von Freundin Ria dazu ermutigt, was so um sie herum vorgeht.

Die nächste Station für Irmgard Keun wird von 1928

bis 1929 das Stadttheater in Greifswald. Beide Engagements bringen ihr weder große Rollen noch den erhofften Erfolg. Also ist sie konsequent, kehrt in das väterliche Kontor zurück und beginnt gleichzeitig mit ihrem ersten Roman.

»Sie ist eine talentierte Selbstdarstellerin, die Darstellung anderen Lebens gelingt ihr nur selten«[8], schreibt die Autorin Gabriele Kreis, von der die bisher einzige ausführliche Biographie Irmgard Keuns stammt. Soweit es die Bühne betrifft, mag diese Feststellung zutreffen. In dem neuen, für die Autorin Keun entscheidenden Medium aber, dem Roman, wird ihr die Darstellung anderen Lebens hervorragend gelingen.

Irmgard Keuns erster Roman, »Gilgi, eine von uns«, erscheint im Jahr 1931. Ein sensationeller Erfolg einer Einundzwanzigjährigen, auch wenn sie in Wahrheit schon fünf Jahre älter ist. Sechs Auflagen des Buches werden allein im ersten Jahr gedruckt. Rasch wird es in mehrere Sprachen übersetzt, 1932 verfilmt.

Gilgi, die Hauptdarstellerin dieses Romans, ist eine zielbewusste junge Frau. Sie lebt ganz aus dem Fundus bereits gemachter Erfahrungen ihrer Autorin, stellt zunächst so etwas wie die ideale Tochter Eduard Keuns dar. Mit purer Arbeit – als Stenotypistin – hat Gilgi es schon zu was gebracht und wird es noch weiter bringen. Ihre Devise: »Was ich tu, muß ich übersehn und auf eigenes Risiko tun können.«[9] Sozusagen im Abseits und ohne Wissen der biederen Eltern hat sich Gilgi ein Zimmerchen gemietet, es ausstaffiert mit Diwan, Samowar, Grammophon, einem gelbseidenen Kimono und einer Erika-Schreibmaschine. Das ist ihre geheime Oase. Hier pflegt sie aber nicht etwa das süße Leben, sondern lernt nach der Arbeit »auf dem Büro« für drei Sprachkurse. Ihrer hübschen Freundin Olga mit den »räkelnden Bewegungen einer kleinen Haremsfrau« und dem »Verstand eines jüdischen Essayisten« gesteht Gilgi: »Es ist doch schön, sein Leben wie eine sauber gelöste Rechenaufgabe vor sich zu haben!«[10]

In die Planung gerät allmählich eine gewisse Fehlerquote. Gilgi lernt einen Schriftsteller kennen, einen verschwenderischen, viel gereisten Bohemien, den sein knapp gewordenes Budget wenig kümmert. Die Liebe zu ihm bringt langsam ihren gesamten Lebensentwurf durcheinander. Gilgi registriert das zwar, aber was soll sie tun? Irmgard Keun schildert diesen Zwiespalt auf eine Weise, dass jenes bittersüße Aroma entsteht, das neben der Schnoddrigkeit der Sprache ein Markenzeichen dieser Autorin wird.

Gilgi zieht zu ihrem Schriftsteller. Die Zeiten sind schlecht, und sie verliert ihre Arbeit. Macht nichts. Rauschhaft, glücklich, ausgelassen leben die beiden in den Tag hinein. So wie er, nicht er wie sie. Dann die Entdeckung, dass Gilgi schwanger ist. Soll sie das Kind, das Problem, abtreiben lassen?

Irmgard Keun schickt ihrer Heldin eine Botschaft. Eines Tages steht ein abgehärmter Hausierer an der Wohnungstür. Es ist ihr ehemals lustiger Freund Hans. Gilgi kauft ihm viele Dosen Bohnerwachs ab, besucht Hans' Frau Hertha und sieht die ganze abgewirtschaftete Armseligkeit der Familie mit zwei kleinen Kindern, ein drittes ist unterwegs. Hertha fleht sie an: »Schaff' dir Selbständigkeit und Unabhängigkeit – dann kannst du einen Mann lieben und dir die Liebe erhalten. Sorg' rechtzeitig, daß du nie eines Tages so hilflos und wehrlos dastehst wie ich.«[11]

Das erste Buch der Keun macht Furore. Manche Kritiker finden den Roman zu trivial, die anderen zu undeutsch, die meisten aber finden das Buch höchst amüsant. Die sozialdemokratische Zeitschrift »Vorwärts« druckt »Gilgi« in Fortsetzungen ab. Und alle Zeitungen berichten mit Bild über dieses »einundzwanzigjährige literarische Wunderkind«.[12] Einen geharnischten Verriss leistet sich die Zeitschrift »Der Weg der Frau«: Gilgi sei eine »kritiklose, unsolidarische Streberin – wie ihre Erfinderin selbst«.[13] Hans Fallada aber nennt es »ein herrlich tapferes, junges, gläubiges, ehrliches, anständiges Buch«. Und Kurt Tucholsky notiert in der »Weltbühne«: »Eine schreibende Frau mit Humor, sieh mal an!« Und ziemlich gönnerhaft: »Hier ist ein Talent. Wenn die noch arbeitet, reist, eine große Liebe hinter sich und eine mittlere bei sich hat: aus dieser Frau kann einmal etwas werden.«[14]

Durch diesen grandiosen Start bekommt Irmgard Keun plötzlich recht viel Geld in die Hände, kann ihrem Hang zum Luxus frönen. Sie kauft sich einen Nutriapelz, benutzt teuerste Kosmetik, lernt Auto fahren, zieht nach Berlin und mietet sich dort in der Nähe des Savignyplatzes ein Zimmer. Die junge Autorin genießt ihren Erfolg. Hingerissen von sich selbst sei sie allerdings nie gewesen, sagt Freundin Ria. Im Gegenteil, negative Kritik vermag sie einigermaßen zu irritieren. Dann hilft ein Schluck Wein oder, besser noch, Sekt.

Johannes Tralow, vom schriftstellerischen Erfolg seiner früheren Verehrerin angezogen, meldet sich wieder. Er lebt in Scheidung. Wenn die durch sei, könnten sie ja heiraten, meint Irmgard Keun.

Sie ist bereits ganz mit ihrem nächsten Roman beschäftigt, schreibt eifrig Seite um Seite einer weiteren schwarzen Kladde voll, immer mit Bleistift. Mit Vorliebe in irgendeinem Lokal, aber nicht unbedingt im Romanischen Café, dem Treffpunkt der literarischen Elite, die sie just in dem entstehenden Manuskript mit bösem Spott bedenkt: »Und die literarische Elite ist ungeheuer fleißig mit Kaffee und Schach und Reden und noch so Geist, weil daß sie sich vor sich selbst nicht anmerken lassen will, daß sie faul ist.«[15] Da fühlt sie sich nicht zugehörig, hält sich abseits, ist auch sonst mit keinem literarischen Zirkel in Kontakt. Und zwischendurch fährt sie auch immer mal nach Hause in die Eupener Straße.

Im Frühjahr 1932 stellt sich der nächste Erfolg Irmgard Keuns ein. »Das kunstseidene Mädchen« kommt auf den Markt – gleich mit einer Startauflage von 50 000 Exemplaren – und wird ebenfalls sofort ein Besteller.

Wie die Autorin ist Doris eine junge Frau, die nach Höherem strebt, »ein Glanz« werden will. Aber Irmgard Keun hat diese achtzehnjährige Heldin mit einer anderen Strategie ausgestattet: Doris rechnet weniger als Gilgi darauf, es allein durch ihre Fähigkeiten, ihre Leistung als Sekretärin zu etwas zu bringen. Da liegen sowieso nicht ihre Stärken. Die liegen mehr in ihrer treffsicheren Beobachtungsgabe für männliche Schwächen. Die lebensprühende Doris taxiert die Männer gewitzt und routiniert. Ihren pickeligen Rechtsanwaltschef etwa, wenn der wegen Tippfehlern Schwierigkeiten macht: »Bei jedem Komma, was fehlt, schmeiß ich ihm einen sinnlichen Blick«[16]. Sie muss nur den richtigen Typen finden, meint sie, und dann ihr hübsches Gesicht, ihre gute Figur richtig in Szene setzen. Eine gesicherte Existenz glaubt sie nicht aus eigenen Stücken schaffen zu können, sondern nur mit Hilfe eines männlichen Gönners. Nicht dass Doris die Männer überschätzte: »Man kennt das ja, was Männer erzählen, wenn sie einem beibringen wollen, daß sie nicht so mies sind wie sie sind. Ich … tu, als glaube ich alles. Wenn man bei Männern Glück haben will, muß man sich für dumm halten lassen.«[17]

Doris weiß zwar viel über die Welt, aber sie weiß

auch, wo sie noch nicht mithalten kann. Und das ist anstrengend: »Denn immerzu sind in meinem Leben Dinge, die ich nicht weiß, und immer muß ich tun als ob und bin manchmal richtig müde vor lauter Aufpassen, und immer soll ich mich schämen müssen, wenn Worte und so Sachen sind, die ich nicht kenne.«[18] Um wie viel leichter haben es da doch die reichen Frauen. »Verkäufer fallen hin vor Aufregung, wenn sie kommen und doch nichts kaufen. Und sie lächeln Fremdworte richtig, wenn sie welche falsch aussprechen.«[19]

Doris' Kapital ist ihr junger Körper, der so vorteilhaft wie möglich präsentiert und zu Bestzeiten seine Liebhaber finden muss. So verwendet sie einen großen Teil ihrer Energien darauf, etwas für ihre erotische Ausstrahlung zu tun. Mit schönen Dingen schmückt sie sich ohnehin gern. Das non plus ultra ist schließlich ein Pelz, ein Feh, der unbewacht in einer Theatergarderobe hängt. »Ich hätte das Fell küssen können, so eine Liebe hatte ich dazu. Es sah nach Trost aus und Allerheiligen und nach hoher Sicherheit wie im Himmel.«[20] Sie nimmt ihn mit und muss dieses Diebstahls wegen fliehen – ohne Gepäck, ohne Papiere, nach Berlin.

Doris, die Ich-Erzählerin, glaubt, dass sie »ein ungewöhnlicher Mensch« ist. Großartiges geht in ihr vor. Das will sie festhalten: »Ich will schreiben wie Film, denn so ist mein Leben und wird noch mehr so sein … Und wenn ich später lese, ist alles wie im Kino – ich sehe mich in Bildern.«[21] Hier lässt Irmgard Keun ihr Geschöpf Doris den eigenen Schreibstil beschreiben. Bilder reihen sich an Bilder, auf der Jagd danach, die Magie des eigenen Lebens zu fassen. Ein Traum hier, eine Enttäuschung da. Weiche Schnitte, harte Schnitte, Überblendung von harten Kontrasten. Besonders schön ist etwa die Passage, wo Doris einem blinden Mitbewohner, der das Haus nie verlassen kann, Berlin beschreibt: »Ich sammle Sehen für ihn … Und dann merke ich mir mein Sehen und bringe es ihm mit.«[22] Irmgard Keun spielt auch in diesem Buch sprachlich ihre Stärken aus, alles mischend: den schnoddrigen Jargon der Jugend und der Großstadt, daneben Bürodeutsch, Hochdeutsch, Pseudofeines. Genug Raum für Poetisches gibt es auch.

Am zweiten Buch erweist sich, ob der Erfolg des ersten ein Zufall war. Es war eindeutig kein Zufall. Die Literaturkritik ist voll des Lobs. In der »Literarischen Welt« vom 29. Juli 1932 bescheinigt ein Rezensent der Keun Klugheit, Güte und Humor und meint: »So wie das Buch ausklingt, voll hoffnungsloser Resignation, mit einer müden Verzweiflung, die nicht weiß, wohin und was tun, ist es mehr als eine Humoreske, ja, mehr als eine Satire, weil es sich weder banal-erheiternd noch ätzend-gesellschaftskritisch gibt; es ist mit der Doppelbödigkeit seines Humors ein typisches Abbild unserer Zeit«.

Die Nationalsozialisten allerdings sind der Meinung, dass die Keun mit diesem Buch die Ehre der deutschen Frau beleidigt habe. Und bald darauf, ab Januar 1933, übernehmen sie die Macht in Deutschland. Auch literarisch wird jetzt nach ihren Regeln gespielt.

Alle Romane Keuns spiegeln die Jahre wider, in denen sie geschrieben wurden: den Zeitgeist der Endzwanziger, der dreißiger Jahre, Fetzen des Tatsächlichen – von den lebensstrotzenden oder deprimierenden Straßenbildern bis zu Moden, Schlagermelodien, Armut und Massenarbeitslosigkeit – tauchen auch in ihren Romanen auf. Das »Politische« ist zwar nur von zweitrangigem Interesse im Leben der handelnden jungen Frauen, spürbar, sichtbar, hörbar wird es aber dennoch.

Irmgard Keun hat ihre unmittelbare Umgebung genau beobachtet. Sie ist außerdem eine leidenschaftliche Zeitungsleserin. Umgekehrt haben offenbar auch die Nationalsozialisten ihre Texte genau gelesen und setzen die Autorin von Anfang an auf ihre schwarzen Listen »wider den undeutschen Geist entarteter und jüdischer Literaten«. So gehört Irmgard Keun für die Nazis zu den »schädlichen und unerwünschten Autoren«, was zu dieser Zeit nicht jeder Autor von sich sagen kann. Sie gilt als Verfasserin von »Asphaltliteratur mit antideutscher Tendenz«.

Schon im Laufe des Jahres 1933 wird »Das kunstseidene Mädchen« beim Verlag beschlagnahmt. Bei »Gilgi« dauert es etwas länger. Man muss sich erst über die darin verborgene Gefahr klar werden. Die Reichsstelle zur Förderung des deutschen Schrifttums der NSDAP fordert im September 1934 die Gestapo in Berlin auf, ein Exemplar von »Gilgi« aus einer Leihbücherei zu entfernen. »Das Buch hat bei Mitgliedern des Reichsbundes der deutschen Beamten wegen einer Stelle, welche das Ansehen der Postbeamtinnen in gröbster Weise herabsetzt, Anstoß erregt. Es heißt dort: ›... an der Passage standen ein paar Nutten, brav, bieder und schlecht gelaunt. Ohne Schminke und Atropin könnte man sie für entlassene Telefonbeamtinnen halten.‹«[23]

Der eingeschaltete Präsident der Reichsschrifttumskammer allerdings stellt dazu im Oktober 1934 fest: »Der Satz will offenbar nicht Telefonbeamtinnen mit Straßendirnen vergleichen, sondern sagt lediglich von Straßendirnen, daß sie beinahe so bieder ausgesehen hätten, wie Telefonbeamtinnen. In dieser Darstellung kann ich keine Beleidigung des Beamtenstandes erblicken. Ich bitte daher, von einer Beschlagnahme und Einziehung der Druckschrift abzusehen.«[24] Es nützt alles nichts, »Gilgi« wird beim Verlag konfisziert. Irmgard Keun tut etwas Ungewöhnliches, sie wehrt sich und meldet wegen der Beschlagnahmung beim Landgericht Berlin einen Schadenersatzanspruch an, der jedoch abgewiesen wird.

Die Reichsschrifttumskammer war schon am 1. November 1933 gegründet worden. Irmgard Keun hat sich trotz ihrer Einstellung den Nazis gegenüber darum beworben, dort aufgenommen zu werden. War es doch ihr einzige Chance, in Deutschland weiter veröffentlichen zu können. Ende 1934 bekommt sie auch dazu die endgültige Absage – ein Berufsverbot mit verheerenden finanziellen Auswirkungen. Irmgard Keun verliert ihre im Deutschen Reich lebenden Leser und wird hier künftig kaum noch Publikationsmöglichkeiten finden.

Irmgard Keun hasst die Nazis von ganzem Herzen und nimmt kein Blatt vor den Mund. Wenn ihr danach zumute ist, äußert sie ihre Meinung unverblümt, obwohl ihr klar ist, in welche Gefahr sie sich damit bringt. Die Maßstäbe der Nazis sind nun mal nicht die ihren. »In einer Bierkneipe in der Tauentzienstraße in Berlin«, erzählt Freundin Ria Hans von der zu diesem Zeitpunkt nicht mehr ganz nüchternen Irmgard, »ballte sie einmal die Faust, den Arm aufgestemmt auf den Tisch – das war der kommunistische Gruß – und sagte mit kräftiger Stimme: ›Heil Hitler!‹«[25]

Im Jahr zuvor hatte sich Irmgard Keun wieder öfter mit ihrem Backfischschwarm Johannes Tralow getroffen und ihn nach einem gemeinsamen Urlaub an der Mosel spontan geheiratet. Mit einer bürgerlichen Ehe aber hat ihre Beziehung wenig zu tun. Tralow lebt überwiegend in Frankfurt, Irmgard Keun abwechselnd in Köln und Berlin. Lediglich zwei Sommer verbringen sie gemeinsam in einem Gasthaus in Moselkern an der Mosel. Tralow nimmt, im Gegensatz zu ihr, die Nazis nicht so ernst, er arrangiert sich sogar mit den neuen Machthabern.

In Verkennung der politischen Realität hofft Irmgard Keuns Verleger in Berlin, Wolfgang Krüger, auf ein weiteres Manuskript seiner erfolgreichen Autorin. »Der hungrige Ernährer« ist dessen Arbeitstitel. Doch sie hat Schreibschwierigkeiten. Nur mit Wein fühlt sie sich einigermaßen beflügelt. Ria Hans hat allerdings den Eindruck, dass Irmgard Keun dem Alkohol zu sehr zuspricht. Ein Freund Rias, ein junger jüdischer Assistenzarzt am Krankenhaus Charité, könnte da vielleicht helfen.

So lernt Arnold Strauss Irmgard Keun kennen. Sie wird die große Liebe seines Lebens. Das Thema Alkohol ist erst einmal Nebensache. Er geht davon aus, dass Irmgard seine zukünftige Frau werden wird. Sie verspricht ihm immerhin, sich von Tralow scheiden zu lassen. Strauss verfolgt seine Facharztausbildung zum Pathologen in Florenz und in Den Haag weiter, da seine Stelle an der Charité aus rassischen Gründen nicht verlängert wird. Die gemeinsame Zeit in Berlin ist also nur kurz. Ihm ist überdies klar, dass er nicht nach Deutschland zurückkehren kann. Ein über Jahre dauernder Briefwechsel zwischen den beiden beginnt im Juli 1933, von dem leider (mit einer Ausnahme) nur ihre Briefe erhalten sind. »Liebes kleines Blödsinniges«, beginnen sie oft. Bis auf wenige Eingeweihte weiß niemand etwas von dieser Beziehung.

»Ich lebe in einem wilden Wirbel«, schreibt Irmgard Keun einmal an Arnold Strauss. So heißt auch der Titel der Edition dieser zwischen 1933 und 1940 entstandenen Korrespondenz, die erst im Jahr 1988 veröffentlicht wird.[26] Dieses Buch wirft einige Schlaglichter auf die vielschichtige Persönlichkeit Keuns und macht es deshalb besonders wertvoll, da sonstige Zeugnisse über ihre Person rar sind. Wie sich nicht zuletzt durch diese Briefe herausstellt, hat Irmgard Keun ihren Nachruhm nie planvoll inszeniert. Sonst wären die Briefe so nicht geschrieben worden. Wir erfahren daraus, wie reizbar, verwirrt, verängstigt, panisch, berechnend, aber auch wie erfindungsreich und liebevoll Irmgard Keun in jenen Jahren war, nachdem ihre viel versprechende Karriere so jäh gebremst wurde. Gleichzeitig erleben wir mit, wie es ihr immer wieder gelingt, Arnold Strauss und andere für sich einzunehmen, selbst aus der Position der Schwäche heraus.

Irmgard Keun war in keiner Weise eine auf lange Sicht arbeitende Strategin, weder im privaten Leben noch als Schriftstellerin. Wohl vertraut mit ihren eigenen Ambivalenzen, hat sie Informationen über sich selbst meist nur zögerlich gegeben – soweit sie späterhin überhaupt gefragt wurde. Anderen ihr recherchierbares Leben zu präsentieren, sozusagen Interpretationshilfe zu geben – weshalb sollte sie das tun? Weshalb sollte sie eindeutig sein? So hangelte sie sich durch, der Not gehorchend und dem Vergnügen folgend.

Wie ein roter Faden ziehen sich über die Jahre durch ihre Briefe an Arnold Strauss dringende, oft fordernde Geldwünsche. Ebenso wie ihre Heldinnen liebt Irmgard Keun schöne Dinge, Seide, Schmuck und Pelze, geht gerne verschwenderisch mit Geld um. Daher steckt sie meistens in finanziellen Schwierigkeiten. Kleidung, Zigaretten, die angestrebte Scheidung, Reisen, die Krankheit einer Freundin, später die meist zu teuren Hotels und immer der Alkohol – alles kostet. »Eine innige Bitte, Kleines: Laß mich nicht sparen müssen, solange ich an dem Roman arbeite. Ich werde dir ewig dankbar sein, wenn du mich gerade jetzt richtig Geld haben läßt. Ich muß jetzt rauchen und trinken, da vertrage ich das billige Zeug nicht.«[27] Und Arnold Strauss schickt Geld, immer wieder. Er teilt sein Gehalt quasi mit ihr. Aber es reicht trotzdem nie. Zwischendurch trägt sie ihre Kostbarkeiten ins Pfandhaus.

Aber wie Irmgard Keun über Geld denkt, hat sie schließlich gleich in ihrem ersten Buch »Gilgi« geschrieben: »Mein Gott, ist doch's Selbstverständlichste von der Welt: wer Geld übrig hat, gibt's anderen, die ihm nah stehn – die gerade nichts haben.«[28] Sie wiederholt dieses Credo an anderen Stellen und hält sich selbst daran. Geld ist nicht wichtig, abgesehen davon, dass sie es unbedingt braucht und großzügig damit umgeht.

Bis Irmgard Keun die Notwendigkeit der Emigration akzeptiert, vergehen etwa drei Jahre. Verschiedene Gründe verlangsamen den Schritt. Um Deutschland endlich verlassen zu können, fehlen ihr zwei Dinge: ein eigener, von Ehemann Tralow unabhängiger Pass und ein ausländischer Verlag für ihre Bücher. In Frankfurt erhält sie 1935 schließlich den Pass, und die deutsche Abteilung des holländischen Verlags Allert de Lange gibt ihr Anfang 1936 einen Vertrag für »Das Mädchen, mit dem die Kinder nicht verkehren durften«. Im Mai 1936 ist es so weit – Irmgard Keun, einunddreißig Jahre alt, emigriert ins belgische Ostende.

»Ich kann's ja noch gar nicht glauben, daß ich nun nicht mehr im Nazi-Land bin und wirklich frei schreiben, sprechen, atmen kann«[29], schreibt sie an Arnold Strauss. Nun wolle sie nicht wie viele bequem das Geschehen »von der Parkettloge verfolgen«, sondern gegen das Naziregime kämpfen. »Was in Deutschland geschieht, geht die ganz Menschheit an.«[30]

Arnold Strauss hat im August 1935 in einer Klinik der Kleinstadt Montgomery in West Virginia/USA als Pathologe eine Stelle gefunden und hofft unverdrossen darauf, dass sie nun bald nachkommen und seine Ehefrau werden möge. Etwas näher gerückt ist sie ihm durch die Emigration schon.

»In der Halle des Hotel Métropole fand ich ein hübsches, junges Mädchen, blond und blauäugig, in einer

249

weißen Bluse, das lieb lächelte und wie ein Fräulein aussah, mit dem man gleich tanzen gehn möchte.« So erzählt Hermann Kesten, erfolgreicher Romanautor und Irmgard Keuns späterer Lektor in Holland, von ihrer ersten Begegnung im Sommer 1936. »Aber wir saßen noch nicht am Tisch bei einer Tasse Kaffee und einem Glas Wein, da sprach sie schon von Deutschland, mit blitzenden Augen und roten, witzigen Lippen ... Ihre weiße, seidene Bluse und ihre blonden Haare flatterten wie in einem wilden Wind ... Sie war naiv und brillant, witzig und verzweifelt, volkstümlich und feurig und kein Fräulein mehr, mit dem man tanzen gehen wollte, sondern eine Tochter, die sich ihrer Väter und Brüder schämt, eine Prophetin, die anklagt, ein Prediger, der schilt, ein politischer Mensch, der eine ganze Zivilisation verschlämmen sah. Alles an ihr sprach und lachte und höhnte und trauerte. Sie war ganz Schmerz, ganz Empörung, ganz Leidenschaft, ganz Humor.«[31]

Der Sommer 1936 in Ostende am Meer hat fast etwas Nostalgisches. Nacheinander treffen weitere bekannte Schriftsteller ein, neben Hermann Kesten auch Egon Erwin Kisch, Stefan Zweig, Ernst Toller, Joseph Roth. Irmgard Keun beschreibt die Szene: »Später, als noch mehr Kollegen nach Ostende kamen, hatte jeder ein bestimmtes Café, in dem er an einem stets gleichen Tisch eine Art Dauer-Büro errichtete. Man besuchte einander in den Büros, und besonders gern ließ Kesten sich besuchen, um sich mit heiterem Schwung in ein literarisches Gespräch zu stürzen.«[32] Eine ins Ausland verlagerte Boheme – und doch nicht. Nichts ist freiwillig.

Hermann Kesten macht Irmgard Keun mit Joseph Roth bekannt. Der österreichische Journalist und Essayist ist bereits als Romanautor bekannt geworden. Insbesondere sein »Radetzkymarsch« (1932), ein melancholischer Abgesang auf die 1918 untergegangene österreichisch-ungarische Monarchie, gilt heute als ein Jahrhundertroman.

Die beiden werden für kurze Zeit ein Paar, teilen ein Hotelzimmer und haben ihr »Büro« an weit voneinander entfernten Tischen im gleichen Café. »Roth und ich machen die reinste Schreibolympiade«, er hetzt sie maßlos. »Das angenehme ist, daß man keine Spur verliebt ineinander ist«[33], so viel zumindest meldet sie ihrem Geliebten in die USA. Irmgard Keuns Situation: Noch ist sie mit Tralow verheiratet, mit Strauss heimlich verlobt und für die Emigrantenkreise mit Roth offiziell liiert; nach ihm wird sie im späteren Leben viel ausgefragt werden.

Ihre Situation beschreibt Irmgard Keun annähernd in dem Roman »D-Zug dritter Klasse«, der 1938 in Holland veröffentlicht wird. Dort ergeht es der Gestalt Lenchen so ähnlich wie ihrer Urheberin, sie muss zwischen drei weit voneinander entfernten Männern jonglieren. Einer davon ist Karl (an ihm – sagt die Literaturkritik – haften Züge Roths), seine Gegenwart kann Lenchen zuweilen schwer aushalten: »Schnaps konnte ihn besessen machen von Haß, es war schrecklich, Anlaß seines Hasses zu sein. Denn er haßte klar, grausam, hellsichtig und begründet.«[34] Über Joseph Roth schreibt Irmgard Keun: »Er wußte, daß er ewig heimatlos war und sein würde. Alles, was seinem Wesen nahe kam – Menschen, Dinge, Ideen –, erkannte er bis in die verborgenste Unzulänglichkeit hinein und bis in jene Kälte, die auch den lebendigsten wärmsten Atem einmal erstarren macht.«[35] Zwischendurch, sagt sie, konnte er damals seine »Qualen und Traurigkeiten« noch vergessen, konnte noch lachen, bis zum Ende hin die Traurigkeit seine Fähigkeit zum klaren Hass auslöschte.

Roth und Keun reisen zusammen durch Europa. Wenn es finanzierbar ist, erster Klasse. Da sind die Passkontrollen weniger streng: nach Holland, Frankreich, nach Österreich und Polen. Viele der beängstigenden Erfahrungen, die Irmgard Keun bei diesen Reisen machte, sind im Roman »Kind aller Länder« der zehnjährigen Kully zugeschrieben: das ruhelose Leben in Hotels, für die das Geld fehlt, die Sorge um Pass und Visum, die Angst vor Grenzpolizisten.

Die Biographin Gabriele Kreis schreibt über die Beziehung zwischen Keun und Roth, die die gemeinsamen Freunde schon wegen der äußerlichen Ungleichheit verwunderte: »Beide sind zu den ungeheuerlichsten Entgleisungen fähig und zu den schönsten Gesten der Freundschaft, beide sind begabte Verschwender, beide sind Meister der Beobachtung – auch der Selbstbeobachtung – und beide leiden an sich ...«[36] Anderthalb Jahre währt die produktive und anstrengende Liaison. In Paris, Anfang 1938, findet sie ein Ende. Roths Tod im Jahr darauf trifft Irmgard Keun sehr.

»Nach Mitternacht« (1937) ist Irmgard Keuns erster im Exil geschriebener Roman. Mit diesem Buch gelingt ihr eine sehr eindrucksvolle Beschreibung des Alltags unter den Nationalsozialisten. Ganz unpolitische, liebenswerte Kleinbürger werden in den Strudel der allgemeinen Unterdrückung hineingerissen und passen sich schon bald den neuen Machtverhältnissen an. »Nach Mitternacht« erzählt die Geschichte der Mitläufer in Deutschland. Das Buch wurde gleich im Erscheinungsjahr 1937 von Klaus Mann als herausragendes Zeitdokument rezensiert und in alle wichtigen europäischen Sprachen übersetzt.

Aufgerollt wird die Erzählung über die Hauptfigur Sanna, eine achtzehnjährige junge Frau, die ihre ganz persönlichen Erfahrungen mit den Nazis macht und am Ende emigrieren muss.

Den nationalsozialistischen Alltag erleben wir aus ihrem Blickwinkel, so etwa die Aufregung der Menschen, auch der Menschen in Uniformen, in einer

Frankfurter Kneipe: »Der Führer war nämlich heute in Frankfurt, um vom Opernhaus ernst ins Volk zu blicken …«[37] Einen großen Aufmarsch und wogende Menschenmengen hat es gegeben. Vom Nachbartisch prosten ein paar SS-Leute den Mädchen zu; sie mögen die ganze Welt meinen, »aber natürlich keine Juden, Sozialdemokraten, Russen, Kommunisten und Franzosen und solche Leute«[38]. Jeder beobachtet jeden, jeder denunziert jeden: »Mütter zeigen ihre Schwiegertöchter an, Töchter ihre Schwiegerväter, Brüder ihre Schwestern, Schwestern ihre Brüder, Freunde ihre Freunde, Stammtischgenossen ihre Stammtischgenossen, Nachbarn ihre Nachbarn.«[39]

Sanna lebt vor ihrer Emigration in Frankfurt bei ihrem viel älteren Stiefbruder Algin, einem »berühmten Schriftsteller«, der allmählich aufpassen muss, was er schreibt. Nicht Großstadtthemen – wie die von Keun – sollen es sein, sondern etwas über »dampfende Erdschollen … Der Sinn der Erdschollen besteht darin, daß die Dichter sie besingen müssen, um nicht auf dumme Gedanken zu kommen und nachzudenken, was in den Städten los ist und mit den Menschen.«[40] Algin verlegt sich auf historische Themen, um weiterschreiben zu können. Doch sein Schriftstellerkollege Heini rechnet auf furiose Weise mit ihm ab: »Du hattest mal Talent, du hattest mal Erfolg. Jetzt ist dein Leben arm geworden, schmutzig auch. Deiner Frau zuliebe, deiner albernen Wohnung zuliebe, deinen Möbeln zuliebe hast du lächerliche Konzessionen gemacht … Ein Schriftsteller hat sich weder vor den eigenen Sätzen noch vor Gott und der Welt zu fürchten, wenn er schreibt. Ein Schriftsteller, der Angst hat, ist kein Schriftsteller. Aber abgesehen davon: du bist überflüssig. Durch die Diktatur ist Deutschland ein vollkommenes Land geworden. Ein vollkommenes Land braucht keine Schriftsteller … Ohne Unvollkommenheiten gibt es keine Schriftsteller und keine Dichter.«[41]

Es ist einigermaßen unverständlich, wie sich angesichts dieser unerbittlichen Anklage Irmgard Keuns gegenüber sich arrangierenden Kollegen, ihrer erbarmungslosen Sicht auf die alltäglichen Vorgänge im Dritten Reich, angesichts ihres gnadenlosen Blicks auf falsche Fassaden, der Begriff »Humorist« für ihre Person noch halten konnte. Tucholsky wie Hermann Kesten, der alle Seiten ihres Schreibens kannte, meinten ihn verwenden zu können. Die Schriftstellerin Ursula Krechel stellt 1979 in einem bemerkenswerten Essay über Irmgard Keun die grundsätzliche Frage, wie das »patriarchalische Gedächtnis« wohl funktioniere, in dem weibliche Kulturleistungen wie die der Keun so rasch in Vergessenheit geraten konnten. Denn über viele Jahre, in den Sechzigern und Siebzigern, war Irmgard Keun vergessen, eine Autorin, deren Talent in den dreißiger Jahren so hoch gelobt worden war. »Frauen werden nicht einfach vergessen, weil sie Frauen sind. Für jede einzelne von ihnen, deren Spur versickert, wird eine glaubwürdige, ganz individuelle, unverwechselbare Todesursache ausgeheckt«[42], schreibt Ursula Krechel. Gleichsam eine eigene Geschichte für jede Frau, derentwegen man sie gleich vergessen kann. Es finde ein seltsamer Selektionsprozess statt: »Man kann«, bemerkt sie weiter, »eine Schriftstellerin unter einem Epitaph begraben, das sie fahrlässig fälschlich einer niederen Gattung zuordnet. Eine in Köln oder um Köln herum ansässige Humoristin, das ist eine Bezeichnung für Lokalnachrichten.«[43]

In die USA, so schreibt Irmgard Keun über die Jahre mehrfach an Strauss, werde sie erst dann kommen, wenn sie finanziell unabhängig sei. Solange das noch nicht der Fall ist, darf er allerdings weiter für sie zahlen. Von finanzieller Selbständigkeit kann zwar auch im Mai 1938 bei ihr nicht die Rede sein. Doch nun endlich, wenige Monate nach der Trennung von Roth und der inzwischen erfolgten Scheidung von Tralow, entschließt sich Irmgard Keun zu einer Reise in die USA. Fast drei Jahre haben sie und Arnold Strauss sich nicht mehr gesehen. Er mietet in Virginia Beach ein Zimmer mit Meerblick für sie, glaubt sich am Ziel jahrelangen Wünschens. Sogar einen Laden, in dem es guten, nicht zu teuren Wein zu kaufen gibt, hat er ausfindig gemacht.

Aber je konkreter die Möglichkeit dieses Lebens in einer amerikanischen Kleinstadt an seiner Seite wird, desto mehr schreckt Irmgard Keun davor zurück. Sie fürchtet die Enge der Provinz. Europa, das Großstadtleben, das »Herumschwirren« gehören einfach zu sehr zu ihrem Lebensstil. Vorsorglich warnt sie Strauss noch einmal: »Und dann brauche ich auch Zigaretten und anständigen Alkohol und muß auch jeden Tag mal in ein Lokal, um zu schreiben. Ich kann nun mal nicht den ganzen Tag zu Haus sitzen – ich brauche immer wieder mal eine veränderte Atmosphäre und so nebenbei was sehen und beobachten können. Wenn ich so ganz und gar das Leben einer Hausfrau führen müßte, würde ich bald matt und kläglich werden. Ist das klar?«[44]

Für die Reise hatte sie gleich ein Rückfahrticket gekauft. Am Ende bleibt sie nur zwei Monate, »entsetzt über das ›kleinbürgerliche‹ Ärztemilieu, in dem Arnold damals verkehrte. Kleinbürgerlich«, präzisiert Freundin Ria Hans, »war für sie alles, was nicht schlampig war.«[45]

Immerhin wertet Irmgard Keun diesen Besuch in den USA auch schriftstellerisch aus: Kully, das »Kind aller Länder«, kann auf diese Weise auch noch eine Reise nach Amerika machen. Bald nach Keuns Rückkehr, im Herbst 1938, erscheint das Buch. Wiederum ein Erfolg. So wird die Schriftstellerin in der führenden Emigrantenzeitschrift »Das Wort« (vom März 1939) »nicht nur als außergewöhnliches Erzähltalent, sondern auch als Meister origineller Komposition« gerühmt.

Wieder in Europa, spürt sie sofort, dass das Leben für Emigranten zunehmend gefährlicher geworden ist. »Die Stimmung ist fiebrig und schrecklich hysterisch«, schreibt Irmgard Keun nun von ihrem neuen Fluchtpunkt Amsterdam an Strauss. Jetzt hätte sie gern sobald wie möglich das nächste Schiff Richtung USA bestiegen. Aber es gelingt ihr nicht mehr, rechtzeitig die nötigen Papiere zu bekommen. Und Arnold Strauss beginnt, sich allmählich von ihr zurückzuziehen. Er heiratet 1941 die Amerikanerin Marjory S. Spindle. Sie fungiert später als Mitherausgeberin des Briefwechsels Strauss/Keun.

Als im Mai 1940 deutsche Truppen in Amsterdam einmarschieren, muss Irmgard Keun untertauchen. Seitdem lebt sie ohne feste Adresse. Sie beginnt unmäßig zu trinken, wird krank und nimmt sehr ab. Zu Irmgard Keuns Rettung trägt bei, dass der »Daily Telegraph« im August 1940 die Falschmeldung bringt, sie habe Selbstmord begangen. Nun verfolgen die Nationalsozialisten sie nicht weiter, und sie kann unbemerkt unter dem Namen Irmgard Charlotte Tralow nach Deutschland zurückkehren, wo Freunde – darunter Johannes Tralow – und vor allem ihre Familie ihr helfen, während des Kriegs im Untergrund zu überleben. Ihr Mut, ihr Bewegungsradius sind erstaunlich groß. Sie reist viel, ist mal in Moselkern oder Breslau, mal in Berlin, München und an anderen Orten, meist aber bei den inzwischen alten Eltern. Die sind in ein Hotel in

Bad Hönningen am Rhein ausgewichen, nachdem das Haus in Köln 1943 von einer Bombe getroffen wurde. Sie ist wieder Tochter und steht den Eltern bei, als die Nachricht eintrifft, dass ihr Bruder Gerd in Russland gefallen ist; den eigenen Kummer ersäuft sie in Wein. Schreiben tut sie nichts. Von jeder Bombe hofft sie, dass sie das Ende des Kriegs näher bringe.

Als es endlich so weit ist, kehrt Irmgard Keun in das zerstörte Elternhaus nach Köln zurück, wo ihr Souterrainzimmer und Reste des Erdgeschosses notdürftig zu bewohnen sind. Am hektischen Wiederaufbau mag sie sich nicht beteiligen. Die Trümmer leuchten ihr mehr ein. Sie trinkt viel und wird im Januar 1946 zum ersten Mal schwer alkoholisiert in das Landeskrankenhaus Bonn gebracht. Doch dann schreibt sie als freie Autorin bis 1948 regelmäßig und erfolgreich satirische kleine Stücke für den Nordwestdeutschen Rundfunk über das »Ehepaar Wolfgang und Agathe«, über die herrschende restaurative Stimmung, die alten Nazis, die bald besser dastehen als ehemalige Emigranten, und überhaupt über die hässlichen Deutschen. Wie schon immer liebt Irmgard Keun den ethnologischen Blick auf das Alltägliche. Das wird so fremd, wird seltsam. Das Verlogene, das Komische, das Grandiose, das Zerbrechliche werden auf diese Weise sichtbar.

Und sie arbeitet an dem Roman »Ferdinand, der Mann mit dem freundlichen Herzen«. Es wird ihr letzter Roman und der einzige mit einer männlichen

Hauptfigur. Er erscheint 1950. Ferdinand ist immer für andere, nie für sich selber da. Er ist flexibel, passt sich an – eine mit Witz dargestellte Figur, nicht untypisch für die Nachkriegszeit.

Ihre bisherigen Romane werden wieder aufgelegt und erscheinen als Nachdrucke in Zeitungen. Geld hat sie also, aber sie braucht auch viel, vor allem für Alkohol. Auf ihr Äußeres achtet sie nur noch wenig. Schmutzige Fingernägel, Flecken auf Kleidern nimmt sie nicht wahr. Die Perücke, die sie schon sehr früh zu tragen beginnt, nachdem sie einmal die Haare mit einer Lockenschere ruiniert hat, sitzt nicht immer gerade.

Irmgard Keun wird schwanger und bringt im Juli 1951 ihre Tochter Martina zur Welt. Sie ist sechsundvierzig Jahre alt. Den Vater gibt sie nicht an und setzt bewusst provokant eine große Geburtsanzeige in die Zeitung, unterzeichnet mit Irmgard Keun. Sie liebt das Kind, lässt ihm viel Freiheit. »So wie sie mich damals erzogen hat, werden heute Kinder erzogen«[46], sagt die erwachsene Tochter. In der spießigen Landschaft der fünfziger Jahre fällt das »ungezogene« Kind allerdings eher aus dem Rahmen. Trotz aller Großzügigkeit aber ist die Mutter für die Tochter Autoritätsperson, die ihr längst nicht alles durchgehen lässt. Den Schulen der Bundesrepublik traut Irmgard Keun nicht, daher wird Martina erst verspätet in einem Internat eingeschult. Dass ihre Mutter Schriftstellerin ist, weiß Martina zwar schon früh, liest deren Bücher aber erst mit etwa zwanzig. »Ich hatte das Gefühl, manchmal: Sie wollte es gar nicht. Es war ihr nicht wichtig.«[47]

Zu den Menschen, die Irmgard Keun in Köln kennt, gehören für eine Weile auch der Schriftsteller Heinrich Böll und seine Frau Annemarie. Die meisten der Freunde und Bekannten brechen jedoch nach einer gewissen Zeit den Kontakt zu ihr ab, denn nach einigen Gläsern Wein wird sie oft anstrengend bis ausfallend. Zuweilen zieht sich Irmgard Keun aus Scham darüber auch selbst zurück, wenn ihr, wieder in nüchternem Zustand, ein peinlicher Vorfall dunkel ins Gedächtnis zurückkehrt. So berichtet Tochter Martina.

Immer stiller wird es um die Schriftstellerin, die mit ihren Depressionen kämpft und keinen Antrieb mehr hat, weiterzuarbeiten. Sie muss mit Menschen sprechen, um sich lebendig zu fühlen. So zecht sie mit wildfremden Leuten in der Kneipe, erzählt brillant formulierte, druckreife Geschichten und stürzt am Ende immer wieder ab.

Schon 1955 ist Irmgard Keuns Vater an den Folgen eines Unfalls gestorben, 1962 folgt ihm ihre Mutter, die sich bis dahin trotz ihres Alters sowohl um die Enkelin wie um den Haushalt zu kümmern suchte. Irmgard Keun selbst wird im gleichen Jahr für sechs Monate im Krankenhaus Düren wegen ihres Alkoholismus behandelt. Allmählich gerät sie in Vergessenheit. Sie trägt

Irmgard Keun, um 1980

stets leere Kladden mit sich herum, kann aber nicht mehr schreiben.

Von 1966 bis 1972 verschwindet sie dann ganz aus der Öffentlichkeit – im Landeskrankenhaus von Bonn. »Diagnose: Geistesstörung infolge Sucht.«[48] Dort allerdings lebt sie in einem Zweibettzimmer nach einer Weile fast wie in einer Pension – von rosa Seide umhüllt, umgeben von Zeitungen. Ausgehen kann sie, wann sie will. Denn ihre Fähigkeit, sich als etwas Besonderes zu inszenieren, Menschen für sich einzunehmen, hat sie auch in diesen beschränkten Verhältnissen nicht verlassen. Martina wird zunächst in einem Waisenhaus und dann in einem Kinderheim untergebracht. Die Kosten trägt das Sozialamt Köln.

Die ersten Jahre nach Irmgard Keuns Entlassung verlaufen armselig. Von Bonn zieht sie wieder nach Köln, weil sie sich dort wohler fühlt. Das Elternhaus wurde längst verkauft.

Drei Jahre vor ihrem Tod wird Irmgard Keun ein drittes Mal – nun als »verbrannte Dichterin« – entdeckt. Und noch einmal kommt sie groß heraus, wird zum Kult. Sie schaut dem späten Treiben um ihre Person »eher amüsiert« zu. Man bittet sie um Interviews, bei denen sie ihr Leben immer neu erfindet – »aus Spaß am Fabulieren«[49]. Bei ihren Lesungen drängelt sich das Publikum. Ihre Bücher werden wieder neu aufgelegt. Das heißt auch, sie hat nun wieder Geld und gibt es mit vollen Händen für Dinge aus, die ihr schon immer Vergnügen bereiteten. Vier Pelzmäntel schafft sie sich an und teuren Schmuck. Für eine kleine Weile ist sie noch einmal »ein Glanz«.

Am 5. Mai 1982 stirbt Irmgard Keun mit siebenundsiebzig Jahren. »Sie hat«, schreibt ihr langjähriger Freund Klaus Antes, »gearbeitet, um leben zu können, und getrunken, um schreiben zu können nach alledem, was war, und als sie nicht mehr schreiben konnte und nicht mehr leben wollte, weitergetrunken.«[50]

»Meine Neugierde, die Welt kennenzulernen,
war immens«

Gisèle Freund (* 1908), Fotografin

Von Rosemarie Bus

Ginge es nach Gisèle Freund selbst, dürfte sie nicht in diesem Buch vertreten sein. Auf die Frage nach ihrem Beruf antwortet sie – eine der berühmtesten Fotografinnen – bis heute mit Fotojournalistin. »Mein Lebtag habe ich mich dagegen gewehrt, als Künstler angesehen zu werden.«[1] Sie ist der Auffassung, dass ein Foto in erster Linie ein Dokument ist und ein Fotograf ein Dokumentarist. Sie gibt aber zu: »In wenigen Fällen, die ich allerdings als Ausnahme ansehe, können den Fotografen Bilder gelingen, die über den dokumentarischen Wert hinaus einiges von seinen Gedanken und Erfahrungen mitteilen. Das sind dann die seltenen Aufnahmen, die im kollektiven Gedächtnis der Menschheit fortleben.«[2] Diesen Fotos gesteht sie zu, Kunst zu sein. Ihre eigene Arbeit beurteilt Gisèle Freund dabei sehr streng. Nur in einem ihrer Bilder sieht sie die oben beschriebene Qualität, in der berühmten Profilaufnahme der englischen Schriftstellerin Virginia Woolf. »Ich glaube, da habe ich ein außergewöhnliches Bild eingefangen … Sicher das beste, das zu machen mir vergönnt war.«[3] Der Rest der Welt, der über die künstlerische Leistung von Gisèle Freund zu urteilen hat, legt nicht so strenge Maßstäbe an. Eine »Künstlerin wider Willen«[4] nennt sie der Kunsthistoriker Hans Puttnies, und ihre Freundin Adrienne Monnier, die legendäre Pariser Buchhändlerin, schrieb schon 1939: »Gisèle Freund hat ein menschliches Talent, das sie in die Nähe von Nadar rückt.«[5] Den französischen Fotopionier Nadar hat Gisèle Freund stets als Künstler bewundert.

Es gibt ein Porträt, das der Amerikaner Robert Mapplethorpe, ein anderer berühmter Fotokünstler, 1984 von seiner Kollegin Gisèle Freund aufnahm. Es entstand in ihrer Pariser Wohnung, in der sie heute noch lebt. Als Mapplethorpe die damals Sechsundsiebzigjährige besuchte, fotografierte er sie vor ihrer Bücherwand in einem Thonetstuhl sitzend. Ihre braunen Haare sind sorgfältig frisiert, zeigen keine Spur von weiß. Ungebeugt und selbstbewusst schaut sie in die Kamera. Sie trägt einen dunklen Rollkragenpullover, eine Männerarmbanduhr und eine Halskette und Ohrringe aus stilisierten kleinen Blumen. Neben ihrer rechten Schulter steht das bereits erwähnte Foto von Virginia Woolf mit dem für sie so typischen melancholischen Ausdruck in den Augen. Im Kontrast dazu Gisèle Freund. Hellwach, kritisch, skeptisch. Die Hand am Kinn. Als überwache sie Mapplethorpe, damit er seine Sache ja gut mache. Ganz die »stolze Fotografin«[6], wie Adrienne Monnier sie schon Jahrzehnte zuvor beschrieben hat und die Mapplethorpe jetzt genauso porträtiert.

»Jeder Mensch, jedes Leben hat sein eigenes Gesicht.«[7] Der Satz Gisèle Freunds ist charakteristisch für ihre Arbeit – und gilt natürlich auch für sie selbst. Schon in einem wunderbaren Kinderbild, das die sechsjährige Gisèle mit ihren Cousins und Cousinen und dem Großvater Wilhelm Drese an dessen 70. Geburtstag zeigt, wird der Stolz und die Stärke sichtbar, mit der sie ihr Leben anpacken wird. Alle Kinder sind als Erwachsene verkleidet. Gisèle steht im Vordergrund. Sie trägt einen Anzug mit Weste, eine Perücke und einen angeklebten Schnurrbart. Die rechte Hand steckt lässig in der Hosentasche, in der linken hält sie eine Zigarre ihres Großvaters. Selbstbewusst und gerade guckt sie in die Kamera. Ohne Scheu und voller Neugier. Sie lächelt nicht wie die anderen Kinder. Nur ja nicht anbiedern. Auch für das Gesicht der sechsjährigen Gisèle gilt, was die erwachsene Fotografin später immer wieder verblüffte: »Das Gesicht eines Kindes zeigt, wieviel es bereit ist, vom Leben anzunehmen.«[8]

Gisèle Freund wurde am 19. Dezember 1908 unter dem Namen Gisela Freund in Berlin-Schöneberg geboren und wuchs in einem großbürgerlichen, jüdischen Haus auf, ohne dass die Religion je ein Thema gewesen wäre. »Völlig atheistisch« sei sie erzogen worden, erinnert sich Gisèle Freund. »Wir feierten Weihnachten wie alle anderen.«[9]

Der Vater Julius Freund war Geschäftsmann. Er in-

teressierte sich sehr für Malerei und trug im Laufe der
Jahre eine ansehnliche Gemäldesammlung zusammen.
Die konnte er später vor den Nazis in die Schweiz retten, wo sie 1942, nach seinem Tod, versteigert wurde
und Gisèle Freunds Mutter Clara das Überleben in
England sicherte. Seine Liebe zur Kunst beeinflusste
die junge Gisèle – die damals noch Gisela hieß – schon
früh. Durch ihn und seine Begeisterung für Bilder
entwickelte sie von Kindheit an ein Gefühl für Kom-
positionen und Farben. Julius Freund schenkte seiner
zwölfjährigen Tochter auch die erste Kamera, eine
Voigtländer. Das entsprach ihrem »Drang, etwas
Schöpferisches zu tun«[10], und sie probierte lustvoll das
neue Spielzeug aus.

Das berühmteste Gemälde der Sammlung ihres Vaters war der »Kreidefelsen auf Rügen« von Caspar David Friedrich, und eines der ersten Fotos, das Gisèle
Freund aufnahm, ist stark davon geprägt. In einer im-
posanten Berglandschaft sitzt ein einsamer Wanderer
mit dem Rücken zur Kamera und betrachtet die Aussicht. Schon damals hatte die Schülerin ein Prinzip des
Fotografierens erkannt, das sie erst Jahre später auch in
Worte fassen konnte: »Die Technik ist nicht so wichtig.
Das Auge bestimmt das Bild.«[11]

So herzlich die Beziehung zu ihrem Vater war, zu
ihrer Mutter blieb sie zeitlebens unterkühlt. Clara
Freund war der Auffassung, dass Umarmungen und
Küsse unhygienisch seien, was dazu führte, dass Gisèle

das Gefühl hatte, von ihr nicht geliebt zu werden. »Zum Glück hatte ich die Liebe meines Vaters.«[12] Auch mit ihrem dreieinhalb Jahre älteren Bruder Hans verstand sie sich bestens. In ihren Erinnerungen sind diese beiden die wichtigsten Bezugspersonen in einer alles in allem »goldenen Kindheit«, die auch durch eine Kinderlähmung, die das sechsjährige Mädchen für ein Jahr ans Bett fesselte, nicht zerstört werden konnte. Aber es ist gut möglich, dass die Krankheit den Freiheitsdrang auslöste, der Gisèle Freund später mit beeindruckender Unbekümmertheit immer wieder weggehen ließ, wenn ein Ort ihr zu eng geworden war. »Die Hilflosigkeit, die Angst, sich nicht wehren zu können«[13], die sie als krankes Kind empfand, wollte sie nie mehr spüren. Sätze wie »ich wollte frei sein«, »ich ließ mir meine Freiheit nicht nehmen« wurden zu Leitmotiven ihres Lebens. Eine Vorstellung, die von den wohlhabenden Eltern zunächst unterstützt wurde.

Schon als junges Mädchen reiste Gisèle Freund durch Europa, lernte fließend Englisch und konnte jedem gewünschten Hobby nachgehen. Sobald die Gefahr bestand, für länger an einen Ort gebannt zu sein, wurde sie aktiv. Als die Eltern sie auf eine Hauswirtschaftsschule schicken wollten, um solche Dinge wie Suppekochen und Babywickeln zu lernen, meldete sie sich stattdessen selbst auf einem Berliner Gymnasium für Mädchen aus einfachen Verhältnissen an, wo kein Schulgeld bezahlt werden musste. Ihr war völlig klar,

»daß mir ohne Abitur bestimmte Türen verschlossen bleiben würden. Das Abiturzeugnis war in meinen Augen der Freibrief zu lernen, was immer ich wollte.«[14] Sie zog von zu Hause aus und riskierte den Bruch mit dem Vater. Zum Abitur wurde sie übrigens beinahe nicht zugelassen, »weil ich in Hosen zur Prüfung erschien. Ein junges Mädchen, das auf sich hielt, trug damals keine Hosen.«[15]

Julius Freund, dann doch stolz auf seine eigensinnige Tochter, schenkte ihr zum Schulabschluss eine Leica – Gisèle Freunds zweite Kamera. Die Leica war leichter und kleiner als die Voigtländer und hatte den großen Vorteil, dass man sie locker um den Hals tragen konnte und vor allem nicht mehr auf ein Stativ setzen musste. Dies brachte einen enormen Qualitätssprung weg von der Starre gestellter Aufnahmen hin zur schnellen, unauffälligen Fotografie. Dazu trug auch die Erfindung neuer Filme mit sechsunddreißig Aufnahmen bei.

Gisèle Freund dachte in diesen Jahren noch nicht daran, aus ihrem Hobby einen Beruf zu machen. Sie fotografierte, was ihren Blick auf sich zog, aus Spaß und aus dem Bedürfnis, sich auszudrücken, aber ohne professionelle Ambitionen. 1929 verließ sie mit ihrem damaligen Freund Horst Schade Berlin, um zuerst in Freiburg und dann in Frankfurt am Main bei dem bekannten Soziologen Karl Mannheim zu studieren. Das

Studium betrachtete sie als Ausbildung zur Journalistin. »Dieser Beruf war für mich der Inbegriff der Freiheit.«[16]

Damals begann Gisèle Freund auch die Reihe ihrer Selbstporträts. Eines gelang der neunzehnjährigen Studentin besonders eindrucksvoll. Sie schaut mit ihrem prüfenden Blick, den sie ein Leben lang beibehalten sollte, direkt in die Kamera. Ohne Anflug eines Lächelns – wie schon das kleine Mädchen auf dem Foto mit dem Großvater. Über ihrem Gesicht liegt das Schattenprofil eines Mannes, Horst Schade, »meine erste große Liebe«[17]. Die Beziehung dauerte fünf Jahre und sollte erst in Paris zerbrechen.

In ihren Erinnerungen taucht um diese Zeit herum auch das zweite Schlüsselwort ihres Lebens auf: Neugier. »Meine Neugierde, die ganze Welt kennenzulernen, war immens.«[18] Die Kamera half ihr dabei. Ohne Vorbild und Training benutzte die junge Studentin ihren Fotoapparat wie ein journalistisches Handwerkszeug. Nicht nur um impressionistische Stimmungsbilder festzuhalten oder verwackelte unscharfe Aufnahmen vom Kreis der Studienkollegen und Professoren zu machen, sondern immer stärker auch, um zu dokumentieren.

Als Mitglied einer linken Studentengruppe beobachtete Gisèle Freund mit Sorge die Entwicklung in Deutschland. Sie war bei allen politischen Aktionen dabei und begann, die Stimmung auf der Straße zu fotografieren. Berühmt wurden ihre Aufnahmen von der 1. Mai-Demonstration linker Gruppen in Frankfurt, bedroht von Gegenaufmärschen rechter Corpsstudenten und Nationalsozialisten, dazwischen ein Riesenaufgebot an Polizei. Ein beängstigendes Szenario, und die neugierige Studentin mit der unauffälligen Kamera zwischendrin. Als ahne sie die Ereignisse der folgenden Jahre voraus: »Viele von denen, die ich an diesem 1. Mai 1932 fotografiert hatte, wurden Mitglieder der Nazi-Partei oder kamen in einem Konzentrationslager um.«[19] Gisèle Freund fotografierte die blutigen Rücken verprügelter linker Studenten. Sie sah die Welt durch ihre Kamera und begriff, dass eine Woge von Unmenschlichkeit und Zerstörung heranrollte, vor der sie mit ihren Bildern zu warnen versuchte. Bis auch das nicht mehr möglich war.

Ihr Leben verdankt Gisèle Freund einem Zufall. Sie traf auf der Straße einen Bekannten, der sich wunderte, dass sie noch da war, hatte er doch gehört, dass ihre ganze Gruppe verhaftet werden sollte. Sie nahm seine Warnung ernst, packte das Notwendigste in einen kleinen Koffer und setzte sich in den nächsten Zug nach Frankreich.

Das war die Nacht, in der aus Gisela Freund Gisèle Freund wurde. Zugleich war es die Nacht, in der ihr deutscher Name ihr das Leben rettete. Die Geschichte hat die Fotografin oft erzählt: »Ich hörte das Geräusch der SS, wie sie von Abteil zu Abteil gingen, wie sich jedesmal die Türen hinter ihnen schlossen. Sie kamen ins Abteil: ›Die Papiere! Wohin fahren Sie?‹ – ›Ich bin Studentin und schreibe eine Doktorarbeit über ein französisches Thema. Ich bin nur ein Vierteljahr weg.‹ – ›Aha, ein Photoapparat, aufmachen.‹ Sie fanden nichts.« Geistesgegenwärtig hatte Gisèle Freund einen Film ins Klo geworfen und den wichtigeren zweiten mit den Aufnahmen verletzter Demonstranten unter ihrer Kleidung versteckt. Mit misstrauischen Blicken prüften die Kontrolleure ihren Pass und fragen pampig: »›Sind sie Jüdin?‹ Ohne die Fassung zu verlieren, in dem schneidenden Ton, den mein Vater haben konnte, wenn er verärgert war, und mit der Selbstbeherrschung, die meine Mutter immer bewies, erwiderte ich: ›Ich Jüdin? Haben Sie schon mal eine Jüdin namens Gisela gesehen?‹«[20]

Jahrelang versuchte Gisèle Freund auch ihren deutschen Nachnahmen offiziell ins Französische zu übersetzen, in »Amy« statt »Freund«. Sie wollte Französin sein, den Bruch mit Deutschland mit allen Konsequenzen durchführen.

Das Leben in Paris war nicht einfach für die Exilantin, die nur holprig Französisch sprach. Von den Eltern aus Nazi-Deutschland konnte sie keine Hilfe erwarten, da Juden kein Geld ins Ausland überweisen durften.

Doch das Paris zu Beginn der dreißiger Jahre war

eine tolerante Stadt. Gertrude Stein sagte einmal, ihr gefielen die Franzosen so gut, weil »sie ihr eigenes Leben leben und sie also auch dir dein eigenes Leben lassen«[21]. Diese Offenheit spürte auch Gisèle Freund von Anfang an. Sie gehörte zu den ersten Flüchtlingen aus Deutschland und brachte Fotos mit, die die erschreckende politische Entwicklung jenseits des Rheins dokumentierten. Das öffnete ihr schnell die linksintellektuellen Kreise. Sie lernte Künstler und Literaten kennen und immatrikulierte sich an der Sorbonne im Fach Soziologie, um ihre Dissertation mit dem Titel »La Photographie en France au XIXe siècle« zu schreiben.

Paris war billig. Die Studentin konnte mit ein paar Francs die Woche überleben, und das reichte. Auf den Gedanken, die Fotografie zum Beruf zu machen, kam sie immer noch nicht. Sie wollte das Studium beenden, um Journalistin zu werden. Ein Freund hatte die Idee, sich mit einem Studio für Porträtfotos etwas dazuzuverdienen. Gisèle Freund stieg in das Geschäft ein. Sie fotografierte die Nachbarn ihres Wohnviertels, anfangs aber nur mit mäßigem Erfolg. »Die Kundschaft fand meine Fotos furchtbar. Ich war eine Anhängerin der realistischen Fotografie, und diese Wahrheitsliebe empfanden die Porträtierten als Zumutung. Für mich aber kam nicht die kleinste Retusche in Frage.«[22]

Der Versuch, bei Man Ray ein paar Nachhilfestunden zu nehmen, scheiterte, weil der berühmteste Fotograf seiner Zeit gesalzene Honorare verlangte, die weit über Gisèle Freunds Möglichkeiten lagen. Und Florence Henir, eine andere bekannte Fotografin, lehnte sie als Schülerin ab. »Sie werden nie eine gute Fotografin sein, bei mir verschwenden Sie nur Ihr Geld«[23], murrte sie.

An einem Nachmittag im März 1935 durchstöberte Gisèle Freund die Auslagen vor einer Buchhandlung in der Rue de l'Odéon und kam dabei mit der Besitzerin des Ladens ins Gespräch. Adrienne Monnier war damals schon eine legendäre Figur in Pariser Intellektuellenkreisen, eine Literaturkennerin mit eigenen schriftstellerischen Ambitionen, die in ihrer Buchhandlung die Avantgarde der französischen Literatur versammelte. Mit Sylvia Beach, ihrer amerikanischen Nachbarin von der Straßenseite gegenüber, verband sie dieselbe Leidenschaft für Bücher und schreibende Talente. Beach führte die zweite stadtbekannte Buchhandlung in Paris, die englische »Shakespeare & Company«. Außerdem war sie die erste Verlegerin der Texte von James Joyce. Adrienne Monnier fasste an jenem Nachmittag eine spontane Zuneigung zu der jungen Deutschen mit dem grauenhaften Akzent, und als sie merkte, dass diese viel besser Englisch als Französisch sprach, stellte sie ihr Sylvia Beach vor. Eine Freundschaft begann, die bis zum Selbstmord Adrienne Monniers in den fünfziger Jahren dauerte und die Gisèle Freund Gelegenheit gab für jene Arbeit, mit der sie berühmt werden sollte: ihre

Künstlerporträts, die sie zuerst in Schwarzweiß und ab 1938 in Farbe herstellte.

Adrienne Monnier erkannte die Geldnot ihrer neuen Bekannten und schlug ihr vor, doch einfach all die Schriftsteller abzulichten, die täglich die beiden Buchhandlungen besuchten – berühmte und weniger berühmte. Paul Valèry, Jean Cocteau, André Gide und André Malraux gehörten zu Gisèle Freunds ersten Kunden, und langsam erwarb sie sich einen Ruf in der Szene. Die Schriftsteller vertrauten ihr und empfahlen sie weiter. Colette, Thornton Wilder, Vita Sackville-West, Virginia Woolf, James Joyce und viele andere kamen dazu.

Später hatte Adrienne Monnier die Idee, mit den Fotos eine Ausstellung zu veranstalten. Da damals noch keine Papierabzüge in Farbe gemacht werden konnten, hängte sie in ihrer Buchhandlung ein weißes Leintuch an die Wand und ließ die Fotos darauf projizieren. Und alle, alle kamen. »Der Raum war mit berühmten Schriftstellern überfüllt. Ich erinnere mich nicht mehr, wer im einzelnen anwesend war, aber woran ich mich immer noch erinnere, ist der Anblick der Stuhlreihen, der Leinwand, die in der Dunkelheit leuchtete, und die vertrauten Gesichter, die in wunderschöne Farben getaucht waren ... All die berühmten Autoren, ebenso wie die neuen Talente, vor denen noch eine ungewisse Zukunft lag, zogen vor unseren Augen über die Leinwand.«[24] Simone de Beauvoir, die sich so an den Eröffnungsabend erinnerte, gehörte wie Jean-Paul Sartre zu den Porträtierten. Adrienne Monnier erzählte später: »Als Sartre all diese Gesichter, darunter auch das seine, vorüberziehen sah, sagte er mit Recht: ›Wir sehen aus, als kämen wir vom Krieg zurück.‹«[25] Gisèle Freund hatte sich noch immer nicht der herrschenden Fotografenmode unterworfen und das Retuschieren gelernt.

Bis 1939 machte sie etwa achtzig Porträts von Schriftstellern und reihte sich damit – ohne dass sie sich selbst als Profi verstanden hätte – ein unter die großen Porträtfotografen. Eine Leistung, die sie heute, mit Jahrzehnten Distanz, mit selbstbewusster Ironie einschätzen kann: »Es weiß zwar nicht jeder, wer sie gemacht hat, aber die Fotos selbst sind weltweit bekannt.«[26]

Das Bild, das vielleicht am treffendsten das Leben Gisèle Freunds in Paris wiedergibt, stammt aus dem Jahr 1938. Irgendjemand hat es auf der Straße geschossen. Es zeigt den Schriftsteller James Joyce in Hut und Anzug, wie er mit energischem Schritt einen Bürgersteig entlanggeht. Zu seiner Linken sein Verleger Eugène Jolas und zu seiner Rechten Gisèle Freund im dunklen Schneiderkostüm und Hut. Sie geht noch eine Spur energischer als Joyce. In der rechten Hand hält sie ihr berühmtes Köfferchen, das sie schon aus Deutschland mitgebracht hat und in dem sie in jenen Jahren ihre ganzen Habseligkeiten von einer Wohnung zur nächsten transportierte. Um ihren Hals baumelt offen die Leica. Sie hat als Einzige den Fotografen bemerkt und schaut ihm direkt in die Kamera. Selbstbewusst und ohne Scheu, wie es ihre Art ist.

So viel Ruhm die Porträts auf Anhieb auch einbrachten, genügend Geld verdiente Gisèle Freund damit nicht. Durch Zufall erfuhr sie, dass ein anderer Zweig der Fotografie, die Fotoreportage, wesentlich besser bezahlt wurde. 1936 hatte die neue amerikanische Zeitschrift »Life« bei ihr angefragt, ob sie den Auftrag übernehmen wolle, das Elend der Arbeiterschaft in Nordengland zu fotografieren. Mit ihrer Unerschrockenheit und Begeisterung für Neues machte Gisèle Freund sich auf den Weg. Um Spesen zu sparen, reiste sie per Autostop und übernachtete in Jugendherbergen. Nüchtern, aber immer mit spürbarer Anteilnahme, dokumentierte sie die Armut der Arbeiter in einer Region, die nach einer kurzen Blüte während der Jahre der Depression in unvorstellbares Elend zurückgefallen war. »Life« druckte die Bilder von verhärmten Frauen, zerlumpten Kindern und Männern mit harten Gesichtern. »Meine erste richtige Arbeit als Fotografin.«[27]

Sie erhielt neue Aufträge für Reportagen, auch von dem amerikanischen Magazin »Time« und von französischen Zeitschriften. Und ehe sie sich recht versah, war sie professionelle Fotografin mit zwei Spezialgebieten: »Reportagen, um Geld zu verdienen, und Porträts zu meinem eigenen Vergnügen.«[28]

Gisèle Freunds ursprünglicher Wunsch, Journalistin zu werden, ließ sich in Frankreich nicht realisieren. Sie konnte nicht in einer Sprache schreiben, die sie nur unvollkommen beherrschte. Die Fotoreportage war deshalb das ideale Metier für sie. So konnte sie ihre journalistische Neugierde mit ihrem ureigensten Ausdrucksmittel, der Fotografie, verbinden. Später begann sie aber dennoch, die Texte zu ihren Fotos selbst zu schreiben – vorwiegend in Englisch. »Ich wollte beides gleichzeitig, und ich machte es.«[29]

In ihren Reportagen, vor allem aus der Anfangszeit, ist immer auch die politische Haltung zu spüren, mit der sie früher in Studentengruppen aktiv gewesen war. Ihr soziales Engagement prägte ihre Arbeit als Fotografin entscheidend. In Deutschland hatte sie bei der Demonstration zum 1. Mai einen Spruch auf einem Transparent: »Photographieren ist auch eine Waffe im Klassenkampf« aufgenommen. Und noch als Soziologiestudentin an der Sorbonne hielt Freund die Fotografie für ein »wunderbares Instrument zur Völkerverständigung«. Sie sah ihre Aufgabe darin, »mittels der Fotografie zum Weltfrieden beizutragen«[30].

Nach all den schrecklichen Erfahrungen des Zweiten Weltkriegs und der Bürgerkriege auf fast allen Kontinenten scheint uns dies am Ende des Zwanzigsten Jahrhunderts eine sympathisch naive Vorstellung zu sein. In den dreißiger Jahren aber, als die Fotoreportage das wichtigste Medium zur Erfassung des Weltgeschehens wurde, war es ein optimistischer Idealismus, der von vielen Fotografen geteilt wurde. Wie Gisèle Freund waren sie der Meinung: »Wie soll man einander umbringen, wenn der andere kein Unbekannter ist?«[31] Nur ein paar Jahre später sollte dieser Idealismus von einer grausamen Wirklichkeit ad absurdum geführt werden.

Doch in den Jahren zwischen 1936 und 1939 stürzte sich Gisèle Freund mit Begeisterung auf die vielseitigen Perspektiven, die die Kamera ihr bot. Anders als andere Fotografen interessierte sie die Technik dabei nur am Rande. Die Grundlagen der Fotografie hatte sie sich selbst beigebracht, die Feinheiten lernte sie, soweit sie nötig waren. Diese Unbekümmertheit ließ sie alle Neuerungen offen annehmen. Sie gehörte zu den Ersten, die fast ausschließlich mit der Leica fotografierten, obwohl etwa »Life« seinen Fotografen verboten hatte, mit der kleinen handlichen Kamera zu arbeiten. Die Redaktion befürchtete, die Fotos würden verwackelt und unscharf, also technisch nicht perfekt.

Eine andere Neuerung, mit der Gisèle Freund sofort experimentierte, war der Farbfilm. »Für mich eine absolute Offenbarung. Das Wunder, alle subtilen und sich verändernden Rot-, Grün- und Gelbschattierungen festzuhalten, die Transparenz einer weißen Haut, um das Blau eines Auges herum«, begeisterten sie. »Die Zeit, in der man die Dinge in Licht oder Schatten sah, war vorüber.«[32]

Farbfilme kosteten damals noch ein kleines Vermögen. Das zwang die Fotografin, die immer noch am Rande des Existenzminimums lebte, nicht einfach auf den Auslöser zu drücken, sondern genau hinzusehen. Bilderflut war damals ein unbekanntes Wort. Die Menschen waren noch neugierig auf Bilder und die Fotografen neugierig aufs Bildermachen. Es war die große Zeit der Fotoreportage. Gisèle Freund erkannte die Zeichen der Zeit intuitiv. Ihre Betonung des Inhalts, ihre Verachtung für alle Posen – das war moderne Fotografie und damals richtungsweisend, obwohl es der Fotografin selbst gar nicht bewusst war. Sie beharrte einfach nur – wie alle großen Künstler – auf ihrer Sicht der Dinge. Menschen faszinierten sie, Gesichter. Selbst wenn sie Reportagen fotografierte, ist dieses Mitgefühl für den Einzelnen, das Interesse an seiner Geschichte und seinem Gesicht immer zu spüren. Und sie hatte das Gespür für den richtigen Augenblick.

Man darf nicht vergessen, dass es nach der Erfindung der Fotografie lange dauerte, das Leben spontan abzubilden. In den Anfängen mussten sich die Porträtierten vor der Kamera aufbauen, minutenlang still verharren und damit unweigerlich posieren. Gisèle Freund gehörte zu den Pionieren einer erweiterten Auffassung von Fotografie. Sie »wollte kein Foto erzwingen.«[33]

Vor allem in der Porträtfotografie hat sie dieses Prinzip früh perfektioniert. Sie interessierte sich ohnehin sehr für Literatur und las, bevor sie einen Schriftsteller fotografierte, möglichst alle seine Bücher. Während des Fototermins stellte sie dann Fragen dazu, und weil alle Menschen gerne über ihre Arbeit Auskunft geben, »fühlten sie sich geschmeichelt und begannen zu reden, bis sie mich und die Kamera vergessen hatten.«[34]

»Wie nehmen wir uns selbst wahr und welchen Einfluß hat der Fotograf auf das Bild, das jeder Mensch von sich hat?«[35] Diese Frage hatte die Soziologiestudentin schon beschäftigt, bevor sie als Fotografin arbeitete. Sie merkte dann schnell, dass die Menschen vor der Kamera eine Maske aufsetzen, um schöner zu wirken als in Wirklichkeit. Und an diesem Punkt kam ihre Leidenschaft für Gesichter ins Spiel. Sie suchte die Wahrheit hinter der Maske und benutzte dafür gerne einen kleinen Trick.

Wie der funktionierte, hat sie anschaulich am Beispiel Mitterrand gezeigt: Der französische Präsident ließ 1981 die Aufnahme, die als offizielles Foto des Staatsoberhaupts in allen Beamtenbüros hängen sollte, von Gisèle Freund machen. Die Arbeit war schwierig und ärgerlich für sie, weil er so stark auf seine Pose bedacht war. »Plötzlich hatte ich es. ›Ich habe gehört, Sie sind wieder Großvater geworden?‹ ›Jaaa …‹ hat er gesagt. So bekam ich ein ganz kleines Lächeln auf den Apparat, und weg war ich.«[36]

1940 rückten die Deutschen Gisèle Freund bedrohlich nahe. Drei Tage vor ihrem Einmarsch in Paris flüchtete die Fotografin nach Südfrankreich. Mit dem Fahrrad und nicht mehr Gepäck als ihrem berühmten kleinen Koffer fand sie Unterschlupf in einem kleinen Dorf in der Dordogne. Dort, in der »freien Zone«, ging es in den nächsten Monaten zunächst einmal ums nackte Überleben. Sie schuftete mit den Bauern auf dem Feld und fuhr abends durch die Gegend, um Hamsterkäufe zu machen. In dieser Zeit erfuhr sie auch vom Tod ihres Vaters, der im Londoner Exil gestorben war. Fernab von Bruder und Mutter musste sie mit ihrer Trauer allein fertig werden.

Bald danach kam eine Einladung von Victoria Ocampo, einer reichen Argentinierin, die Jahre zuvor von Gisèle Freund fotografiert worden war. Ocampo schätzte den Umgang mit französischen Schriftstellern und veröffentlichte deren Geschichten zusammen mit Fotos von Gisèle Freund regelmäßig in ihrer damals berühmten Zeitschrift »Sur«. Über Mittelsmänner beschaffte sie Ausreisepapiere für die Fotografin und bezahlte ihr die Schiffspassage nach Argentinien.

Der Weg ins spanische Bilbao war mühsam, die Züge überfüllt mit Emigranten. Alle flohen vor den nachrückenden Nazis. Doch Gisèle Freund blieb optimistisch wie immer, ohne Angst vor Armut oder Hunger: »Der Gedanke daran war mir fremd ... Ich glaubte an mich wie an jemanden, der sich schon durchschlagen wird.«[37]

Bei der Ankunft in Argentinien bewahrte sie die einflussreiche Victoria Ocampo vor der sicheren Quarantäne. Zu Hause steckte sie ihren Gast als Erstes in die Badewanne und verbrannte aus Angst vor ansteckenden Krankheiten und Läusen alle ihre Kleider. Von da an war Gisèle Freund von Luxus umgeben, bekam das Frühstück ans Bett und drei Steaks am Tag serviert. Ihr Ruf als berühmte Porträtfotografin öffnete ihr viele Türen, und sie hätte ohne weiteres ihren Lebensunterhalt als Hoffotografin der argentinischen Oberschicht bestreiten können. Doch mit dem Krieg im Hintergrund und der Not, in der sich viele Menschen in Europa befanden, missfiel ihr der aufwendige Lebensstil der reichen Argentinier mehr und mehr. Ihr Gefühl für soziale Ungerechtigkeiten ließen das bequeme Leben nicht lange zu. Bald machte sie sich wieder auf den Weg und durchquerte Feuerland auf dem Pferd. Während der gesamten Kriegsjahre blieb Buenos Aires ihr Landeplatz, von dem aus sie ganz Südamerika bereiste. Chile, Peru, Bolivien, Brasilien, Ecuador, Uruguay – in jedem Land machte sie Fotoreportagen für amerikanische Zeitschriften. Zwischendurch arbeitete sie als Assistentin des französischen Regisseurs Jacques Remy und lernte von ihm die Grundlagen des Filmemachens. Bald sprach sie perfekt Spanisch und organisierte nebenbei die argentinischen Aktivitäten für »France libre«, eine von Charles de Gaulle gegründete Befreiungsaktion.

Gisèle Freund, Selbstporträt in Mexico, um 1950

Im Jahr 1946 kehrte Gisèle Freund für kurze Zeit nach Paris zurück. Im Gepäck drei Tonnen gespendete Lebensmittel, Schuhe, Zigaretten und sehnsüchtig erwartete Farbbänder für die Schreibmaschinen ihrer französischen Freunde. Im Gegenzug bekamen die Spender – vor allem in Südamerika lebende, französische Industrielle und reiche Argentinier – Bücher und handgeschriebene Briefe französischer Schriftsteller zugeschickt.

Gisèle Freund selbst war schon wieder abgereist. Sie fuhr zunächst nach London und pflegte zusammen mit ihrem Bruder die im Sterben liegende Mutter. Nach der Beerdigung führte sie ihre Arbeit erneut nach Südamerika. Im Auftrag des französischen Außenministeriums sollte sie Bildvorträge über französische Literatur halten, und sie nutzte diese nicht sehr lukrative Aufgabe, um eigene Reportagen zu fotografieren – über die Kunst der Einheimischen, über Alltagsszenen, Städte, Landschaften, Künstler, Bauern.

In den südamerikanischen Ländern kannte sie sich inzwischen so gut aus, dass sie als Spezialistin für diesen Teil der Welt galt. Als Robert Capa 1947 in Paris und New York die Fotoagentur »Magnum« gründete, holte er Gisèle Freund dazu.

Anfangs war sie die einzige Frau bei »Magnum«. Ihr machte das Spaß, denn sie war gerne mit Männern zusammen und konnte auch Capas Avancen mit amüsierter Distanz betrachten. »Capa war ein hübscher Junge und hat allen Frauen gut gefallen. Aber von mir hat er mal eine Ohrfeige bekommen, weil er versucht hat, mich zu küssen. Das hat er mir nie verziehen.«[38]

Die »Magnum«-Fotografen teilten die Welt unter sich auf, und Gisèle Freund bekam – wie sollte es anders sein – Lateinamerika. Die Arbeit für die Agentur band sie zum ersten Mal in ein berufliches Netzwerk ein. Die Fotografen trafen sich regelmäßig irgendwo auf der Welt, sprachen über ihre Arbeit, inspirierten und kritisierten sich gegenseitig. Aus der Außenseiterin Gisèle Freund war eine anerkannte Koryphäe geworden, die Aufträge der besten internationalen Zeitschriften erhielt. »Nach dem Krieg hatten vor allem die Leute in Europa das Bedürfnis, dem Gefängnis zu entrinnen, in das sie eingesperrt gewesen waren. Sie waren begierig, die Welt außerhalb ihrer Mauern zu entdecken.«[39]

Die provozierendste Arbeit aus jener Zeit ist Gisèle Freunds Reportage über Evita Perón. 1950 gab »Life« ihr den Auftrag, die Frau des argentinischen Präsidenten zu porträtieren, die bekannt war für ihre Schönheit und Verschwendungssucht, aber auch für die Faszination, die sie auf die Armen Argentiniens ausübte. Gisèle Freund trennten Welten vom Leben dieses verwöhnten Luxusgeschöpfs, trotzdem gewann sie auf Anhieb die Sympathie Evita Peróns. Zutraulich und stolz öffnete die Argentinierin ihre Kleiderschränke und Schmuckschatullen und kämmte wie Lorelei ihr blondes Haar. Gänzlich unbefangen stellt sie ihren Reichtum und ihre Macht vor der Kamera zur Schau. Mit ihrem unbestechlichen Gefühl für menschliche Regungen erkannte Gisèle Freund: »Ich war so nah an sie herangekommen, weil ich zwar gesund und mit mir im Reinen war, aber keine Schönheit, also in ihren Augen keine Konkurrenz.«[40]

Evita Perón durchschaute die politische Brisanz der Situation nicht. Wohl aber ihr Propagandaminister. Als er mitten in der Nacht höchstpersönlich bei der Fotografin anrief und ihr befahl, ihm alle Negative auszuhändigen, verließ sie mit dem nächsten Flugzeug das Land – nicht zum ersten Mal in ihrem Leben genau im richtigen Moment. »Ich habe immer gewußt, wann ich auf der Stelle zu verschwinden hatte.«[41]

Die Fotos im »Life«-Magazin lösten eine diplomatische Krise zwischen Buenos Aires und Washington aus. Die Zeitschrift durfte in Argentinien eine Zeit lang nicht erscheinen. Aber die Reportage festigte Gisèle Freunds Ruf als unerschrockene, engagierte Fotoreporterin.

Ein Selbstporträt von 1950 strahlt genau diese Energie einer erfolgreichen berufstätigen Frau aus. Gisèle Freund ist zweiundvierzig Jahre alt. Sachlich und prüfend schaut sie in die Kamera, wie immer, wenn sie fotografiert wird. Natürlich trägt sie Hose und Hemdbluse, ihre bequeme Arbeitskleidung. Dazu als kleine weibliche Signale einen gemusterten Seidenschal im

Ausschnitt der Bluse und einen Ring mit einem großen ovalen Stein an der Hand, mit der sie den Drahtauslöser ihrer Kamera hält.

»Ich gehörte zur ersten befreiten Frauengeneration in Deutschland«[42], sagt sie stolz. Sie hat ihre Freiheit genutzt und die Hindernisse einfach ignoriert. Wie sehr sie als Frau in dieser Männerdomäne zu kämpfen hatte, war für sie nie ein Thema, obwohl sie die Probleme sah: »Frauen wurden wie Kinder behandelt, wie Minderjährige. Nicht mehr und nicht weniger.«[43] Und die Tatsache, dass noch 1989 ein Jubiläumsbildband über »Magnum« erschien ohne ein einziges Wort über sie, kommentierte sie als »unverschämt«. Lange Zeit war sie viel zu sehr mit Überleben beschäftigt, um selbst aktiv an der Frauenfront mitkämpfen zu können. Sie hat sich die Gleichberechtigung einfach genommen. Aber sie erkannte sehr wohl, dass dies anderen Frauen nicht so ohne weiteres gelang.

Dass Capa 1954 Gisèle Freunds Mitarbeit bei »Magnum« einfach kündigte, hatte sicherlich auch damit zu tun, dass sie eine Frau war. Ihm behagten zudem ihre linken politischen Ansichten nicht, und er befürchtete, sie könnte der Agentur in den USA schaden, wo in diesen Jahren Senator McCarthy eine regelrechte Hetzjagd gegen Kommunismus und politisch linke Bürger führte. Aber natürlich konnte er diesen Rauswurf nur durchsetzen, weil ihre Position bei »Magnum« zu schwach war. Freund und ihre Kollegen hatten sich über die Jahre in verschiedene Richtungen entwickelt. Die Männer der Agentur verstanden sich immer mehr als Frontfotografen, unterwegs in den Kriegen dieser Welt. Gisèle Freunds unaufgeregte Reportagen passten da nicht länger ins Konzept.

Nach ihrer Arbeit für »Magnum« ließ sie sich nie wieder von einer Agentur verpflichten, arbeitete nur noch selbständig. So schulde sie »niemand mehr Rechenschaft und das war eine Wohltat für mich.«[44]

Nach dem Wirbel über die Reportage von Evita Perón war Gisèle Freund 1950 für einen zweiwöchigen Auftrag nach Mexiko gegangen und zwei Jahre geblieben. »Ich verliebte mich in Mexiko und in einen Mexikaner.«[45]

Über die Männer in ihrem Leben hat Gisèle Freund nie viel erzählt. In ihren Erinnerungen spricht sie offen über ihre Jugendliebe Horst Schade, aber nur kurz über den Franzosen Pierre Blum, den sie 1939 geheiratet hatte, um die begehrte französische Staatsbürgerschaft zu erhalten. Die Verbindung hielt nicht lange und wurde 1946 geschieden.

Auf ihren Reisen lernte Gisèle Freund immer wieder Männer kennen, mit denen sie eine Zeit lang zusammenblieb, bis sie, wenn die Gefühle füreinander erloschen, wieder ihre Unabhängigkeit vorzog: »Sie [die Unabhängigkeit] hindert einen nicht daran, Lebensgefährten zu haben. Ich habe selten allein gelebt, außer

Simone de Beauvoir und Jean-Paul Sartre, Paris 1964.
Foto von Gisèle Freund

jetzt im Alter, wo es freilich am wenigsten wünschenswert ist.«[46]

In Mexiko war Gisèle Freund schnell in die Kreise der Künstler und Intellektuellen integriert. Oft kam sie mit den berühmten Malern Diego Rivera und Frida Kahlo zusammen und machte einige der besten Aufnahmen von der Malerin und ihren Kunstwerken. Aber nach zwei Jahren Mexiko spürte sie wieder einmal, »daß für mich der Augenblick zur Abreise gekommen war«[47].

1952 kehrte die Fotografin nach Paris zurück und kaufte sich eine Wohnung im Süden der Stadt, in der sie auch heute noch lebt. Inzwischen fotografierte sie für

Zeitschriften in der ganzen Welt. Die Regel hieß: Vier Reportagen im Monat, und das Existenzminimum war gesichert. Sie war offen für alle Themen, machte etwa eine große Geschichte über Wahrsager, eine über Landschaftsarchitektur, über den Louvre, das kleinste Modeunternehmen von Paris oder jugendliche Clochards an der Seine. Nebenbei hielt sie Vorträge über französische Literatur, organisierte Ausstellungen und arbeitete für die Unesco. Die unruhigen Wanderjahre waren vorbei. Sie war etabliert und genoss es, nicht mehr kämpfen zu müssen, trauerte aber trotzdem auch bewegteren Zeiten nach. »Nach Mexiko waren für mich die fünfziger Jahre eine Zeit ohne besondere Ereignisse, auch ohne wichtige Begegnungen.«[48] Der Umgang mit Künstlern und Intellektuellen war zur Routine geworden, die Fotografin jetzt häufig berühmter als die Menschen, die sie porträtierte. Viele der Weggefährten von einst hatten selbst Karriere gemacht. André Malraux vor allem, der Diskussionspartner aus den Tagen vor dem Krieg, wurde Anfang der sechziger Jahre französischer Kulturminister unter Charles de Gaulle.

1957 entschloss sich Gisèle Freund, Schluss zu machen mit ihrem »wilden Haß, der in mir alle Deutschen verurteilte«[49]. Eine befreundete Psychologin hatte ihr geraten: »Du kannst Deine Vergangenheit nur überwinden, wenn Du dich ihr stellst«[50], und so fuhr sie nach Berlin. In den Jahren danach rang sie sich zu der Er-

kenntnis durch, »daß es ungerecht ist, ein ganzes Volk zu verdammen wegen der Machenschaften eines Verrückten wie Hitler und seiner Gefolgschaft«, und sie gesteht: »Das einzusehen und zu akzeptieren war nicht so leicht, wie es scheinen mag; ich brauchte sehr lange Zeit dafür.«[51]

Mit einer Ausstellung ihrer Porträts in der Pariser Bibliothèque Nationale begann 1963 die weltweite Anerkennung der künstlerischen Leistung der Fotografin Gisèle Freund. Nun wurde sie in einem Atemzug mit ihren Kollegen Brassai oder Cartier-Bresson genannt. Ihre Art zu fotografieren galt als richtungsweisend für eine ganze Generation junger Fotoreporter. 1974 erschien ihre überarbeitete und ausgeweitete Dissertation unter dem Titel »Photographie und Gesellschaft«. Gisèle Freund bekam ihren Platz unter den großen Theoretikern der Fotografie.

Rückblickend erinnert sie sich an ihr Vorbild, den Berliner Zeichner Heinrich Zille, der schon 1880 mit seiner Kamera absichtslos durch die Straßen gestreift war und das alltägliche Leben so abgelichtet hatte, wie es sich ihm darbot. Zilles Fotos, schreibt Gisèle Freund, »berühren den Beschauer durch ihre menschliche Qualität. Der Wert der Dokumentarfotografie ist um so größer, je mehr der Fotograf von sich absieht. Das einzige, was zählt, ist das Modell. Wenn seine Arbeit beendet ist, besteht die Arbeit eines guten Fotografen darin, als sensibles Instrument gedient zu haben, dank dessen sich die Persönlichkeit des Dargestellten offenbart.«[52]

Gisèle Freund war immer der Meinung, dass der Mensch vor der Kamera wichtiger ist als der dahinter. Eine bescheidene Haltung, die keineswegs für alle Fotografen selbstverständlich ist, an der sie aber bis heute unbeirrt festhält. Andere Überzeugungen hat sie geändert. Die junge Fotografin, die angetreten war, mit Hilfe der Fotografie Klischees und Vorurteile überwinden zu helfen und mitzuwirken an einer besseren Welt, wurde von der Zeit eines anderen belehrt. Für die Fünfundachtzigjährige hat sich diese Utopie als »eine fromme Lüge« entpuppt. »Alles Unsinn, nicht wahr?«[53]

Quellenverzeichnis

Eleonora Duse

1 Gabriele D'Annunzio, Das Feuer. München: Verlag Matthes & Seitz 1988, S. 236

2 Olga Resnevic-Signorelli, Eleonora Duse. Berlin: Deutscher Verlag, o. J., S. 5

3 D'Annunzio, Feuer, a. a. O., S. 404

4 Resnevic-Signorelli, Duse, a. a. O., S. 11

5 Luigi Rasi, Die Duse. Berlin: S. Fischer Verlag 1904, S. 10

6 D'Annunzio, Feuer, a. a. O., S. 416

7 Rasi, Duse, a. a. O., S. 21

8 William Weaver, Duse. San Diego – New York – London 1984. Zit. nach: Doris Maurer, Eleonora Duse, rororo monographie. Reinbek: Rowohlt Verlag 1988, S. 18

9 Rasi, Duse, a. a. O., S. 22 f.

10 Resnevic-Signorelli, Duse, a. a. O., S. 32

11 ebd., S. 46

12 Weaver, Duse, a. a. O., S. 20

13 Resnevic-Signorelli, Duse, a. a. O., S. 27

14 ebd., S. 50 f.

15 Alfred Kerr, Die Welt im Drama. Köln/Berlin 1954. Zit. nach Maurer, Duse, a. a. O., S. 77

16 Resnevic-Signorelli, Duse, a. a. O., S. 45

17 ebd., S. 54

18 ebd., S. 59

19 Weaver, Duse, a. a. O., S. 47

20 Bianca Segantini, Francesco von Mendelssohn (Hrsg.), Eleonora Duse. Bildnisse und Worte. Berlin 1926, S. 16

21 ebd., S. 84

22 Herrmann Bahr, Eleonora Duse (Führer durch das Gastspiel von Eleonora Duse). O. O. 1892. Zit. nach Maurer, Duse, a. a. O., S. 50

23 Vincenzo Orlando, Die Quelle der Leichtigkeit. Einleitung zu D'Annunzio, Feuer, a. a. O., S. 19

24 Paul Radice (Hrsg.), Eleonora Duse und Arrigo Boito, Lettere d'amore. Mailand 1979. Zit. nach Maurer, Duse, a. a. O., S. 64

25 D'Annunzio, Feuer, a. a. O., S. 313 f.

26 Orlando, Die Quelle der Leichtigkeit, a. a. O., S. 18

27 D'Annunzio, Feuer, a. a. O., S. 260

28 ebd., S. 347, 101, 82

29 Orlando, Leichtigkeit, a. a. O., S. 28

30 Neue Freie Presse, 23. 2. 1900. Zit. nach Maurer, Duse, a. a. O., S. 90

31 Resnevic-Signorelli, Duse, a. a. O., S. 99

32 Berliner Tagblatt, 7. 5. 1903. Zit. nach Brigitte Hamann, Bertha von Suttner. München: Piper Verlag 1986, S. 319

33 Resnevic-Signorelli, Duse, a. a. O., S. 79
34 Weaver, Duse, a. a. O., S. 107
35 Dora Setti, La Duse com'era. Mailand 1978. Zit. nach Maurer, Duse, a. a. O., S. 107
36 Rainer Maria Rilke, Sämtliche Werke, Bd. 1. Gedichte. Frankfurt/M.: Suhrkamp Verlag 1955. Zit. nach Maurer, Duse, a. a. O., S. 7
37 Resnevic-Signorelli, Duse, a. a. O., S. 126
38 Isodora Duncan, Mein Leben, meine Zeit. O. O. 1981, S. 197. Zit. nach Maurer, Duse, a. a. O., S. 113
39 Resnevic-Signorelli, Duse, a. a. O., S. 141
40 ebd., S. 130
41 ebd., S. 157
42 Maurer, Duse, a. a. O., S. 128
43 Segantini, von Mendelssohn, Duse. Zit. nach Maurer, Duse, a. a. O., S. 62
44 Weaver, Duse, a. a. O., S. 132
45 Rasi, Duse, a. a. O., S. 152 f.

Literatur über Eleonora Duse

Doris Maurer, Eleonora Duse. rororo monographie. Reinbek: Rowohlt Verlag 1988

Claudia Balk, Theatergöttinnen, Inszenierte Weiblichkeit. Frankfurt: Stroemfeld/Roter Stern 1994

Gabriele d'Annunzio, Das Feuer. München: Matthes & Seitz 1988

⁎

Suzanne Valadon

1 Auguste Renoir, La danse à la ville, La danse à la campagne, 1883. Öl auf Leinwand. The Museum of Fine Arts, Boston; verschiedene »Baigneuses«, 1884–1887, Kreidezeichnung und Öl auf Leinwand; Der Zopf, 1884, Öl auf Leinwand, Schweiz, Privatbesitz
2 Henri de Toulouse-Lautrec, Zirkus, 1889. Öl auf Leinwand; Madame Suzanne Valadon, 1889, Öl auf Leinwand; Die Trinkerin oder Katerstimmung, 1887–89, Öl auf Leinwand. Fogg Art Museum, Harvard University, Cambridge, Mass.
3 René Barotte, Suzanne Valadon. In: Art et les Artistes, 32. Jg., Jan. 1937, S. 120
4 Selbstbildnis, 1883, Pastell auf Papier. Musée National d'Art Moderne, Centre Pompidou, Paris
5 Ausgestellt in den Archives du Musée National d'Art Moderne, CNAC Georges Pompidou, Paris
6 John Storm, Suzanne Valadon. Das Leben der Mutter Utrillos. München, o. J., S. 46
7 Puvis de Chavannes, Der heilige Hain der Künste und Musen, um 1884–89, Öl auf Leinwand. The Art Institut, Chicago
8 Johanna Brade, Suzanne Valadon. Stuttgart: Belser Verlag 1994, 16

9 Eleanor Tufts, Our hidden heritage. Five centuries of women artists. New York: Paddington Press 1974, S. 171

10 Storm, Valadon, a. a. O., S. 83

11 Brief Degas' an Suzanne Valadon, um 1898. Zit. nach Ausstellungskatalog Suzanne Valadon, Martigny: Fondation P. Giannada 1996, S. 29

12 Jeanine Warnod, Suzanne Valadon. München: Südwest Verlag 1989, S. 50

13 Ausstellungskatalog Valadon, a. a. O., S. 95

14 Warnod, Valadon, a. a. O., S. 55

15 Selbstbildnis, 1893, Öl auf Leinwand. Privatbesitz, Paris

16 Bildnis von Erik Satie, um 1892. Musée d'Art Moderne, Centre Georges Pompidou, Paris

17 Warnod, Valadon, a. a. O., S. 66

18 Die Künstlergruppe der Indépendants wurde 1894 aus Protest gegen die Jury des Salon National gegründet, die für neue Kunstströmungen wenig aufgeschlossen war

19 Doris Krininger, Modell – Malerin – Akt. Über Suzanne Valadon und Paula Modersohn-Becker. Darmstadt: Luchterhand 1986, S. 44

20 Adam und Eva, 1909, Öl auf Leinwand; Das Auswerfen des Netzes, 1914, Öl auf Leinwand; beide Musée National d'Art Moderne, Centre Georges Pompidou, Paris. Lebensfreude, Öl auf Leinwand, 1911. The Metropolitan Museum of Art, New York

21 Maurice Utrillo, seine Großmutter und sein Hund, 1910, Öl auf Pappe. Musée National d'Art Moderne, Centre Pompidou, Paris. Die Mutter der Künstlerin, 1912, Öl auf Leinwand, Privatbesitz. Porträt der Mutter der Künstlerin, 1912, Öl auf Pappe. Musée National d'Art Moderne, Centre Pompidou, Paris

22 Selbstporträt, 1916, Öl auf Leinwand, Privatbesitz

23 Akt mit nackten Brüsten, 1917, Öl auf Leinwand, Privatbesitz

24 Krininger, Modell, a. a. O., S. 42 f.

25 Maurice Utrillo malend, 1919, Öl auf Leinwand, Musée National d'Art Moderne, Centre Pompidou, Paris

26 Warnod, Valadon, a. a. O., S. 76

27 André Breton schrieb 1924 das »Manifest des Surrealismus«

28 Brade, Valadon, a. a. O., S. 42

29 Storm, Valadon, a. a. O., S. 213

30 Selbstbildnis, 1924, Öl auf Leinwand, Coll. Paul Pétridès, Paris

31 Das blaue Zimmer, 1923, Musée National d'Art Moderne, Centre Pompidou, Paris

32 Mulattin, einen Apfel haltend, 1919, Öl auf Leinwand, Privatbesitz. Valadon malte 1919 vier weitere Akte der Mulattin

33 Ausstellungskatalog Valadon, a. a. O., S. 46

34 André Utter mit Hunden, 1932, Musée d'Art Moderne, Centre Pompidou, Paris

35 Selbstbildnis mit nackten Brüsten, 1931, Öl auf Leinwand, Privatbesitz, Paris

36 Suzanne Valadon zu Jean Vertex. In: Warnod, Valadon, a. a. O., S. 90

37 Ausstellungskatalog Valadon, a. a. O., S. 9. Vorhergehende Ausstellungen waren 1960 im Haus der Kunst in München und 1984 in Bitburg zu sehen

298

38 Stillleben, 1936, Öl auf Leinwand. Musée National d'Art Moderne, Centre Pompidou, Paris

39 Francis Carco. In: Warnod, Valadon, a. a. O., S. 89

Ausstellungskataloge (Auswahl)

Maurice Utrillo, Suzanne Valadon. Haus der Kunst, München 1960

Suzanne Valadon. Fondation P. Giannada, Martigny 1996

Literatur über Suzanne Valadon (Auswahl)

Johanna Brade, Suzanne Valadon. Stuttgart: Belser Verlag 1994

Francis Carco, Maurice Utrillo. Legende und Wirklichkeit. Zürich: Diogenes Verlag 1958

Jeanne Champion, Die Vielgeliebte. Kunst und Leben der Suzanne Valadon. München: Goldmann Verlag 1990

Doris Krininger, Modell – Malerin – Akt. Über Suzanne Valadon und Paula Modersohn-Becker. Darmstadt: Luchterhand 1986

John Storm, Suzanne Valadon. Das Leben der Mutter Utrillos. München, o. J.

Elke Vesper, Schreckliche Maria. Hamburg: Galgenberg Verlag 1991

Jeanine Warnod, Suzanne Valadon. München: Südwest Verlag 1989

Der Nachlass Suzanne Valadons befindet sich im Musée National d'Art Moderne, Paris

✳

Mary Wigman

 1 Mary Wigman, Tagebuch. Unveröffentl. Manuskript. Mary Wigman-Archiv, Akademie der Künste Berlin-Brandenburg, ca. 1922

 2 »Blaustrumpf« war die abfällige Bemerkung für eine gebildete, nicht verheiratete Frau

 3 Gerd Schumann, Gespräche und Fragen – Mary Wigman. In: Positionen zur Vergangenheit und Gegenwart des modernen Tanzes. Hrsg. v. d. Akademie der Künste der DDR, Berlin 1982, S. 38 f.

 4 ebd., S. 39

 5 ebd., S. 41

 6 Mary Wigman, Tagebuch. Ca. 1916

 7 Mary Wigman, Die Sprache des Tanzes. München: Battenberg Verlag 1963, S. 13

 8 Mary Wigman, in: Gerd Schumann, Gespräche, a. a. O., S. 45

 9 Mary Wigman, Weibliche Tanzkunst. In: Blätter der Staatsoper und der Städtischen Oper Berlin, Jg. 10 (1929), H. 6, S. 14

10 Mary Wigman, Die Sprache, a. a. O., S. 41

11 Mary Wigman, Tagebuch, a. a. O., Dez. 1930

12 ebd., 1935

13 ebd.

14 Mary Wigman, Tagebuch, a. a. O., 15. Juli 1937
15 Mary Wigman, Tagebuch, a. a. O., 1935
16 Mary Wigman, Tagebuch, a. a. O., 1941
17 Mary Wigman, Tagebuch, a. a. O., 21. Feb. 1944
18 Die amerikanische Hilfsorganisation CARE schickte in den Nachkriegsjahren Lebensmittelpakete nach Deutschland, die an die Not leidende Bevölkerung verteilt wurden.
19 Mary Wigman, Rundfunkrede. Manuskript. 30. Jan. 1948
20 Mary Wigman, Tagebuch, a. a. O., 12. Jan. 1953
21 Mary Wigman, unveröffentl. Brief. 16. Juli 1967

Alle Tagebücher und Manuskripte im Mary Wigman-Archiv, Akademie der Künste Berlin-Brandenburg

Bücher von Mary Wigman

Komposition. Selbstverlag. Dresden 1925
Deutsche Tanzkunst. Reissner Verlag, Dresden 1935
Die Sprache des Tanzes. Battenberg Verlag, Stuttgart 1963

Literatur über Mary Wigman

Rudolf Bach, Das Mary Wigman-Werk. Reissner Verlag, Dresden 1933
Susan Manning, Ecstasy and the Demon. Feminism and Nationalism in the Dances of Mary Wigman. University of California Press, Berkeley und Los Angeles 1993
Hedwig Müller, Mary Wigman. Leben und Werk der großen Tänzerin. Quadriga, Berlin/Weinheim 1986
Walter Sorell, Mary Wigman. Ein Vermächtnis. Heinrichshofen, Wilhelmshaven 1986

＊

Elsa Schiaparelli

1 Elsa Schiaparelli, Shocking Life. London: J. M. Dent & Sons Ltd. 1954, S. ix
2 ebd., S. 14
3 ebd., S. 6
4 ebd., S. 19
5 ebd., S. 16
6 ebd., S. 5
7 Palmer White, Elsa Schiaparelli. Empress of Paris Fashion. London: Aurum Press 1995, S. 26
8 Harenberg Lexikon der Weltliteratur. Bd. 1, Dortmund: Harenberg 1989, S. 156
9 Djuna Barnes, New York. Frankfurt/M.: Fischer Taschenbuch Verlag 1992, S. 22

10 White, Elsa Schiaparelli, a. a. O., S. 41

11 Schiaparelli, Shocking Life, a. a. O., S. 45

12 Xavière Gauthier, Surrealismus und Sexualität. Inszenierung der Weiblichkeit. Wien: Medusa Verlag 1980, S. 23

13 Janet Flanner, Comet. In: The New Yorker, 18. Juni 1932, S. 19

14 White, Elsa Schiaparelli, a. a. O., S. 57

15 Ursula Voß, Der Hammer Dalis aus weißem Chiffon. In: Rheinischer Merkur, 16. November 1990, S. 19

16 Andrea Weiss, Paris war eine Frau. Dortmund: Edition Ebersbach 1996, S. 195

17 Caroline Rennolds Milbank, Couture. Glanz und Geschichte der großen Modeschöpfer und ihrer Creationen. Köln: DuMont Buchverlag 1988, S. 194

18 Ville de Paris, Musée de la Mode et du Costume, Palais Gallièra (Hrsg.), Hommage à Elsa Schiaparelli. Ausstellungskatalog, Paris 1984, S. 55

19 François Baudot, Schiaparelli. München: Schirmer/Mosel Verlag 1997, S. 12

20 Axel Madsen, Chanel – Die Geschichte einer emanzipierten Frau. Hamburg: Kabel Verlag 1992, S. 240

21 Tom Tierney, Schiaparelli Fashion Review – Paper Dolls in Full Color. Dover Publications Inc., New York 1988, ohne Seitenangabe

22 Axel Madsen, Chanel. S. 240

23 Text zu einem Werbefilm für die Schiaparelli-Strumpfwaren der Hilton Hosiery Company, Australien von 1993

24 White, Elsa Schiaparelli, a. a. O., S. 78

25 Gauthier, Surrealismus und Sexualität, a. a. O., S. 25

26 Madsen, Chanel, a. a. O., S. 265

27 Flanner, Comet, a. a. O., S. 22

28 White, Elsa Schiaparelli, a. a. O., S. 178

29 Voß, Der Hummer Dalis, a. a. O., S. 19

30 Ville de Paris, Hommage, a. a. O., S. 51

31 Schiaparelli, Shocking Life, a. a. O., S. 132

32 Schiaparelli, Spring Collection 1952, Spring Collection 1953, Kopie der hauseigenen Beschreibungen

33 Schiaparelli, Shocking Life, a. a. O., S. 230

34 ebd., S. 228

Bücher von Elsa Schiaparelli

Shocking Life (Autobiographie). London: J. M. Dent & Sons Ltd. 1954

Literatur über Elsa Schiaparelli

Palmer White, Elsa Schiaparelli, Empress of Paris Fashion. London: Aurum Press 1995

Caroline Rennolds Milbank, Couture. Glanz und Geschichte der großen Modeschöpfer und ihrer Creationen. Köln: DuMont Buchverlag 1988

Caroline Evans & Minna Thornton, Women & Fashion. A new Look. Quartet Books, London/New York 1989

Richard Martin, Fashion and Surrealismus. New York: Rizzoli 1987

François Baudot, Schiaparelli. München: Schirmer/Verlag 1997

301

Margarete Schütte-Lihotzky

1 Sezession = Abspaltung einer Künstlergruppe von einer etablierten Richtung. Es gab 1892 die Münchner Sezession. 1897 die Wiener und 1899 die Berliner Sezession

2 Alle Zitate ohne eigene Quellenangabe stammen aus dem Gespräch der Autorin mit Margarete Schütte-Lihotzky am 15. Okt. 1996 in Wien

3 Archiv der Hochschule für angewandte Kunst in Wien, »Nationale«, Jahrgänge ab 1915

4 Margarete Schütte-Lihotzky, Erinnerungen aus dem Widerstand. Hamburg: Konkret Literatur Verlag 1985, S. 12

5 Schütte-Lihotzky, Erinnerungen, a. a. O., S. 13

6 Gespräch mit Barbara Petsch. Die Presse, Wien, 7. Nov. 1992

7 Margarete Schütte-Lihotzky, Soziale Architektur, Zeitzeugin eines Jahrhunderts. Wien: Böhlau Verlag 1996, S. 21

8 Joachim Riedl, Das rote Wien ist dahin? Süddeutsche Zeitung, München. 19./20. Nov. 1996

9 Vereinheitlichung, etwa von Fenstern, Türen und Einrichtungen

10 Schütte-Lihotzky, Soziale Architektur, a. a. O., S. 79

11 Dr. Nagler, Volkskommissariat für Finanzen der UdSSR, in: Schütte-Lihotzky, Erinnerungen, a. a. O., S. 33

12 Margarete Schütte-Lihotzky im Gespräch mit Johannes Kunz, ORF-Fernsehsendung, 1994

13 Schütte-Lihotzky, Erinnerungen aus dem Widerstand (überarbeitete Neuausgabe). Wien: Promedia-Verlag 1994, S. 69

14 ebd., S. 146

15 Schütte-Lihotzky, Erinnerungen, a. a. O., S. 40

16 Gespräch mit Barbara Petsch. A. a. O.

Bücher von Margarete Schütte-Lihotzky

Erinnerungen aus dem Widerstand. Hamburg: Konkret-Verlag 1985
Erinnerungen aus dem Widerstand (überarbeitete Neuausgabe). Wien: Promedia-Verlag 1994

Literatur über Margarete Schütte-Lihotzky

Museum für angewandte Kunst (MAK), Margarete Schütte-Lihotzky, Soziale Architektur, Zeitzeugin eines Jahrhunderts. Wien: Böhlau Verlag 1996
Ch. S. Chiu, Frauen im Schatten. Wien: Verlag Jugend + Volk 1994

1 Marlene Dietrich bei den Probeaufnahmen zu »Der blaue Engel«. Zit. nach Steven Bach, Marlene Dietrich. Düsseldorf: Econ 1993, S. 157

2 Marlene Dietrich an Rudi Sieber. Zit. nach: Maria Riva, Meine Mutter Marlene. München: C. Bertelsmann Verlag 1991, S. 101

3 Bach, Marlene Dietrich, a. a. O., S. 169

4 Marlene Dietrich, Nehmt nur mein Leben. München: C. Bertelsmann 1979, S. 43

5 ebd., S. 45–46

6 Bach, Marlene Dietrich, a. a. O., S. 97

7 Marlene Dietrich, Nehmt nur mein Leben, a. a. O., S. 47–48

8 Renate Sydel, Marlene Dietrich. Berlin: Nympenburger Verlagshandlung 1984, S. 84

9 Riva, Meine Mutter Marlene, a. a. O., S. 52

10 So z. B. E. A. Dupont, Victor Barnowsky, und auch die Kollegin Elisabeth Bergner äußerte sich in diesem Sinne, vgl. dazu Bach, Marlene Dietrich, a. a. O., S. 99

11 Bach, Marlene Dietrich, a. a. O., S. 107

12 Seydel, Marlene Dietrich, a. a. O., S. 60

13 Max Brod, Eine ganze Orgie. In: Richard Mentele, Auf Liebe eingestellt. Mannheim: Bollmann Verlag 1993, S. 78

14 Zitiert nach: Bach, Marlene Dietrich, a. a. O., S. 164

15 ebd., S. 100

16 Riva, Meine Mutter Marlene, a. a. O., S. 102

17 Zitiert nach Bach, Marlene Dietrich, a. a. O., S. 190

18 Riva, Meine Mutter Marlene, a. a. O., S. 237

19 ebd., S. 106

20 ebd., S. 197

21 ebd.

22 Axel Madsen, Der Nähkreis. Hollywoods größtes Geheimnis: Die Diven und ihre Liebe zu Frauen. Hamburg: Kabel Verlag 1996

23 John Grierson in: Grierson on Dokumentary. Zit. nach: Bach, Marlene Dietrich, a. a. O., S. 211

24 Vanity Fair. Zit. nach: Bach, Marlene Dietrich, a. a. O., S. 211

25 Erich Maria Remarque, Arc de Triomphe (1946). Köln: Kiepenheuer und Witsch 1996, S. 5 und 102

26 Bach, Marlene Dietrich, a. a. O., S. 391

27 Danny Thomas, Lin Mayberry, Milton Forme und Jack Schneider

28 Danny Thomas war der Conférencier der Show. Zit. nach: Bach, Marlene Dietrich, a. a. O., S. 395

29 Marlene Dietrich, Nehmt nur mein Leben, a. a. O., S. 187

30 ebd., S. 194

31 ebd., S. 135ff.

32 Brigitte Desalm zitiert Marlene Dietrich in ihrem Artikel »Die Kunst, stets ein Geheimnis zu sein«, Kölner Stadtanzeiger, 24. Dez. 1991

33 Sheridan Morley, Marlene Dietrich. Frankfurt: Wolfgang Krüger Verlag 1977, S. 5
34 Elliot Norton in: Marlene Dietrich, Nehmt nur mein Leben, a. a. O., S. 254
35 Bach, Marlene Dietrich, a. a. O., S. 607
36 Ab dem Jahr 2000 zu sehen in: Marlene Dietrich Collection Berlin, Streitstraße 15–17, 13587 Berlin
37 Die Gespräche von Maximilian Schell mit Marlene Dietrich sind abgedruckt in: Richard Mentele, Auf Liebe eingestellt. Mannheim: Bollmann 1993
38 Marlene Dietrich, Nehmt nur mein Leben, a. a. O., S. 297

Bücher von Marlene Dietrich

Nehmt nur mein Leben ... Reflexionen. München: C. Bertelsmann Verlag 1979

Literatur über Marlene Dietrich (Auswahl)

Steven Bach, Marlene Dietrich. Die Legende. Das Leben. (Mit ausführlicher Bibliographie, Filmographie, sowie Theatrographie). Düsseldorf, New York: Econ Verlag 1993

Axel Madsen, Der Nähkreis. Hollywoods größtes Geheimnis: Die Diven und ihre Liebe zu Frauen. Hamburg: Kabel Verlag 1996

Richard Mentele, Auf Liebe eingestellt. Marlene Dietrichs schönste Kunst. Texte von Freunden und die Dietrich-Bänder: Unterhaltungen von Maximilian Schell mit Marlene Dietrich. Mannheim: Bollmann Verlag 1993

Sheridan Morley, Marlene Dietrich. Bildbiographie. Frankfurt: Wolfgang Krüger Verlag 1977

Erich Maria Remarque, Arc de Triomphe (1946). Köln: Kiepenheuer & Witsch 1996

Maria Riva, Meine Mutter Marlene. München: C. Bertelsmann Verlag 1991

Renate Seydel, Marlene Dietrich. Eine Chronik ihres Lebens in Bildern und Dokumenten. Berlin: Nymphenburger Verlagshandlung 1984

Donald Spoto, Marlene Dietrich. Biographie. München: Heyne Verlag 1992

Stiftung Deutsche Kinemathek (Hrsg.), Marlene Dietrich Collection Berlin, 1997. (Kurzbeschreibung des Dietrich-Nachlasses, der ab dem Jahr 2000 in Berlin zu sehen sein wird. Streitstraße 15–17, 13587 Berlin)

*

1 Irmgard Keun, Das Mädchen, mit dem die Kinder nicht verkehren durften. München: dtv 1996, S. 35

2 ebd., S. 36

3 Irmgard Keun, Zeitzeugen, Bilder und Dokumente erzählen. Hrsg. von Heike Beutel und Anna Barbara Hagin. Köln: Emons Verlag 1995, S. 17

4 ebd., S. 86 f.

5 ebd., S. 89

6 Gabriele Kreis, »Was man glaubt, gibt es«. Das Leben der Irmgard Keun. Zürich: Arche Verlag 1991, S. 70

7 Keun, Zeitzeugen, a. a. O., S. 22

8 Kreis, »Was man glaubt, gibt es«, a. a. O., S. 71

9 Irmgard Keun, Gilgi – eine von uns. Hildesheim: Claassen Verlag 1993, S. 160

10 ebd., S. 71

11 ebd., S. 209

12 Kreis, »Was man glaubt, gibt es«, a. a. O., S. 79

13 ebd., S. 84

14 ebd., S. 86, 88

15 Irmgard Keun, Das kunstseidene Mädchen. Düsseldorf: Claassen Verlag 1979, S. 104

16 ebd., S. 9

17 ebd., S. 71

18 ebd., S. 40

19 ebd., S. 81 f.

20 ebd., S. 61

21 ebd., S. 8

22 ebd., S. 96

23 Keun, Zeitzeugen, a. a. O., S. 30

24 ebd., S. 31

25 ebd., S. 25

26 Irmgard Keun, Ich lebe in einem wilden Wirbel. München: dtv 1990

27 ebd., S. 181

28 Keun, Gilgi, a. a. O., S. 161

29 Keun, Wirbel, a. a. O., S. 169

30 ebd.

31 Hermann Kesten, Meine Freunde die Poeten. München: Desch Verlag 1959, S. 426 f.

32 Irmgard Keun, Wenn wir alle gut wären. München: dtv 1993, S. 116

33 Keun, Wirbel, a. a. O., S. 182

34 Irmgard Keun, D-Zug dritter Klasse. München: dtv 1990, S. 27

35 Keun, Wenn wir alle gut wären, a. a. O., S. 121

36 Kreis, »Was man glaubt, gibt es«, a. a. O., S. 193

37 Irmgard Keun, Nach Mitternacht. Düsseldorf: Claassen Verlag 1980, S. 6

38 ebd., S. 9

39 ebd., S. 91 f.

40 ebd., S. 12

41 ebd., S. 130 f.
42 Ursula Krechel, Irmgard Keun. Auch ein Versuch über das Vergessen weiblicher Kulturleistungen. In: Literaturmagazin 10. Hrsg. v. Jürgen Manthey. Hamburg: Rowohlt Verlag 1979, S. 103–128
43 ebd., S. 116
44 Keun, Wirbel, a. a. O., S. 134
45 Keun, Zeitzeugen, a. a. O., S. 24
46 ebd., S. 66
47 ebd., S. 68
48 Kreis, »Was man glaubt, gibt es«, a. a. O., S. 289
49 Keun, Zeitzeugen, a. a. O., S. 21
50 ebd., S. 21

Bücher von Irmgard Keun (Auswahl)

Gilgi – eine von uns. München: dtv 1989

Das kunstseidene Mädchen. München: dtv 1996

Das Mädchen, mit dem die Kinder nicht verkehren durften. München: dtv 1989

Nach Mitternacht. München: dtv 1988

D-Zug dritter Klasse. München: dtv 1990

Ich lebe in einem wilden Wirbel. Briefe an Arnold Strauss. Hrsg. v. Gabriele Kreis und Marjory S. Strauss. München: dtv 1990

Alle genannten Titel sind in gebundener Ausgabe erschienen beim Claassen Verlag, Düsseldorf und Hildesheim

Literatur über Irmgard Keun

Hermann Kesten, Meine Freunde die Poeten. Berlin: Ullstein TB 1980

Gabriele Kreis, »Was man glaubt, gibt es«. Das Leben der Irmgard Keun. Zürich: Arche Verlag 1991œ

Heike Beutel, Anna Barbara Hagin, Irmgard Keun. Zeitzeugen, Bilder und Dokumente erzählen. Köln: Emons 1995

Jürgen Serke, Die verbrannten Dichter. Lebensgeschichten und Dokumente. [Darin ein Porträt von Irmgard Keun.] Weinheim: Beltz & Gelberg 1992

✣

Gisèle Freund

1 Gisèle Freund, Gespräche mit Rauda Jamis. München: Schirmer & Mosel 1991, S. 70
2 ebd., S. 188
3 ebd.
4 Hans Puttnies in der Einleitung zu Catalogue de l'œuvre photographique Gisèle Freund, Paris 1991. Zitiert nach: Du, Zeitschrift der Kultur, Nr. 3/1993, S. 60
5 Adrienne Monnier in der Zeitschrift »Verve«. Zit. nach: Du, Zeitschrift der Kultur, Nr. 3/1993, S. 70

6 ebd.
7 Gisèle Freund, Gespräche, a. a. O., S. 95
8 ebd., S. 95
9 ebd., S. 18
10 ebd., S. 19
11 ebd., S. 36
12 ebd., S. 22
13 ebd., S. 16
14 ebd., S. 29
15 ebd., S. 31
16 ebd., S. 38
17 ebd., S. 31
18 ebd., S. 39
19 Gisèle Freund, Berlin, Frankfurt, Paris. Fotografien 1929–1962. Berlin: Jovis Verlag 1996, S. 19
20 Gisèle Freund, Gespräche, a. a. O., S. 53
21 Andrea Weiss, Paris war eine Frau. Dortmund: Edition Ebersbach 1996, S. 21
22 Gisèle Freund, Gespräche, a. a. O., S. 62
23 Du, a. a. O., S. 19
24 Andrea Weiss, Paris war eine Frau, a. a. O., S. 38
25 Du, a. a. O., S. 59
26 ebd., S. 37
27 Gisèle Freund, Gespräche, a. a. O., S. 86
28 Du, a. a. O., S. 67
29 Gisèle Freund, Gespräche, a. a. O., S. 87
30 ebd., S. 58
31 ebd., S. 58
32 Du, a. a. O., S. 67
33 Marcus Rothe, Maske Mensch. Wochenpost, 29. Aug. 1996
34 ebd.
35 Gisèle Freund, Gespräche, a. a. O., S. 62
36 Ich wollte nie retuschieren. Neues Deutschland, 6. Dez. 1991
37 Gisèle Freund, Gespräche, a. a. O., S. 61
38 Paula Almquist, Falten sind wunderbar. Brigitte, 18. März 1992
39 Gisèle Freund, Gespräche, a. a. O., S. 133
40 ebd., S. 135
41 ebd., S. 49
42 ebd., S. 40
43 ebd., S. 73
44 ebd., S. 160
45 ebd., S. 140
46 ebd., S. 137
47 ebd., S. 154
48 ebd., S. 162
49 ebd., S. 173
50 ebd., S. 163

51 ebd., S. 173
52 Gisèle Freund, Photographie und Gesellschaft. Reinbek: Rowohlt Verlag 1979
53 Gabriele von Arnim, Eine Psychologin des Auges. Süddeutsche Zeitung, 27. Febr. 1993

Bücher von Gisèle Freund

Photographie und Gesellschaft. Reinbek bei Hamburg: Rowohlt Verlag 1976
Die Frau mit der Kamera. München: Schirmer & Mosel 1992
Photographien. München: Schirmer & Mosel 1985
Gespräche mit Rauda Jamis. München: Schirmer & Mosel 1991
Berlin/Frankfurt/Paris, Fotografien 1929–1962. Berlin: Jovis 1996

Literatur über Gisèle Freund

Fotografin Gisèle Freund. Der Archipel der Erinnerung. In: Du, Die Zeitschrift der Kultur, Heft Nr. 3, März 1993
Andrea Weiss, Paris war eine Frau. Dortmund: Edition Ebersbach 1996
Hans Joachim Meyer (Hrsg.), Gisèle Freund. Katalog des Werkbund-Archivs Berlin. Berlin: Argon Verlag 1988

Autorinnenverzeichnis

Susanne Broos studierte Betriebswirtschaftslehre. Nach einem Volontariat arbeitet sie seit 1990 als freie Journalistin und Autorin im Journalistenbüro pica in Frankfurt am Main für Print, Hörfunk und Buchverlage. Ihre Themenschwerpunkte sind Literatur, Kunst und Frauen in allen ihren Facetten.

Rosemarie Bus lebt als Journalistin in München.

Maren Gottschalk, Dr. phil., studierte Geschichte und Politik in München. Promotion in Mittelalterlicher Geschichte. Sie lebt heute als freie Autorin in Leverkusen, hat drei Kinder und schreibt am liebsten über Frauen, Geschichte, Soziales, Wissenschaft und Kultur, hauptsächlich für den WDR und den NDR (Hörfunk).

Christine von dem Knesebeck. Sie hat drei Kinder, studierte Germanistik und Geschichte und lebt als freie Autorin in München. Neben journalistischen Arbeiten schreibt sie Bücher für Kinder und Jugendliche, zuletzt ein Libretto für ein Musical.

Gisela Kramer studierte Germanistik, Amerikanistik und Philosophie und lebte lange in Washington und Rom. Heute freie Lektorin und Journalistin für Print- und Funkmedien in Hamburg. Autorin des Buches »Wer ist die Beste im ganzen Land? – Konkurrenz unter Frauen«.

Hedwig Müller, Dr. phil., Tanzhistorikerin, Mitarbeiterin am Institut für Theater-, Film- und Fernsehwissenschaft der Universität zu Köln. Publikationen und Ausstellungen zur modernen Tanzgeschichte und zum zeitgenössischen Tanztheater, Bücher u. a. über Pina Bausch, Dore Hoyer, Mary Wigman.

Sabine Zurmühl studierte Germanistik, Romanistik und Theaterwissenschaften in Berlin und gründete dort 1976 die Frauenzeitschrift »Courage«. Seit 1984 arbeitet sie als freie Fernsehautorin im Bereich Dokumentation und Feature und schreibt regelmäßig Theaterkritiken.

Biographien

Heike Brandt
»Die Menschenrechte haben kein Geschlecht«
Die Lebensgeschichte der Hedwig Dohm
128 Seiten mit Fotos (80734)
Auswahlliste Deutscher Jugendliteraturpreis

Susanne Härtel · Magdalena Köster
Die Reisen der Frauen
Lebensgeschichten von Frauen aus drei Jahrhunderten
280 Seiten mit Fotos (80728)
Auswahlliste Deutscher Jugendliteraturpreis

Frederik Hetmann
So leicht verletzbar unser Herz
Die Lebensgeschichte der Sylvia Plath
112 Seiten mit Fotos (80681)

Charlotte Kerner
»Alle Schönheit des Himmels«
Die Lebensgeschichte der Hildegard von Bingen
264 Seiten mit Bildteil (80841)

Charlotte Kerner
Lise, Atomphysikerin
Die Lebensgeschichte der Lise Meitner
200 Seiten mit Fotos (80847)
Deutscher Jugendliteraturpreis

Charlotte Kerner (Hrsg.)
Madame Curie und ihre Schwestern
Frauen, die den Nobelpreis bekamen, Bd. II
480 Seiten mit Fotos (80845)

Charlotte Kerner
Seidenraupe, Dschungelblüte
Die Lebensgeschichte der Maria Sibylla Merian
112 Seiten mit Abbildungen (80675)
Auswahlliste Deutscher Jugendliteraturpreis

Beltz & Gelberg
Beltz Verlag, Postfach 10 01 54, 69441 Weinheim

Biographien

Klaus Kordon
Die Zeit ist kaputt
Die Lebensgeschichte des Erich Kästner
328 Seiten mit Bildteil (80838)
Deutscher Jugendliteraturpreis

Mirjam Pressler
Ich sehne mich so
Die Lebensgeschichte der Anne Frank
160 Seiten mit Fotos (80740)

Alois Prinz
Das Paradies ist nirgendwo
Die Lebensgeschichte des Georg Forster
288 Seiten mit Bildteil (80846)

Jürgen Serke
Die verbrannten Dichter
Lebensgeschichten und Dokumente
416 Seiten mit Abbildungen und Fotos (80721)

Margret Steenfatt
Ich, Paula
Die Lebensgeschichte der Paula Modersohn-Becker
140 Seiten mit Abbildungen (80738)

Cordula Tollmien
Fürstin der Wissenschaft
Die Lebensgeschichte der Sofja Kowalewskaja
192 Seiten mit Fotos (80735)
Nominiert für den Deutschen Jugendliteraturpreis

Arnulf Zitelmann
Nur daß ich ein Mensch sei
Die Lebensgeschichte des Immanuel Kant
290 Seiten mit Abbildungen (80744)

Beltz & Gelberg
Beltz Verlag, Postfach 10 01 54, 69441 Weinheim